DEUTSCHES INSTITUT FÜR WIRTSCHAFTSFORSCHUNG

BEITRÄGE ZUR STRUKTURFORSCHUNG   HEFT 113 · 1990

Jochen Bethkenhagen

Die Energiewirtschaft
in den kleineren Mitgliedstaaten
des Rates für Gegenseitige Wirtschaftshilfe

Entwicklungstendenzen in den achtziger Jahren

DUNCKER & HUMBLOT · BERLIN

Herausgeber: Deutsches Institut für Wirtschaftsforschung, Königin-Luise-Str. 5, D-1000 Berlin 33
Telefon (0 30) 82 99 10 — Telefax (0 30) 82 99 12 00
BTX-Systemnummer * 2 99 11 #
Verlag Duncker & Humblot GmbH, Dietrich-Schäfer-Weg 9, D-1000 Berlin 41. Alle Rechte vorbehalten.
Druck: 1990 bei ZIPPEL-Druck, Oranienburger Str. 170, D-1000 Berlin 26.
Printed in Germany.
ISBN 3-428-06869-6

Inhaltsverzeichnis

Tabellenverzeichnis

Verzeichnis der Abbildungen

Verzeichnis der Kurzübersichten

Tabellenanhang

7   Ungarn

Die Energiewirtschaft in den kleineren Mitgliedstaaten
des Rates für gegenseitige Wirtschaftshilfe (RGW)
- Entwicklungstendenzen in den achtziger Jahren -

1 Vorbemerkung

Mit dem drastischen Ölpreisverfall zu Beginn des Jahres 1986 haben sich weltweit die Rahmenbedingungen für die Energiepolitik erneut grundlegend geändert. Der Zeitpunkt fällt zusammen mit dem Ende der Fünfjahrplanperiode 1981 bis 1985, in der die kleineren europäischen Mitgliedstaaten des Rates für gegenseitige Wirtschaftshilfe (RGW) - das sind Bulgarien, die CSSR, die DDR, Polen, Rumänien und Ungarn - erstmals eine forcierte Energieeinsparpolitik betrieben haben und darüber hinaus Importe durch im Inland vorhandene Energiequellen ersetzen mußten. Für die Verwirklichung dieser Politik waren beträchtliche Investitionen erforderlich. Sie engten auch den ohnehin schon begrenzten Handlungsspielraum für Modernisierungsmaßnahmen in exportorientierten Industriezweigen erheblich ein. Eine nachhaltige Verbesserung der internationalen Wettbewerbsfähigkeit von Waren aus den RGW-Ländern wurde damit behindert. Insofern hatte die Energiepolitik der RGW-Staaten auch Rückwirkungen auf den Ost-West-Handel.

Im Rahmen dieser Studie soll untersucht werden, wie die RGW-Staaten auf die drastischen Veränderungen der Öl- bzw. Energiepreise (1973, 1979, 1986) reagiert haben. Voraussetzung für eine Analyse der Energiepolitik der RGW-Länder sind Informationen über Entwicklung und Struktur des Energieverbrauchs. Hierüber werden von den RGW-Ländern oft nur sehr lückenhafte Angaben gemacht. Ein wesentlicher Teil dieser Arbeit mußte daher in dem Versuch bestehen, diese Informationsdefizite zu beseitigen. Aus dem verfügbaren Material - Statistische Jahrbücher, Pressemeldungen, Fachliteratur - wurden, ergänzt durch Schätzungen, für die RGW-Länder Primärenergiebilanzen aufgestellt. Sie geben Auskunft über die Struktur des Primärenergieverbrauchs in bezug auf die Herkunft bzw. Verwendung der Energieträger (Gewinnung, Import, Export, ggf. Bestandsveränderungen oder statistische Differenzen, Inlandsverbrauch) und über deren Art (Braunkohlen, Steinkohlen, Mineralöle, Erdgas, Kernenergie, Primärstrom). Um die verschiedenen Energieträger miteinander vergleichbar zu machen, müssen sie in Wärmeeinheiten (Joule, Kalorien) ausgedrückt werden. Dies erfordert die Festlegung von spezifischen Heizwerten. Sie werden von den RGW-Ländern in ihren Statistischen Jahrbüchern kaum veröffentlicht. Zwar kann hier z.T. auf Angaben der Economic Commission for Europe (ECE) zurückgegriffen werden; es sind aber auch umfangreiche eigene Schätzungen vorzunehmen. Das im Anhang veröffentlichte Datenmaterial ist Kernstück einer "Datenbank RGW-Energie des DIW".

Für die empirische Analyse der Energiepolitik der RGW-Staaten werden zunächst die Rahmenbedingungen untersucht, von denen die RGW-Staaten auszugehen haben. Dies sind - neben der Ressourcenausstattung der einzelnen Volkswirtschaften - vor allem die Wirtschaftsordnung, die Einbindung in den RGW und die sowjetische Energieexportpolitik. Diese Bedingungen sind für alle kleineren RGW-Staaten weitgehend identisch und werden daher im ersten Hauptabschnitt behandelt. Auf die Ressourcenausstattung wird im zweiten Hauptabschnitt eingegangen, dessen Schwerpunkt in der länderspezifischen Behandlung der Entwicklung der Energiewirtschaft in den achtziger Jahren besteht. In diesem Abschnitt werden außerdem zusammenfassend die Erfolge und Mißerfolge der Energiepolitik in den einzelnen RGW-Staaten miteinander verglichen. Dabei geht es u.a. um eine Antwort auf die Frage, ob Länder, in denen indirekte Steuerungsinstrumente eine größere Bedeutung haben, die angestrebten Änderungen in Struktur und Effizienz des Energieverbrauchs besser verwirklicht haben als Länder mit relativ straffer zentraler Planung. Darüber hinaus sollen die Implikationen der Energiepolitik auf die Umweltbelastung behandelt werden. Abschließend soll in diesem Abschnitt auf die Perspektiven der Energiepolitik dieser Länder eingegangen werden. Hier sind insbesondere die Chancen für eine Nutzung des beträchtlichen Einsparpotentials zu untersuchen. Gelingt es nicht, die Energieverschwendung einzudämmen, so wird dies aus heutiger Sicht zu einer deutlichen Ausweitung der Kernkraftwerkskapazitäten führen - eine Option, die auch mit ökonomischen Risiken verbunden ist.

2 Die Rahmenbedingungen für energiepolitische Entscheidungen

2.1 Die Wirtschaftsordnung

In den mittel- und osteuropäischen RGW-Staaten wurden nach dem 2. Weltkrieg Wirtschaftsordnungen eingeführt, die weitgehend dem sowjetischen Modell einer sozialistischen (zentralen) Planwirtschaft entsprachen. Inzwischen haben die Wirtschaftssysteme von Land zu Land unterschiedliche Modifikationen erfahren. Das sozialistische Eigentum an den Produktionsmitteln dominiert zwar weiterhin in allen RGW-Ländern; die Entscheidungsbefugnisse über die Produktion sind aber unterschiedlich stark zentralisiert. Die Energiewirtschaft unterliegt allerdings in allen RGW-Ländern einer sehr starken zentralen Planung und Leitung. In nahezu allen Staaten gibt es spezielle Energieministerien. Aufkommen und Verwendung von Energie werden von zentralen Planungsbehörden bestimmt. Zu diesem Zweck werden u.a. Energieträgerbilanzen ausgearbeitet und den Betrieben Energieverbrauchsnormen vorgegeben. Die Bilanzen sind nach Hauptverantwortungsbereichen aufgeschlüsselt. Ergänzt wird die ex-ante Bilanzierung durch Input-Output-Rechnungen, in denen der Energieverbrauch für einzelnen Erzeugnisgruppen ausgewiesen wird. Aus den ordnungspolitischen Rahmenbedingungen lassen sich für die Energiepolitik der RGW-Länder folgende Konsequenzen ableiten:

- Das Bedürfnis nach Berechenbarkeit bzw. Sicherheit des Energieaufkommens ist relativ groß. Realistische Volkswirtschaftspläne können nur ausgearbeitet werden, wenn Produktion und Import von Energie nach Menge und Struktur bekannt sind. Daher begünstigt das Wirtschaftssystem eine Tendenz zur Selbstversorgung mit Energie. Sind Importe erforderlich, so werden sie bevorzugt aus Staaten mit zentraler Planung getätigt, da mit diesen langfristige Handelsabkommen mit relativ stabilen Preisvereinbarungen abgeschlossen werden können.

- Die Energiepolitik ist angebotsorientiert, d.h. systembedingt setzen sich in der Planungsbürokratie diejenigen Gruppen besser durch, die an einer Ausweitung des Angebots und nicht an einer Einschränkung der Nachfrage interessiert sind. Hierfür gibt es mehrere Gründe: So läßt sich eine Steigerung der Energieproduktion relativ leicht durch Konzentration der Investitionsmittel auf wenige Schwerpunkte verwirklichen. Während es dazu zentraler Planungsentscheidungen bedarf, erfordern Einsparmaßnahmen dagegen eine Vielzahl von Entscheidungen über Forschung, Entwicklung, Investitionen und über organisatorische Veränderungen, die primär auf dezentraler Ebene getroffen werden müssen. Diese Entscheidungen werden durch das Anreizsystem nur unzureichend stimuliert. Außerdem ist die Planungsbürokratie unter dem Gesichtspunkt der Risikominderung an der Sicherstellung eines relativ hohen Energieangebots interessiert, da sich die zu erwartenden Einsparerfolge viel schlechter prognostizieren lassen als die zu erwartende Steigerung des Energieaufkommens.

- Die Planvorgaben für den Energieverbrauch der Wirtschaft sind tendenziell überhöht. Bei der Festlegung der Energieverbrauchsnormative bzw. -normen sind die zentralen Planungsbehörden auf Informationen aus den Betrieben angewiesen. Die Betriebsleiter geben aber nicht selten falsche Informationen über ihren Energiebedarf bzw. über ihre Einsparmöglichkeiten nach oben. Sie sind grundsätzlich an erhöhten Energiezuweisen bzw. Reserven interessiert, denn damit kann auch bei Lieferausfällen die Aufrechterhaltung der Produktion und damit die Planerfüllung gewährleistet werden.

- Das Risiko von energiepolitischen Entscheidungen ist in einer zentral geplanten Wirtschaft relativ hoch. Dies ergibt sich sowohl aus dem - systemneutralen - langen Zeithorizont von Investitionen im Grundstoffsektor als auch aus dem gesamtwirtschaftlichen (totalen) Charakter der zentralen Planung. So müssen Entscheidungen über den Aufschluß neuer Tagebaue etwa 20 Jahre vor Produktionsbeginn getroffen werden. Grundsatzentscheidungen der Zentrale sind aber für die gesamte Wirtschaft verbindlich und lassen sich aufgrund der institutionellen Gegebenheiten (Jahrespläne, Fünfjahrespläne, Parteitagsbeschlüsse) nur sehr schwer korrigieren. Damit können sich Fehlentscheidungen langfristig und total auswirken.

Die meisten der hier aufgeführten Konsequenzen aus dem Wirtschaftssystem gelten nicht nur für die Energiewirtschaft, sondern für die Gesamtwirtschaft der RGW-Länder. Insofern läßt eine Analyse der Energiepolitik auch allgemeine Rückschlüsse über die Stärken und Schwächen der Wirtschaftsordnungen in den RGW-Staaten zu.

2.2   Die Zusammenarbeit im RGW

2.2.1   RGW-Organe und RGW-Organisationen

Der RGW ist keine supranationale Organisation. Damit hat er auch keine Entscheidungsbefugnisse für die Energiepolitik der RGW-Länder. Die Ratsorgane können lediglich - einstimmig zu verabschiedende - Empfehlungen aussprechen, die erst rechtswirksam werden, nachdem sie von den nationalen Regierungen durch entsprechende Gesetzgebungen bestätigt worden sind[1]. Hauptmethode der Zusammenarbeit im RGW ist die Plankoordinierung. Die Rolle der RGW-Organe ist hierbei jedoch von relativ geringer Bedeutung; vielmehr wird die Abstimmung der Pläne primär bilateral vorgenommen. Hierfür sind Paritätische bzw. Gemischte Regierungskommissionen gebildet worden. Diese vereinbaren die langfristigen Handelsabkommen und die Jahresprotokolle über den bilateralen Warenaustausch.

Im Rahmen des RGW befaßt sich jedoch eine Reihe von Organen mit der Abstimmung der Energiepolitik der Mitgliedstaaten. Zu ihnen zählen vor allem:

- Das Komitee für die Zusammenarbeit auf dem Gebiet der Planungstätigkeit mit einer "Ständigen Arbeitsgruppe für die Brennstoff- und Energiebilanz",
- das Komitee für die Zusammenarbeit auf dem Gebiet der Roh- und Brennstoffe sowie
- die Ständige Kommission für die Zusammenarbeit im Bereich der Elektroenergie und Atomenergie.

Das Roh- und Brennstoffkomitee wurde im November 1988 gegründet und soll die Aufgaben der gleichzeitig aufgelösten Ständigen Kommissionen für Geologie, Kohleindustrie sowie für die Erdöl- und Gasindustrie übernehmen[2]. Die Ständige Kommission für Elektroenergie und Kernenergie wurde Anfang 1988 durch Zusammenschluß der Kommissionen für Elektroenergie und für die friedliche Nutzung der Kernenergie gebildet. Mit Hilfe dieser organisatorischen Maßnahmen sollen - so die Forderung im Kommunique der 43. außerordentlichen Ratstagung des RGW (1987 in Moskau) - "Mehrstufigkeit und Parallelität" in der RGW-Arbeit beseitigt werden.

Die Bedeutung der Arbeit dieser Organe ist schwer einzuschätzen. In der Regel dürften jedoch an erster Stelle der Erfahrungsaustausch, Prognosen und die Vorbereitung jener Koordinierungsarbeiten stehen, die dann auf bilateraler Ebene zu Vereinbarungen führen können. Darüber hinaus wurden von den RGW-Organen in der Vergangenheit zahlreiche Programme ausgearbeitet, die zumeist auf den Ratstagungen des RGW in Form von Empfehlungen verabschiedet wurden. Sie lassen sich - den allgemeinen Formen der Zusammenarbeit im RGW entsprechend - in

- Koordinierungsprogramme,
- Spezialisierungs- und Kooperationsvereinbarungen und
- Investitionsbeteiligungen

gliedern.

Neben den RGW-Organen gibt es eine Reihe von Organisationen der RGW-Länder, deren Aufgabe ebenfalls primär in der Koordinierung der Zusammenarbeit besteht. Zu ihnen zählen im Bereich der Energiewirtschaft das Vereinigte Institut für Kernforschung, Interatomenergo, Interneftprodukt und vor allem das Vereinigte Verbundsystem der RGW-Länder (VES)[3]. Das VES wurde 1962 gegründet. Sitz der Organisation bzw. der "Zentralen Dispatcherverwaltung" ist Prag. Es umfaßt die nationalen Verbundsysteme der kleineren RGW-Länder sowie das "Vereinigte Energiesystem Süd" der UdSSR. Im RGW-Verbundsystem ist eine Gesamtleistung von rd. 170 000 MW zusammengefaßt. Etwa 5 vH der Stromproduktion der zum VES zählenden Systeme wurden 1987 ausgetauscht[4]. Für die Stromlieferungen sind - teilweise in Form von Gemeinschaftsobjekten - zahlreiche grenzüberschreitende Hochspannungsleitungen von den RGW-Ländern gebaut worden. Ziel der Organisation ist es, die Zuverlässigkeit der Energieversorgung zu erhöhen, nationale Reservekapazitäten zu reduzieren und den Einsatz größerer Blockeinheiten zu erleichtern. Dieses Ziel konnte allerdings nur in sehr beschränktem Maß erreicht werden, da Strom in den meisten RGW-Ländern in den Spitzenbedarfszeiten ein Engpaß ist. Kommt es dann zu plötzlichen Produktionsausfällen - wie 1987 im Kraftwerk Boxberg (DDR) - können die übrigen Mitglieder aufgrund der eigenen Stromknappheit nicht aushelfen. Die DDR hat deshalb - relativ teuren - Strom aus Österreich bezogen[5].

2.2.2 Koordinierungsprogramme

1976 beschlossen die RGW-Länder die Ausarbeitung sog. langfristiger Zielprogramme (LZP). Damit sollte die Zusammenarbeit für einen Zeitraum von 10 bis 15 Jahren koordiniert werden. Beabsichtigt war, auf der Grundlage von gemeinsam erarbeiteten Bedarfsprognosen Maßnahmen zur Bedarfsdeckung zu vereinbaren. In den siebziger Jahren konzentrierte sich die Zusammenarbeit im Bereich der Energiewirtschaft vor allem auf folgende Ziele bzw. Bereiche[6]:

- Maximale Nutzung der inländischen Ressourcen;
- beschleunigte Entwicklung der Kernenergie;
- Koordinierung der Standorte von energieintensiven Produktionen innerhalb des RGW;
- gemeinsamer Bau von Energieprojekten.

In den achtziger Jahren vereinbarten die RGW-Staaten vor allem Koordinationsprogramme für den Bau von Kernkraftwerken und zur Energieeinsparung. So wurde auf der 42. Ratstagung (1986) das "Programm für die Errichtung von Kernkraftwerken und

Kernheizwerken bis zum Jahr 2000" gebilligt. Danach sollen die Kernkraftwerksleistungen in den kleineren RGW-Ländern bis zur Jahrtausendwende auf eine Gesamtleistung von 50 000 MW ausgebaut werden und 30 bis 40 vH der Stromproduktion decken.

Dieses Programm ersetzt ein 1977 unterzeichnetes Generalabkommen, das die Errichtung von 37 000 MW bis zum Jahr 1990 vorsah. Es war - nicht erst aufgrund des Unglücks von Tschernobyl - völlig unrealistisch. Mitte 1989 betrug die Leistung der Kernkraftwerke in den kleineren RGW-Staaten insgesamt 10 000 MW. Auch die im jüngsten Programm genannten Expansionsvorstellungen sind sicher nicht zu verwirklichen[7].

Zum Zweck der Koordinierung der Investitionen für die Erweiterung der Stromproduktion wurde anläßlich der 43. Ratstagung des RGW 1987 in Moskau ein Dokument über die Aufgaben der Zusammenarbeit bei der Entwicklung des gemeinsamen Energienetzes sowie beim Ausbau der Energiesysteme in Vietnam, Kuba und in der Mongolei bis zum Jahr 2000 unterzeichnet. Darin wird angenommen, daß der Strombedarf in den europäischen RGW-Ländern bis zum Jahr 2000 im Jahresdurchschnitt um gut 3 vH zunehmen wird.

Nach dem zweiten Ölpreisschock haben die RGW-Staaten ihre Bemühungen um Energieeinsparungen verstärkt. Dies schlug sich auch - zumindest programmatisch - in Absprachen auf RGW-Ebene nieder. So wurden auf der 37. Ratstagung 1983 in Berlin (Ost) Leitlinien für die "Erweiterung der Zusammenarbeit der RGW-Länder bei der sparsamen und rationellen Verwendung von Brennstoffen, Energie und Rohstoffen, einschließlich sekundärer Ressourcen" verabschiedet[8]. Konkrete Vereinbarungen wurden indes nicht bekannt. Im Kommuniqué heißt es lediglich, daß die Produktionskooperation von energie- und ressourcensparenden Ausrüstungen sowie von Apparaten zur Kontrolle und automatischen Regelung des Energieverbrauchs "entwickelt" und der "Informationsaustausch über die besten Erfahrungen" erweitert werden sollen.

Etwas konkreter ist möglicherweise der Inhalt eines weiteren Rahmenabkommens, das auf der 40. Ratstagung 1985 verabschiedet wurde und das die "Einsparung und rationelle Nutzung materieller Ressourcen bis zum Jahr 2000" zum Ziel hat. Zumindest soll es 117 Maßnahmen beinhalten, über deren Teilnehmer und Realisierungstermine Einigung erzielt werden konnte. Ein erster Schritt zur Verwirklichung des Programms wurde mit der Unterzeichnung eines Generalabkommens über die multilaterale Zusammenarbeit bei der Nutzung von Erdgas als Kraftstoff getan[9].

Insgesamt haben diese Koordinierungsvereinbarungen allerdings eher den Charakter von unverbindlichen Absichtserklärungen und binden die Mitgliedsländer nicht. Offene Kritik an der unzureichenden Verwirklichung der getroffenen Rahmenvereinbarungen wurde in den letzten Jahren nahezu auf jeder Ratstagung von rumänischer Seite geübt[10].

2.2.3 Spezialisierung und Kooperation

Die für den Bereich der Energiewirtschaft abgeschlossenen Spezialisierungs- und Kooperationsvereinbarungen betreffen vor allem den Kernkraftwerksanlagenbau. 1979 unterzeichneten die europäischen RGW-Länder und Jugoslawien ein Abkommen über die "multilaterale internationale Spezialisierung und Kooperation der Produktion von Kernkraftwerksanlagen im Zeitraum 1981 bis 1990". Über 50 Betriebe und Vereinigungen aus den Unterzeichnerstaaten stellen "auf der Grundlage der sowjetischen technischen Dokumentation"[11] Komponenten für die im RGW gebauten Kernkraftwerke her. Damit konnte die UdSSR einen Teil der Investitionslasten für den Aufbau einer blockinternen Kernenergieindustrie auf die übrigen RGW-Staaten überwälzen. So mußte die CSSR - sie leistet von den kleineren RGW-Staaten den größten Beitrag für das gemeinsame Kernenergieprogramm - zur Errichtung der erforderlichen Kapazitäten für die Produktion von Druckwasserreaktoren fast 30 vH der im Fünfjahrplan 1981/85 für den Schwermaschinenbau vorgesehenen Investitionen aufwenden.

2.2.4 Investitionsbeteiligungen

Konkreter sind die Vereinbarungen, die die RGW-Staaten im Rahmen der sog. abgestimmten Pläne mehrseitiger Integrationsmaßnahmen über gemeinsame Investitionsprojekte getroffen haben. Hierbei handelt es sich um ein "von den Mitgliedsländern des RGW gemeinsam ausgearbeitetes und beschlossenes Plandokument, das die zur Lösung von ausgewählten mehrseitigen Integrationsmaßnahmen erforderlichen Schritte der beteiligten Länder beinhaltet, soweit diese in entsprechenden Abkommen und Verträgen vereinbart worden sind"[12]. Schwerpunktbereich dieser Gemeinschaftsprojekte ist die Roh- und Brennstoffindustrie; hier wiederum ist eine starke Konzentration von Beteiligungen an Investitionen zur Erschließung von Energiequellen in der Sowjetunion festzustellen.

Bei den sog. Investitionsbeteiligungen handelt es sich faktisch um zeitlich versetzte Kompensationsgeschäfte. Sowohl die Kredit- als auch die Zins- und Tilgungsleistungen werden in Form von Waren- oder Dienstleistungsexporten erbracht. Erstmals wurde ein "abgestimmter Plan" vom RGW für den Zeitraum 1976 bis 1980 beschlossen. Die Aufwendungen der RGW-Länder für die erfaßten Maßnahmen entsprachen rd. 9 Mrd. TRbl, wovon 90 vH der Mittel für Projekte im Roh- und Brennstoffbereich verwendet wurden. Eine der größten gemeinsamen Investitionsmaßnahmen war der Bau der Erdgasleitung Orenburg - sowjetische Westgrenze (2 750 km; Jahreskapazität 28 Mrd. m^3; Investitionswert: 2,2 Mrd. Rubel). Mit Ausnahme von Rumänien, das Ausrüstungsgüter für die Erschließung des Erdgasfeldes in Orenburg lieferte, baute jedes RGW-Land ein 550 km langes Teilstück der Leitung. Als Zins- und Tilgungsleistung erhalten die RGW-Länder seit 1979 von der UdSSR jährlich 2,8 Mrd. m^3 Erdgas (Rumänien: 1,5 Mrd. m^3)[13].

Der auf der 35. Ratstagung des RGW 1981 angenommene zweite "abgestimmte Plan mehrseitiger Integrationsvorhaben" für den Zeitraum 1981 bis 1985 faßt mit 2,5 Mrd. TRbl ein beträchtlich geringeres Investitionsvolumen als sein Vorgänger (9 Mrd. TRbl) zusammen[14]. Der aus fünf Teilen bestehende Plan beinhaltet u.a. fünf gemeinsame Investitionsprojekte und 13 Maßnahmen zur Spezialisierung und Kooperation der Produktion. Größtes Projekt ist der Bau eines Kernkraftwerks in der UdSSR (Chmelnizki), unter Beteiligung von Polen, Ungarn und der CSSR, die 50 vH der Baukosten (890 Mill. Rubel, davon 10,5 Mill. in konvertierbarer Währung[15]) übernahmen und dafür Anspruch auf Nutzung der halben Kraftwerksleistung (2 000 MW) haben. Diese drei Länder beteiligen sich auch am Bau einer 750 kV-Leitung von Chmelnizki nach Polen. 1987 waren damit insgesamt vier 750 kV-Leitungen innerhalb der Vereinigten Energiesysteme der Mitgliedsländer des RGW in Betrieb. Sie ermöglichen den Stromtransport von der UdSSR nach Ungarn, Polen, Rumänien und Bulgarien. Ein weiteres Kernkraftwerk errichtet die UdSSR in Konstantinovka (Südukraine) unter Beteiligung von Rumänien[16].

Investitionsbeteiligungen am Bau von Erdgasleitungen in der UdSSR wurden in den achtziger Jahren nicht mehr in den "abgestimmten Plan" einbezogen, sondern allein bilateral vereinbart. In der ersten Hälfte dieses Jahrzehnts beteiligten sich - mit Ausnahme Ungarns - die kleineren RGW-Staaten und Jugoslawien am Bau von Erdgasleitungen von Urengoj im Norden West-Sibiriens in den Westteil der UdSSR[17].

Im Gegensatz zur sonst üblichen Praxis wurden die Beteiligungsleistungen von den RGW-Staaten nicht kreditiert, sondern "gegen das Volumen der in den jeweiligen Jahren aus diesen Ländern in die UdSSR zu liefernden Waren und Dienstleistungen im Rahmen des Warenverkehrs"[18] verrechnet (Gesamtwert 1982 bis 1987: 1,2 Mrd. TRbl). Die Erfüllung ihrer Verpflichtungen berechtigt die RGW-Staaten zum jährlichen Bezug von insgesamt 9,1 Mrd. m^3 Erdgas.

Im Zeitraum 1986 bis 1990 konzentrieren sich die Investitionsbeteiligungen auf die Erschließung der Erdgaslagerstätten von Jamburg. Sie befinden sich 200 km nördlich von Urengoj auf der Halbinsel Taz. Die klimatischen Bedingungen sind extrem: Es herrscht Dauerfrost, die schneereichen Winter dauern von Oktober bis Juni, die Temperaturen sinken bis auf -60° C; Gebäude und Rohrleitungen müssen auf Pfählen gebaut werden, um Rissebildungen bei Tauwetter zu verhindern. Extrem hoch sind daher die Baukosten; sie werden für die Hauptgasleitung (4 600 km) Jamburg-Westgrenze ("Progress") mit rd. 10 Mrd. Rubel angegeben. Rund die Hälfte der Kosten haben die kleineren RGW-Ländern übernommen, die Bau- und Montageleistungen erbringen (2,6 Mrd. TRbl), Maschinen und Ausrüstungen liefern (1,8 Mrd. TRbl) und Devisen (0,34 Mrd. TRbl) zur Verfügung stellen. Im Gegensatz zur Pipeline "Sojus" (Orenburg-Westgrenze) haben sich nur die CSSR, die DDR, Polen und Rumänien zum Leitungsbau verpflichtet[19]; Ungarn und Bulgarien werden kompensatorisch andere Investitionen in der UdSSR durchführen. Bemerkenswert ist die Beteiligung Rumäniens, das für den Bau eines 200 km langen Abschnitts Arbeitskräfte in die UdSSR entsendet und 1 400 mm Großrohre aus eigener Produktion liefert. Dies kann auch als ein Indiz für die verstärkten Bemühungen Rumäniens um eine Ausweitung der Energiebezüge aus der UdSSR gewertet werden.

Die Zusammenarbeit der RGW-Staaten auf dem Energiesektor erstreckt sich also im wesentlichen auf den Bau von überregionalen Leitungsnetzen für den Transport von Erdöl, Erdgas und Strom sowie auf Spezialisierungsvereinbarungen im Kernkraftwerksanlagenbau. Die Bedeutung des RGW als Institution ist relativ gering und hat zudem abgenommen. Dies verdeutlicht allein schon die Entwicklung der abgestimmten Pläne multilateraler Investitionsvorhaben, mit denen man Mitte der 70er Jahre die mehrseitige Zusammenarbeit - und damit das Gewicht des RGW - stärken wollte. Wurden in diesem Plan für 1976 bis 1980 noch Investitionsvorhaben von 9 Mrd. TRbl zusammengefaßt, so waren es für 1981 bis 1985 nur noch 2,5 Mrd. TRbl; für den Fünfjahrplanzeitraum 1986 bis 1990 wurde dann gar keine entsprechende Koordinierung auf RGW-Ebene mehr vorgenommen. Vielmehr wurden die Projekte ausschließlich bilateral vereinbart.

2.2.5 Politische Beteiligungen ohne ökonomische Fundierung

Für die kleineren RGW-Länder sind die Beteiligungen an der Erschließung der sowjetischen Energiequellen eine notwendige Voraussetzung für Energiebezüge aus der UdSSR. Diese hatte bereits Ende der sechziger Jahre erklärt, daß sie nicht länger bereit sei, die hohen Erschließungslasten allein zu tragen. Über die Rentabilität der Investitionsbeteiligungen gibt es jedoch im RGW z.T. erhebliche Meinungsverschiedenheiten. Während von sowjetischer Seite behauptet wird, "diese Zusammenarbeit ist in jeder Hinsicht vorteilhaft"[20], wird vor allem von ungarischer Seite Kritik an diesen Projekten geübt. Nach der von Pecsi geäußerten Auffassung entsprechen die Beteiligungen "largely ... a political commitment without any reference to cost/benefit analysis of the project's merits"[21].

Eine ökonomisch fundierte Kosten/Nutzen-Analyse kann allerdings selbst von den Planungsbehörden der RGW-Länder kaum exakt vorgenommen werden. Notwendige Voraussetzung für derartige Berechnungen ist die Existenz von ökonomisch begründeten Wechselkursen. Trotz der Vereinbarung im Komplexprogramm von 1971, diese Kurse bis 1980 festzulegen, arbeiten derzeit alle RGW-Länder mit einer Vielzahl von Umrechnungskoeffizienten. Relativ realitätsnah sind möglicherweise noch die Berechnungen, die von ungarischer Seite vorgenommen werden. So erklärte der ZK-Sekretär für auswärtige Angelegenheiten Matyas Szuros, daß Ungarn auf sowjetisches Erdgas angewiesen sei und sich deshalb am Pipelinebau in der UdSSR beteiligen müsse. Allerdings könne man sich aus Kostengründen nicht noch stärker engagieren. Während nämlich bei der Beteiligung am Projekt Jamburg für einen Rubel 80 Forint aufgewendet werden müssen, liegt das Verhältnis beim Bau der Leitung von Tengis bei etwa 150 bis 170 Forint[22].

Auch von Köves wird die politische Dominanz der engen RGW-Kooperation betont und gleichzeitig auf einen ungünstigen Struktureffekt verwiesen. Seiner Auffassung nach wird im gesamten RGW "auch weiterhin als axiomatische Wahrheit akzeptiert, daß die Länder der Region ihren Energie- und Rohstoffbedarf grundlegend aus internen Quellen befriedigen müssen, und sich die Wirtschaft der importierenden Länder so entwickeln und sich ihre wirtschaftliche Struktur so gestalten muß, daß sie die aus der Region stammende Energieträger- und Rohstoffeinfuhr mit dorthin gerichtetem Export ausgleichen können"[23].

Diese einseitige Ausrichtung auf die UdSSR hat sicher eine bessere Anpassung der Volkswirtschaften der kleineren RGW-Länder an die Strukturen des Weltmarktes verhindert. Sie ist aber nicht nur politisch vorgegeben gewesen, sondern kommt auch dem Bedürfnis der Planer nach langfristiger vertraglicher Absicherung ihrer Außenhandelsbeziehungen entgegen. Diesem Sicherheitsgewinn steht ein beträchtlicher Flexibilitätsverlust gegenüber. Strukturen werden über längere Zeiträume konserviert, Anpassungen an Veränderung des Weltmarktes behindert. Diese Erkenntnis setzt sich unter dem Einfluß von Perestrojka auch in der UdSSR immer mehr durch. So erklärte der Direktor des Internationalen Instituts für ökonomische Probleme des sozialistischen Weltsystems, Juri Schirjajew, anläßlich des 40. Jahrestages der Gründung des RGW (1989): "Gewöhnt an den Gedanken, daß unter unseren Füßen ein grenzenloses Erdölmeer liegt, kümmerte sich die UdSSR kaum um energiesparende Technologien und Einsparung von Energieressourcen. An die sowjetischen Lieferungen gewöhnt, schufen auch die RGW-Länder keine wirtschaftlichen Maschinen, Produktionen und Technologien. Eine Folge war die Tatsache, daß die Erzeugnisse auf dem Weltmarkt konkurrenzunfähig wurden, denn für alle anderen Länder steht die Wirtschaftlichkeit im Vordergrund. Wir liefern aber einander nach wie vor konkurrenzunfähige Erzeugnisse, was gerade nicht die beste Variante ist. Der Bedarf an Maschinen und Rohstoffen wird letzten Endes gedeckt sein, aber um welchen Preis!"[24]

2.3   Die sowjetische Exportpolitik

2.3.1   Versorgungs- und Beteiligungspflichten

Die UdSSR ist der größte Brennstoffproduzent der Welt. Gut ein Fünftel aller Energieträger werden auf ihrem Territorium gefördert. Die Menge der gewonnenen Brennstoffe übersteigt den Eigenbedarf um fast 20 vH. Mit jährlichen Exporten, die etwa dem gesamten Primärenergieverbrauch in der Bundesrepublik entsprechen, ist die Sowjetunion einer der bedeutendsten Energieanbieter am Weltmarkt. Etwa die Hälfte der sowjetischen Ausfuhren an Erdöl, Erdgas und Kohle gehen in die kleineren RGW-Länder. Hier decken sie nahezu den gesamten Nettoimportbedarf. Begünstigt wird diese einseitige Ausrichtung der RGW-Länder durch zwei Faktoren: Die Sowjetunion verfügt über ausreichende Brennstoffressourcen, um eine als politisch wichtig erachtete Autarkie im Blockmaßstab zu gewährleisten; außerdem müssen die RGW-Staaten für diese Energiebezüge grundsätzlich keine - für sie chronisch knappen - Devisen aufwenden. Vielmehr können sie im allgemeinen noch immer mit Waren bezahlen, die lediglich den Qualitätsanforderungen des sowjetischen Marktes genügen müssen.

Der hohe Anteil von Brennstoffen und Strom an den gesamten Exporten der UdSSR in die europäischen RGW-Staaten kann auch als Indiz für den Mangel an anderen exportfähigen Produkten gewertet werden. Die Sowjetunion ist im RGW zwar die politische Hegemonialmacht; im wirtschaftlichen Bereich kann sie derzeit aber nur im Energie- und Rohstoffbereich eine Führungsrolle für sich beanspruchen.

In ihrer Exportpolitik gegenüber den kleineren RGW-Staaten muß die UdSSR gleichzeitig politische und ökonomische Interessen berücksichtigen; sie sind keineswegs immer gleichgerichtet. Stehen sie in einem Spannungsverhältnis, so werden in der Regel die politischen Interessen die Entscheidungen bestimmen. So hatte die UdSSR bisher ein sehr starkes hegemonialpolitisches Interesse an einer stabilen wirtschaftlichen Entwicklung in den RGW-Ländern. Daraus läßt sich auch eine politisch motivierte Versorgungspflicht ableiten. Außerdem verbietet dieses Interesse eine die Stabilität dieser Länder gefährdende Ausbeutungspolitik.

Die relativ starke Abhängigkeit der kleineren RGW-Staaten von sowjetischen Energielieferungen sichert der UdSSR allerdings auch eine große Verhandlungsmacht bei der bilateralen Plankoordinierung. Hierzu hatte die weltweite Verteuerung der Energierohstoffe in den Jahren 1973 bis 1983 wesentlich beigetragen. In diesem Zeitraum ist der Anteil von Öl, Gas und Kohle an den sowjetischen Exporten in die RGW-Staaten von rd. einem Fünftel auf gut die Hälfte gestiegen (vgl. Tabelle 2). Diese Anteilsverschiebung kann formal mit einer Qualitätsverbesserung des sowjetischen Exportsortiments gleichgesetzt werden. Energierohstoffe zählen im RGW zu den sogenannten harten - weil weltmarktfähigen - Waren. In der Regel sollten sie nur gegen gleichwertige Waren getauscht werden. Vor diesem Hintergrund sind auch die in der ersten Hälfte der achtziger Jahre wiederholt laut gewordenen sowjetischen Forderungen nach einer strukturellen Verbesserung der RGW-Exporte in die UdSSR zu sehen. So erklärte der damalige sowjetische Ministerpräsident Tichonow auf der 37. Ratstagung des RGW 1983 in Berlin (Ost), daß die Möglichkeiten für weitere Energielieferungen "in vieler Hinsicht davon abhängen, in welchem Maße die anderen RGW-Länder die für die Volkswirtschaft der Sowjetunion notwendigen Erzeugnisse liefern können"[25].

Diese Forderung enthält auch die Abschlußerklärung des RGW-Wirtschaftsgipfels ("Wirtschaftsberatung der Mitgliedsländer des RGW auf höchster Ebene"), der im Juni 1984 in Moskau stattfand. Aus ihr geht hervor, daß die übrigen RGW-Staaten für die "Durchführung und Fortsetzung" der Energie- und Rohstofflieferungen aus der UdSSR ihr Angebot an

Exportwaren stärker auf die sowjetischen Bedürfnisse ausrichten müssen. Sie sollen "die dafür notwendigen Maßnahmen auf dem Gebiet der Investitionen, der Rekonstruktion und der Rationalisierung ergreifen, um die von der Sowjetunion benötigten Erzeugnisse, insbesondere Nahrungsmittel und industrielle Konsumgüter, einige Arten von Konstruktionsmaterialien, Maschinen und Ausrüstungen in hoher Qualität mit technischem Weltniveau bereitzustellen"[26].

Die UdSSR hat diese Forderung nach einer stärkeren Ausrichtung der kleineren RGW-Länder auf die Bedürfnisse des sowjetischen Marktes auch in den bilateralen langfristigen Programmen der Zusammenarbeit bis zum Jahr 2000 aufgenommen. Derartige Langfristprogramme wurden von 1984 an mit allen RGW-Staaten vereinbart; sie enthalten keine konkreten Abmachungen, sondern stecken die Bereiche ab, auf die sich die bilaterale Zusammenarbeit in den nächsten 15 Jahren konzentrieren soll. So wird in dem Abkommen mit der DDR - ähnliche Formulierungen finden sich in den anderen Vereinbarungen - die Zusammenarbeit im Roh- und Brennstoffsektor als "strategische Aufgabe ersten Ranges" bezeichnet. Um die Fortsetzung der entsprechenden sowjetischen Lieferungen zu gewährleisten, wird die DDR erforderliche Maßnahmen treffen, um durch Investitionen, Rekonstruktionen und Modernisierung in der Industrie die Lieferung der von der Sowjetunion benötigten Erzeugnisse zu gewährleisten. Im Austausch gegen energieintensive Chemieprodukte aus der UdSSR soll die DDR die Lieferungen von hochwertigen industriellen Konsumgütern, bestimmten Werkstoffen und kleintonnagigen chemischen Erzeugnissen sowie von "hochproduktiven Maschinen und Ausrüstungen mit Weltniveau" steigern. Darüber hinaus soll die DDR ihre Beteiligung an der Erschließung der sowjetischen Rohstoffquellen, insbesondere an den Erdöl- und Erdgaslagerstätten, fortsetzen. Bei der Zusammenarbeit im Bereich der Energiewirtschaft sollen die Schwerpunkte bei der Einsparung und der Substitution fossiler Brennstoffe durch Kernkraft gesetzt werden[27].

Seit dem Abschluß dieser Vereinbarungen haben sich die Bedingungen an den Weltenergiemärkten erneut deutlich geändert. Der drastische Verfall der Ölpreise im Jahr 1986 hat auch die wirtschaftliche Macht der Energieanbieter vermindert. Auf das Verhältnis zwischen der UdSSR und den übrigen RGW-Ländern wirkt sich dies mit zeitlicher Verzögerung aus, da die Intrablockhandelspreise erst nachträglich der Preisentwicklung am Weltmarkt angepaßt werden (vgl. Abb. 1 und Abschnitt 2.3.3). Die sowjetischen Terms of Trade-Verluste haben aber dazu geführt, daß sich die traditionellen Exportüberschüsse der UdSSR (1986: 2,6 Mrd. TRbl; vgl. Tabelle 1) in Defizite verwandelt haben (1988: 2,4 Mrd. TRbl). An der Finanzierung dieser Defizite sind die kleineren RGW-Länder aber

Abbildung 1

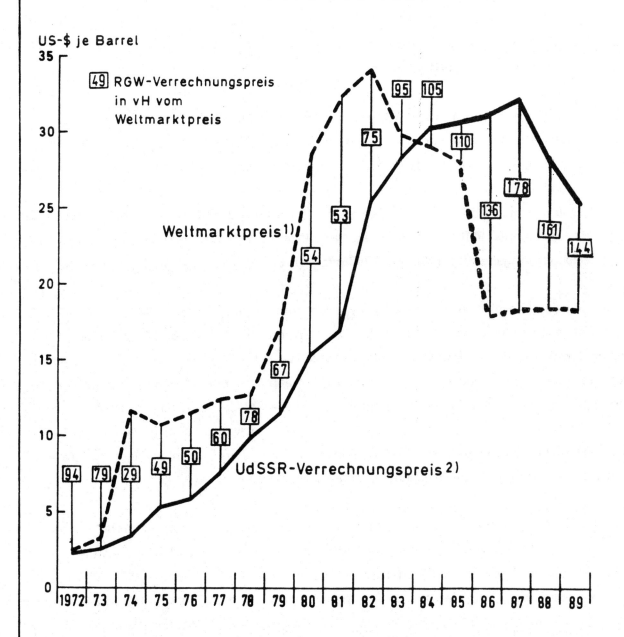

ENTWICKLUNG DER ERDÖLPREISE

WELTMARKTPREIS UND RGW-VERRECHNUNGSPREIS DER UDSSR

1972 bis 1989

US-$ je Barrel

49 RGW-Verrechnungspreis
in vH vom
Weltmarktpreis

Weltmarktpreis[1]

UdSSR-Verrechnungspreis[2]

1) Preis fur arabisch leicht, fob Ras Tanura; 1989 vorläufig.
2) Durchschnittserlös fur Exporte von Erdöl und Erdölprodukten in den RGW (5)
   entsprechend den Angaben im Aussenhandelsjahrbuch der UdSSR; 1977 bis 1985:
   Schätzung; 1989 Durchschnitt der Weltmarktpreise der vorangegangenen 5 Jahre.

DIW 89

nicht interessiert. Nunmehr wird von ihnen die Forderung erhoben, die UdSSR solle mehr Waren bereitstellen, die den Bedürfnissen dieser Länder entsprechen; ansonsten müsse das Handelsvolumen reduziert werden[28]. Zeitlich einher geht diese Entwicklung mit der Krise der RGW-Integration[29] und mit einer Lockerung der politischen Führungsrolle der Sowjetunion. Vor diesem Hintergrund ist künftig mit einer stärkeren Ökonomisierung der sowjetischen Energieexportpolitik gegenüber den RGW-Staaten zu rechnen.

2.3.2 Entwicklung und Bedeutung der Brennstoffexporte in die kleineren RGW-Länder

1977 hat die UdSSR die statistische Berichterstattung über die mengenmäßige Entwicklung ihrer Brennstoffexporte eingestellt. Nach elfjähriger Unterbrechung wurden erst 1988 wieder entsprechende Daten in der Außenhandelstatistik veröffentlicht und zwar für die Jahre 1986 und 1987. Sie weichen zum Teil von den Partnerlandangaben ab - im Fall der DDR sogar um fast 3 Mill. t (1987). Die in der Tabelle 3 ausgewiesenen Exportmengen wurden für die Jahre 1980 bis 1985 unter Berücksichtigung der Partnerlandangaben und der sowjetischen Angaben für 1986 und 1987 geschätzt.

Der Anstieg der Ölpreise in den siebziger Jahren hatte zunächst keine Auswirkungen auf den Mengenentwicklung der Brennstoffexporte in die RGW-Staaten. Insbesondere die Lieferungen von Erdöl und Erdgas expandierten kräftig (vgl. Tabellen 3 bis 6). Damit waren die Importländer noch nicht zu Energiesparmaßnahmen gezwungen. Erst unter dem Eindruck des zweiten Ölpreisschocks vereinbarten die RGW-Staaten, daß im Planjahrfünft 1981 bis 1985 die sowjetischen Brennstofflieferungen in etwa auf dem Niveau vom Jahre 1980 eingefroren werden sollten. Entgegen den ursprünglichen Vereinbarungen kürzte die Sowjetunion zudem ihre Öllieferungen 1982 fast um 10 vH.

Die Gründe für die vermutlich einseitige Maßnahme der UdSSR wurden nicht bekannt. Häufig werden die Lieferkürzungen als ein sowjetischer "Willkürakt" interpretiert. Vermutlich waren es aber primär Finanzierungsschwierigkeiten der kleineren RGW-Länder, die die Sowjetunion zu den Lieferbeschränkungen bewogen haben. Ein Indiz für diese These ist die Entwicklung der bilateralen Handelsbilanzen gegenüber den europäischen RGW-Ländern (ohne Rumänien). Von 1975 an hat sich der kumulierte Handelsbilanzüberschuß der UdSSR Jahr für Jahr erhöht und bis 1981 einen Umfang von knapp 10 Mrd. TRbl erreicht. Lediglich gegenüber Rumänien, das von der UdSSR kaum Energierohstoffe erhält, war die Bilanz weitgehend ausgeglichen. Der sowjetische Lieferüberschuß ist zwar nicht automatisch mit einer Kreditgewährung in dieser Höhe gleichzusetzen, denn es kann nicht davon ausgegangen werden, daß die übrigen Teilbilanzen der Leistungsbilanz jeweils ausgeglichen sind. Möglich sind u.a. auch Zahlungen in konvertierbaren Währungen für sowjetische Energielieferungen, die zusätzlich zu den im Handelsabkommen vereinbarten Mengen erfolgten. Da die Handelsbilanzen aber in den Jahren zuvor weitgehend im Gleichgewicht waren, werden die Überschüsse der UdSSR als Indikator für eine Kreditgewährung an die Partnerländer gewertet. Vor diesem Hintergrund kann die Kürzung der Öllieferungen um rd. 10 vH auch als ein Tritt auf die Notbremse interpretiert werden. Im übrigen blieb es den RGW-Staaten unbenommen, zusätzliche Ölmengen gegen Zahlung in konvertierbarer Währung und zu aktuellen Weltmarktpreisen aus der UdSSR zu importieren. Vermutlich haben hiervon Ungarn und die DDR Gebrauch gemacht (vgl. Abschnitte 3.2.6.4 und 3.2.3.4).

Für die zweite Hälfte der achtziger Jahre ist bei den sowjetischen Brennstoffexporten in die RGW-Länder erneut nur eine Expansion bei Erdgas zu konstatieren. Die Liefersteigerungen basieren im wesentlichen auf den Beteiligungen der kleineren RGW-Staaten am Bau von Erdgasleitungen in der UdSSR. Im Erdgasbereich ist die sowjetische Lieferbereitschaft relativ groß: Zum einen hat die Erdgasgewinnung in der UdSSR stets kräftig zugenommen - im Durchschnitt der Jahre 1981 bis 1988 um rd. 7,5 vH. Zum anderen sind die Möglichkeiten für eine Ausweitung der Exporte nach Westeuropa eng begrenzt, weil der Anteil der UdSSR am Erdgasverbrauch in den wichtigen Abnehmerländern bereits relativ hoch ist[30]. Öl kann dagegen von der UdSSR am Weltmarkt relativ leicht abgesetzt werden. Hier aber gibt es kaum Möglichkeiten für eine Erhöhung der Fördermenge; sie expandierte im Jahresdurchschnitt von 1981 bis 1988 lediglich um knapp 0,5 vH.

Stark zugenommen haben in den achtziger Jahren auch die sowjetischen Stromexporte. Die Liefersteigerungen wurden durch die Beteiligung einiger RGW-Länder am Bau von sowjetischen Kernkraftwerken ermöglicht.

Keine Informationen gibt es über den Umfang der sowjetischen Lieferungen von Brennelementen für den Betrieb der Kernkraftwerke. In diesem Bereich sind die RGW-Staaten vollständig abhängig von der UdSSR, denn nur sie besitzt im RGW die technischen Möglichkeiten, das Natururan auf den notwendigen Anteil von 2 bis 4 vH Uran 235 anzureichern. RGW-Länder, die eigene Uranvorkommen haben, wie die DDR und die CSSR, müssen auch aus diesem Grund ihr Uran in die UdSSR liefern, bevor sie es in ihren Kernkraftwerken einsetzen können. Sind die Brennstäbe abgebrannt, werden sie - nach

Tabelle 1

Außenhandel der UdSSR mit europäischen RGW-Ländern   (Mill. TRbl)

Land/Ländergruppe	1975	1980	1981	1982	1983	1984	1985	1986	1987	1988
EINFUHR DER UdSSR										
Bulgarien	1931	3439	3697	4288	5053	5618	6056	6191	6552	6873
CSSR	1892	3536	4105	4732	5420	6024	6632	6556	6907	6817
DDR	2643	4327	5155	5776	6596	7368	7592	7128	7093	7024
Polen	2406	3596	3221	4097	4787	5307	5600	6127	6329	7109
Rumänien	824	1441	1673	1683	1665	1759	2303	2415	2347	2431
Ungarn	1616	2757	3300	3746	4007	4437	4892	4873	5080	4943
RGW (6)	11312	19095	21151	24323	27528	30512	33074	33292	34309	35199
AUSFUHR DER UdSSR										
Bulgarien	2060	3660	4375	4885	5511	6125	6456	6752	6276	6094
CSSR	2020	3648	4382	5048	5872	6591	6830	6947	6777	6385
DDR	2980	4873	5526	6420	6798	7481	7670	7884	7636	7193
Polen	2447	4406	4931	4813	5274	6071	6532	6814	6542	6298
Rumänien	702	1350	1779	1424	1640	1807	1957	2823	2539	2344
Ungarn	1658	2982	3307	3707	4058	4321	4577	4678	4600	4484
RGW (6)	11866	20919	24300	26295	29152	32396	34020	35899	34370	32798
SALDO DER UdSSR										
Bulgarien	128	221	678	597	458	507	400	561	-275	-779
CSSR	128	112	278	316	451	567	198	391	-130	-433
DDR	337	547	372	643	202	114	78	756	-131	169
Polen	41	810	1711	716	488	764	931	687	213	-811
Rumänien	-122	-91	106	-260	-26	49	-346	408	192	-87
Ungarn	42	225	6	-39	51	-116	-315	-195	-480	-459
RGW (6)	555	1824	3149	1972	1624	1883	946	2607	61	-2401

Abweichungen in den Summen durch Runden der Zahlen.
Quelle. Außenhandelsjahrbücher der UdSSR, verschiedene Jahrgänge.

Tabelle 2

Anteil der Energielieferungen 1) am Gesamtexport der UdSSR
in die osteuropäischen Länder in vH

Land	1975	1980	1981	1982	1983	1984	1985	1986	1987	1988
Bulgarien	31.8	44.3	46.6	49.9	51.0	51.6	52.2	50.4	48.3	42.4
CSSR	33.8	47.9	54.3	59.9	61.1	61.6	63.2	64.1	60.4	55.6
DDR	21.7	40.4	44.0	50.7	54.8	54.9	53.9	54.4	51.4	47.9
Polen	26.1	37.1	41.8	51.3	55.2	54.3	53.0	54.8	53.0	49.2
Ungarn	26.3	40.8	44.5	47.6	47.2	50.7	51.8	52.7	49.3	46.7
RGW (5)	27.4	41.9	46.1	52.1	54.4	55.0	55.1	55.5	52.8	48.5
Rumänien	9.5	28.3	40.3	19.9	29.4	36.4	38.9	51.4	49.8	49.3
RGW (6)	26.3	41.0	45.7	50.3	52.9	53.9	54.1	55.1	52.5	48.6

1) Steinkohle und Steinkohlenkoks, Erdöl und Erdölprodukte,
Erdgas und Strom.
Quellen: Datenbank RGW-Energie des DIW.

Tabelle 3

Mineralöllieferungen 1) der UdSSR in die europäischen RGW-Länder

Land/Länder-gruppe	1975	1980	1981	1982	1983	1984	1985	1986	1987	1988
				Mengen		**in Mill. t**				
Bulgarien	11.6	13.9	14.0	12.6	12.6	12.6	12.8	13.1	12.9	12.7
CSSR	16.0	19.5	18.5	16.6	16.6	16.6	16.4	17.3	17.4	16.8
DDR	15.0	19.0	19.0	19.0	19.0	19.0	19.0	19.5	20.0	19.8
Polen	13.3	16.1	16.0	15.1	14.9	15.1	14.8	16.0	16.1	15.8
Ungarn	7.5	9.2	8.8	8.1	7.1	8.0	8.0	8.9	8.9	8.4
RGW (5)	63.3	77.8	76.3	71.4	70.1	71.3	71.0	74.6	75.2	73.4
Rumänien	0.0	1.4	3.0	0.3	1.0	1.6	2.0	6.4	4.7	4.0
RGW (6)	63.3	79.2	79.3	71.7	71.1	72.9	73.0	81.1	79.9	77.4
				Werte		**in Mrd. TRbl 2)**				
Bulgarien	0.4	1.1	1.3	1.5	1.8	2.0	2.2	2.2	1.9	1.6
CSSR	0.5	1.2	1.6	2.1	2.4	2.7	2.9	3.0	2.7	2.3
DDR	0.4	1.4	1.7	2.4	2.7	3.1	3.1	3.1	2.9	2.4
Polen	0.5	1.3	1.6	1.9	2.2	2.5	2.7	2.7	2.5	2.1
Ungarn	0.3	0.8	0.9	1.1	1.2	1.4	1.5	1.5	1.3	1.1
RGW (5)	2.1	5.7	7.2	9.0	10.3	11.8	12.4	12.6	11.2	9.5
Rumänien	0.0	0.2	0.5	0.1	0.2	0.3	0.4	1.0	0.7	0.5
RGW (6)	2.1	5.9	7.7	9.1	10.5	12.1	12.8	13.6	11.9	10.0
				Durchschnittswert in TRbl je Tonne						
Bulgarien	34	76	94	123	142	160	173	169	148	123
CSSR	31	60	88	124	147	165	178	173	154	134
DDR	28	75	92	127	145	164	163	161	143	123
Polen	40	79	101	125	147	166	179	172	154	133
Ungarn	41	82	104	139	164	175	185	169	150	133
RGW (5)	34	73	94	127	147	166	174	169	150	129
Rumänien	-	150	175	221	185	177	194	151	150	130
RGW (6)	34	74	97	127	148	166	175	167	150	129

1) Erdöl und Erdölprodukte.- 2) Der Transfer-Rubel (TRbl) ist
die Außenwährungseinheit der RGW-Länder. Sein rechnerischer
Wert betrug 1975: 1.39 US-$; 1980: 1.53 US-$; 1981: 1.39 US-$;
1982: 1.38 US-$; 1983: 1.35 US-$; 1984: 1.23 US-$; 1985: 1.19
US-$; 1986: 1.42 US-$; 1987: 1.58 US-$; 1988: 1.65 US-$.
Quellen: Außenhandelsjahrbücher der UdSSR; Datenbank RGW-
       Energie des DIW.

Tabelle 4

Erdgaslieferungen der UdSSR in die europäischen RGW-Länder

Land/ Länder- gruppe	1975	1980	1981	1982	1983	1984	1985	1986	1987
			M e n g e n		in Mrd. m 3				
Bulgarien	1.2	4.0	4.5	4.8	4.9	5.5	5.5	5.7	6.1
CSSR	3.7	8.3	8.6	9.0	9.3	10.5	10.8	10.2	10.6
DDR	3.2	6.4	6.3	6.4	6.4	6.2	6.2	7.0	7.0
Polen	2.5	5.3	5.3	5.6	6.0	6.0	5.9	7.1	7.5
Ungarn	0.6	3.8	3.8	3.7	3.9	3.8	4.0	4.7	4.8
RGW (5)	11.2	27.9	28.4	29.6	30.5	32.0	32.3	34.7	36.0
Rumänien	0.0	1.6	1.5	1.5	1.7	1.8	1.8	2.5	3.3
RGW (6)	11.2	29.5	29.9	31.1	32.2	33.8	34.1	37.2	39.3
			W e r t e		in Mrd. TRbl 1)				
Bulgarien	.0	0.2	0.3	0.4	0.5	0.6	0.7	0.7	0.7
CSSR	0.1	0.4	0.6	0.8	1.0	1.1	1.1	1.3	1.2
DDR	.0	0.4	0.5	0.6	0.7	0.7	0.7	0.8	0.8
Polen	0.1	0.3	0.4	0.5	0.7	0.7	0.7	0.9	0.8
Ungarn	.0	0.2	0.3	0.4	0.4	0.4	0.5	0.5	0.5
RGW (5)	0.3	1.6	2.1	2.7	3.3	3.6	3.7	4.2	3.9
Rumänien	0.0	0.1	0.1	0.1	0.2	0.2	0.2	0.3	0.4
RGW (6)	0.3	1.7	2.2	2.8	3.5	3.8	4.0	4.5	4.3
			Durchschnittswert	in TRbl	je 1000 m 3				
Bulgarien	29	57	73	92	110	116	120	120	109
CSSR	25	54	69	86	103	105	104	124	111
DDR	15	55	77	93	111	117	121	120	110
Polen	28	58	74	93	110	117	123	120	111
Ungarn	30	59	76	97	113	118	119	117	106
RGW (5)	24	56	73	91	108	113	115	121	110
Rumänien	–	58	75	92	115	124	122	120	109
RGW (6)	24	56	73	91	109	114	116	121	110

1) Der Transfer-Rubel (TRbl) ist die Außenwährungseinheit der
RGW-Länder. Sein rechnerischer Wert betrug 1975: 1.39 US-$;
1980: 1.53 US-$; 1981: 1.39 US-$; 1982: 1.38 US-$; 1983: 1.35
US-$; 1984: 1.23 US-$; 1985: 1.19 US-$; 1986: 1.42 US-$ und
1987: 1.58 US-$.
Quellen: Außenhandelsjahrbücher der UdSSR; Datenbank RGW-
Energie des DIW.

Tabelle 5

Steinkohlenlieferungen 1) der UdSSR in die europäischen RGW-Länder

Land/ Länder- gruppe	1975	1980	1981	1982	1983	1984	1985	1986	1987	1988
					M e n g e n in Mill. t					
Bulgarien	6.2	5.8	6.1	6.5	6.5	6.5	6.6	7.2	7.0	6.4
CSSR	2.9	2.3	2.6	2.8	3.3	3.1	3.3	3.1	3.1	3.0
DDR	5.0	4.5	3.9	4.0	4.0	3.6	4.1	5.2	4.5	5.0
Polen	1.1	1.0	1.1	1.0	1.0	1.1	1.1	1.2	1.1	1.1
Ungarn	1.1	1.3	1.3	1.0	1.2	1.2	1.3	1.5	1.3	1.7
RGW (5)	16.4	15.0	15.0	15.2	16.0	15.4	16.4	18.2	17.0	17.3
Rumänien	1.6	1.7	1.4	1.2	1.5	2.0	1.5	2.5	2.4	2.9
RGW (6)	18.0	16.7	16.4	16.4	17.5	17.4	17.9	20.7	19.4	20.1
					W e r t e in Mrd. TRbl 2)					
Bulgarien	0.2	0.2	0.3	0.3	0.3	0.4	0.4	0.3	0.3	0.3
CSSR	0.1	0.1	0.1	0.1	0.1	0.1	0.2	0.1	0.1	0.1
DDR	0.2	0.2	0.2	0.2	0.2	0.2	0.2	0.3	0.2	0.3
Polen	.0	.0	0.1	0.1	0.1	0.1	0.1	0.1	0.1	0.1
Ungarn	.0	0.1	0.1	0.1	0.1	0.1	0.1	0.1	0.1	0.1
RGW (5)	0.5	0.6	0.7	0.8	0.8	0.8	0.9	0.9	0.8	0.8
Rumänien	0.1	0.1	0.1	0.1	0.1	0.1	0.1	0.1	0.1	0.1
RGW (6)	0.6	0.6	0.8	0.8	0.9	1.0	1.0	1.0	0.9	0.9
				Durchschnittswert in TRbl je Tonne						
Bulgarien	26	39	47	50	53	54	54	47	45	42
CSSR	28	39	45	47	42	44	46	45	44	41
DDR	35	34	43	51	54	60	54	52	55	54
Polen	33	42	46	51	53	56	52	55	54	55
Ungarn	41	44	51	60	62	62	62	65	66	63
RGW (5)	31	38	46	50	52	54	53	50	50	48
Rumänien	41	46	54	60	63	67	63	36	29	26
RGW (6)	32	39	47	51	53	56	54	48	47	45

1) Steinkohle und Steinkohlenkoks.- 2)Der Transfer-Rubel (TRbl)
ist die Außenwährungseinheit der RGW-Länder. Sein rechnerischer
Wert betrug 1975: 1.39 US-$; 1980: 1.53 US-$; 1981: 1.39 US-$;
1982: 1.38 US-$; 1983: 1.35 US-$; 1984: 1.23 US-$; 1985: 1.19
US-$; 1986: 1.42 US-$; 1987: 1.58 US-$: 1988: 1.65 US-$.
Quellen: Außenhandelsjahrbücher der UdSSR; Datenbank RGW-
        Energie des DIW.

Tabelle 6

Stromlieferungen der UdSSR in die europäischen RGW-Länder

Land/ Länder- gruppe	1975	1980	1981	1982	1983	1984	1985	1986	1987	1988
				Mengen	in Mrd. KWh					
Bulgarien	4.0	4.5	4.5	4.5	4.5	4.5	4.5	5.0	4.5	4.5
CSSR	1.1	2.2	2.2	2.2	2.4	2.7	4.0	1.9	3.7	4.3
DDR	0.0	1.8	1.8	1.8	1.8	1.8	1.8	1.5	1.8	1.8
Polen	0.4	0.3	0.3	0.3	0.3	0.3	0.8	2.5	3.8	6.4
Ungarn	4.2	7.5	8.0	8.1	8.2	8.8	10.5	10.0	10.5	11.1
RGW (5)	9.7	16.3	16.8	16.9	17.2	18.1	21.6	20.9	24.3	28.0
Rumänien	.0	0.1	0.3	0.4	0.4	0.7	2.0	2.8	4.3	5.6
RGW (6)	9.8	16.5	17.1	17.2	17.6	18.8	23.6	23.6	28.6	33.6
				Werte	in Mrd. TRbl 1)					
Bulgarien	0.1	0.1	0.1	0.1	0.1	0.1	0.1	0.2	0.1	0.1
CSSR	.0	.0	0.1	0.1	0.1	0.1	0.1	0.1	0.1	0.1
DDR	0.0	.0	.0	.0	.0	.0	0.1	.0	0.1	.0
Polen	.0	.0	.0	.0	.0	.0	.0	0.1	0.1	0.2
Ungarn	0.1	0.2	0.2	0.2	0.2	0.3	0.3	0.3	0.3	0.4
RGW (5)	0.1	0.4	0.4	0.5	0.5	0.5	0.7	0.7	0.8	0.9
Rumänien	.0	.0	.0	.0	.0	.0	0.1	0.1	0.1	0.2
RGW (6)	0.1	0.4	0.4	0.5	0.5	0.6	0.7	0.7	0.9	1.0
				Durchschnittswert	in TRbl je 1000 KWh					
Bulgarien	16	24	25	28	31	32	33	32	33	33
CSSR	13	21	23	25	28	28	29	30	28	27
DDR	4	21	22	25	27	28	29	30	29	28
Polen	16	24	25	27	31	31	31	30	30	32
Ungarn	15	24	25	27	30	31	32	32	32	32
RGW (5)	15	23	25	27	30	30	31	32	31	31
Rumänien	7	14	19	19	21	26	30	31	31	31
RGW (6)	15	23	24	27	29	30	31	32	31	31

1) Der Transfer-Rubel (TRbl) ist die Außenwährungseinheit der RGW-
Länder. Sein rechnerischer Wert betrug 1975: 1.39 US-$; 1980: 1.53
US-$; 1981: 1.39 US-$; 1982: 1.38 US-$; 1983: 1.35 US-$; 1984: 1.23
US-$; 1985: 1.19 US-$; 1986: 1.42 US-$; 1987: 1.58 US-$ und 1988:
1.65 US-$.
Quellen: Außenhandelsjahrbücher der UdSSR; Datenbank RGW-
         Energie des DIW.

einer Zwischenlagerung im Kernkraftwerk - in die Sowjetunion zurückgesandt. Hier wird das hochradioaktive Material wieder aufgearbeitet oder gelagert[31]. Damit kontrolliert die UdSSR vollständig den Brennstoffkreislauf, der dem Betrieb eines Kernkraftwerks "beigeordnet" ist. Wegen der Abhängigkeit von der Urananreicherung durch Drittstaaten wird bei den kleineren RGW-Ländern die Stromproduktion aus Kernkraftwerken in der Primärenergiebilanz zu den Importen gerechnet.

2.3.3 Preispolitik der UdSSR: Ausbeutung oder Subventionierung?

Als Reaktion auf den ersten Ölpreisschock vereinbarten die RGW-Länder von 1976 an die RGW-Vertragspreise grundsätzlich jährlich aus dem Durchschnitt der Weltmarktpreise der vorangegangenen fünf Jahre zu bestimmen[32]. Dieses Prinzip hat zur Folge, daß die Verrechnungspreise stets verzögert der aktuellen Weltmarktpreisentwicklung folgen. In der Phase des Preisanstiegs profitieren die Käuferländer von diesem Prinzip. So waren die sowjetischen Verrechnungspreise in einigen Jahr nur etwa halb so hoch wie die Weltmarktpreise (vgl. Abb. 1). Sinken dagegen die Preise am Weltmarkt, so kann der Exporteur "Zusatzeinnahmen" für sich verbuchen. Besonders kraß waren die Ölpreisunterschiede in den Jahren 1986 und 1987. Während die UdSSR ihr Öl zu Durchschnittspreisen von über 30 US-$/Barrel verkaufte, konnte sie an den westeuropäischen Spotmärkten lediglich Preise von 14 bzw. 18 US-$/B erzielen. Erst zu Beginn der neunziger Jahre werden die sowjetischen Verrechnungspreise etwa das Weltmarktniveau erreichen.

Der Änderung des Preisbildungsprinzips stimmte die UdSSR auf der 70. Sitzung des RGW-Exekutivkomitees (1975) vermutlich aus polit-ökonomischen Gründen zu. Hätten die osteuropäischen Länder die jeweiligen Weltmarktpreise bezahlen müssen, wären sie in noch größere Finanzierungsschwierigkeiten geraten. Die sich aus den Preisdifferenzen ergebenden Einsparungen der osteuropäischen Länder (ohne Rumänien) betrugen für den Zeitraum 1975 bis 1983 23 Mrd. Transfer-Rubel (TRbl), das entspricht etwa dem Wert der sowjetischen Exporte in diese Länder im Jahre 1981. Hierbei handelt es sich jedoch um einen Bruttoeffekt, von dem die - allerdings deutlich geringeren - "Erlösverzichte" der RGW-Länder abgezogen werden müßten, denn auch ihre Exportwaren für die UdSSR werden nicht zu den jeweils aktuellen Weltmarktpreisen, sondern mit den Durchschnittspreisen der vorangegangenen fünf Jahre bewertet. Da im Zeitraum 1973 bis 1983 die Energiepreise beträchtlich schneller stiegen als die Preise für die übrigen Güter, dürfte sich per Saldo ein positiver Nettoeffekt für die kleineren RGW-Staaten ergeben haben.

Die oft zu hörende Ausbeutungsthese steht hierzu in einem krassen Gegensatz. Sie läßt sich auch nicht für die Niedrigpreisphase aufrechterhalten. Zwar kann die Sowjetunion von 1986 bis 1990 Zusatzeinnahmen von rechnerisch über 10 Mrd. TRbl erzielen. Dem stehen aber die bereits erwähnten Mindereinnahmen von 23 Mrd. TRbl gegenüber.

Allein aus dieser Saldenbetrachtung kann allerdings auch nicht auf eine Subventionierung der kleineren RGW-Länder geschlossen werden. Um die Frage "Ausbeutung oder Subventionierung?" beantworten zu können, bedarf es einer Vielzahl von Informationen, die nicht zur Verfügung stehen. Berücksichtigt werden müßte z.B. die Höhe der Unterschiede zwischen Weltmarkt- und Verrechnungspreisen bei den Exportprodukten der kleineren RGW-Länder. Auch die ökonomischen Bedingungen der Investitionsbeteiligungen der kleineren RGW-Staaten in der UdSSR müßten in diese Rechnung mit einbezogen werden; Einzelheiten sind aber auch hier nicht bekannt.

2.3.4 Sonderbehandlung von Rumänien

Die Exportpolitik der Sowjetunion war lange Zeit durch eine Sonderbehandlung bzw. Diskriminierung Rumäniens gekennzeichnet. Bis 1985 erhielt Rumänien von der UdSSR kein Erdöl zu RGW-Verrechnungspreisen[33]. Zunächst war Rumänien auch gar nicht an sowjetischen Energielieferungen interessiert. Ceausescu bemühte sich vielmehr, seine relativ unabhängige Außenpolitik gegenüber der Sowjetunion auch ökonomisch abzusichern. Diesem Ziel diente der weitgehende Verzicht auf den Import von Rohstoffen aus der UdSSR. Diese Politik war aber nach den Ölpreissteigerungen von 1973 und 1979 mit erheblichen finanziellen Nachteilen verbunden, wie der Vergleich zwischen sowjetischen Verrechnungspreisen und den aktuellen Weltmarktpreisen deutlich gemacht hat. Es ist daher nicht verwunderlich, daß sich Rumänien seit Mitte der siebziger Jahre um sowjetische Lieferungen bemüht hat. Nun war jedoch die Sowjetunion nur bereit, ihr Erdöl an Rumänien zu Weltmarktpreisen und bei Zahlung in konvertibler Währung zu verkaufen. Hiervon machte Rumänien in geringem Umfang Gebrauch. Allerdings hat es auch Waren gegen konvertible Währungen in die UdSSR exportiert. Von 1980 bis 1984 waren diese Lieferungen sogar um rund 270 Mill. US-Dollar höher als die Bezüge. Am gesamten bilateralen Warenumsatz (Einfuhr plus Ausfuhr) hatte der Handel in konvertibler Währung immerhin einen Anteil von 15 vH. Er verlor aber an Bedeutung; die Erdölimporte aus der UdSSR wurden von 3 Mill. t (1981) auf 2 Mill. t (1985) reduziert.

Mitte der achtziger Jahre änderte die UdSSR jedoch ihre Haltung. 1986 stiegen die sowjetischen Öllieferungen auf über 6 Mill. t (1988: 4 Mill. t)[34]. Hierfür wurden Verrechnungspreise vereinbart, die aber - und dies war vermutlich zum Zeitpunkt dieser Vereinbarung noch nicht erkennbar - nun deutlich über dem Weltmarktpreisniveau lagen.

Daß Rumänien sich seit Mitte der siebziger Jahre intensiv um Erdöllieferungen zu Verrechnungspreisen bemüht hat, kann als Indikator dafür gewertet werden, daß diese Preise für die kleineren RGW-Länder vorteilhafter als die Weltmarktpreise waren.

2.3.5 Änderung des Preisbildungsprinzips?

Seit dem Ölpreisverfall sind im RGW Forderungen nach einer Änderung der Preisbildungsformel erhoben werden. Auf der 42. Ratstagung verwies der rumänische Ministerpräsident Dascalescu auf die bereits 1958 auf der 9. RGW-Tagung in Bukarest getroffenen Vereinbarung, wonach die, so Dascalescu, "im gegenseitigen Handel geltenden Preise in erster Linie für Brennstoffe, Energie und Rohstoffe von dem Einfluß der verzerrenden Faktoren befreit werden, die von den monopolistischen Staatsregierungen und von den inflationistischen Erscheinungen auf Weltebene bedingt sind"[35]. Dies kann im Klartext nur heißen, daß die Hochpreisphase bei Energierohstoffen nicht für den RGW gelten soll, weil diese Ergebnis einer Kartellpolitik gewesen ist. Derzeit gibt es jedoch keine Hinweise, daß für den Fünfjahrplanzeitraum 1986 bis 1990 das Prinzip geändert worden ist. Entsprechende Forderungen konnte die UdSSR mit dem Argument entgegnen, daß die kleineren RGW-Länder lange Zeit von dem Preisbildungsprinzip profitiert haben und nun auch die negativen Konsequenzen in Kauf nehmen müssen.

Für die neunziger Jahre ist indes mit einer Veränderung zu rechnen. Der Zeitpunkt hierfür ist aus mehreren Gründen günstig: Zum einen entsprechen dann die nach alter Methode errechneten Verrechnungspreise weitgehen den Weltmarktpreisen. Zum anderen erfordert das Reformkonzept einiger RGW-Staaten eine Ausrichtung ihrer Preisstrukturen auf die des Weltmarktes. Insofern ist zu vermuten, daß mit Beginn der neuen Fünfjahrplanperiode die RGW-Verrechnungspreise enger mit den Weltmarktpreisen verknüpft werden.

3 Die Reaktionen der kleineren RGW-Länder auf die Ölpreisveränderungen

3.1 Ziel: Strukturwandel und Effizienzsteigerung

Die Ölpreisschocks der siebziger Jahre waren auch für die kleineren RGW-Länder eine strukturpolitische Herausforderung. Den Anpassungsdruck bekamen diese Staaten allerdings erst verspätet zu spüren, weil (1) die Öl- bzw. Energiepreise im RGW-Intrablockhandel mit deutlicher Zeitverzögerung der Weltmarktentwicklung angepaßt wurden (vgl. Abschnitt 2.3.3) und weil (2) bis 1980 die Energieimporte aus der UdSSR noch kräftig ausgeweitet werden konnten (vgl. Abschnitt 2.3.2). Damit aber wurde wertvolle Zeit für notwendige Reaktionen auf weltwirtschaftliche Datenänderungen vertan. Dies wiegt umso schwerer, als gerade in der zweiten Hälfte der siebziger Jahre die kleineren RGW-Länder ihre kreditfinanzierten Westimporte kräftig steigern konnten und damit auch die Chance hatten, die Kredite zur Finanzierung von Anpassungsmaßnahmen zu verwenden.

Mit Beginn der Fünfjahrplanperiode 1981 bis 1985 änderten sich für die kleineren RGW-Staaten die energiewirtschaftlichen Rahmenbedingungen spürbar. Nun konnten sie nicht mehr mit steigenden Energielieferungen aus der UdSSR rechnen; außerdem verfestigte der zweite Ölpreisschock die - weltweit vorherrschende - Einschätzung, wonach die Energiepreise nicht nur auf hohem Niveau verharren, sondern noch weiter steigen werden. Die vom Generalsekretär der SED, Erich Honecker, gegebene Einschätzung dürfte auch von der politischen Führung in den übrigen RGW-Ländern geteilt worden sein: "Wir haben es nicht nur mit einer Verschärfung der ohnehin schon komplizierten Situation zu tun. Es entsteht für uns eine neue Lage. Das ist kein spezielles Problem der DDR. Damit müssen sich auch alle übrigen sozialistischen Länder ... auseinandersetzen"[1].

Energieeinsparung und Strukturwandel - möglichst bei Aufrechterhaltung des bisherigen Wachstumstempos - war nunmehr für alle RGW-Länder dringend geboten[2]. Angesichts der überall beklagten Energieverschwendung waren die Möglichkeiten zur Einsparung zwar beträchtlich. Die RGW-Staaten standen damit aber letztlich vor der Lösung eines generellen Problems ihres Wirtschaftssystems, nämlich der effizienteren Nutzung von Ressourcen. Zudem stand die Strukturpolitik vor einer doppelten Aufgabe: Zum einen mußte sie als Instrument zur Verwirklichung des Energieeinsparziels eingesetzt werden, d.h. die Produktion von energieintensiven Produkten mußte zugunsten von Industriezweigen mit geringem spezifischen Energieverbrauch eingeschränkt werden; dies betrifft insbesondere die Schwerindustrie und die chemische Industrie. Zum anderen mußte die

Struktur des Primärenergieverbrauchs verändert werden. Der Anteil von Öl sollte zugunsten der im Inland jeweils vorhandenen Energiequellen, zumeist Kohle, und von Kernenergie vermindert werden.

Beide Ziele können durchaus in einem Spannungsverhältnis stehen. So erfordern Gewinnung, Transport und Umwandlung von Kohle einen größeren Energieaufwand als die Nutzung von importiertem Erdöl oder Erdgas. Eine Änderung der Primärenergiestruktur zugunsten von inländischer Kohle muß damit c.p. zu einem erhöhten Energieverbrauch führen bzw. erfordert verstärkte Anstrengungen zur Verwirklichung der vorgegebenen Einsparziele.

Strukturwandel erfordert Innovation. Die Innovationsintensität unterscheidet sich jedoch in Abhängigkeit von der Art der strukturellen Änderungen. So erfordert eine Steigerung der Energiegewinnung im Inland sicher weniger Innovationen als eine Strategie, die primär auf die Verminderung des Energieverbrauchs abzielt. Somit lassen sich aus der jeweiligen Anpassungsstrategie der RGW-Länder auch Rückschlüsse auf die Innovationsfähigkeit ihrer Wirtschaftssysteme ziehen.

3.2 Die Energiepolitik in den einzelnen RGW-Staaten

3.2.1 Bulgarien[1]

3.2.1.1 Vorräte: Heizwertarme Lignitkohle dominiert

Bulgarien muß seinen Bedarf an Steinkohle, Erdöl und Erdgas fast ausschließlich durch Importe decken. Von größerer wirtschaftlicher Bedeutung sind lediglich die Braunkohlenvorräte. Die gesamten Bilanzvorräte Bulgariens an Kohle wurden zuletzt mit 4,4 Mrd. t angegeben. Etwa vier Fünftel der Vorräte wurden nach 1956 erkundet. Darüber hinaus sind 2 Mrd. t noch nicht bilanziert, und es werden weitere 2,6 Mrd. t an Reserven vermutet. Die Vorräte sind auf 34 Lagerstätten verteilt. Die meisten sind relativ klein und weisen für den Abbau sehr ungünstige geologische Strukturen auf.

Zwei Arten von Braunkohle werden in Bulgarien unterschieden: Braunkohle im engeren Sinn mit einem Heizwert von 8,0 bis 17,0 MJ/kg und Lignitkohle mit Heizwerten zwischen 4,0 bis 8,0 MJ/kg. Die Gesamtvorräte der höherwertigen Braunkohle betrugen Ende der

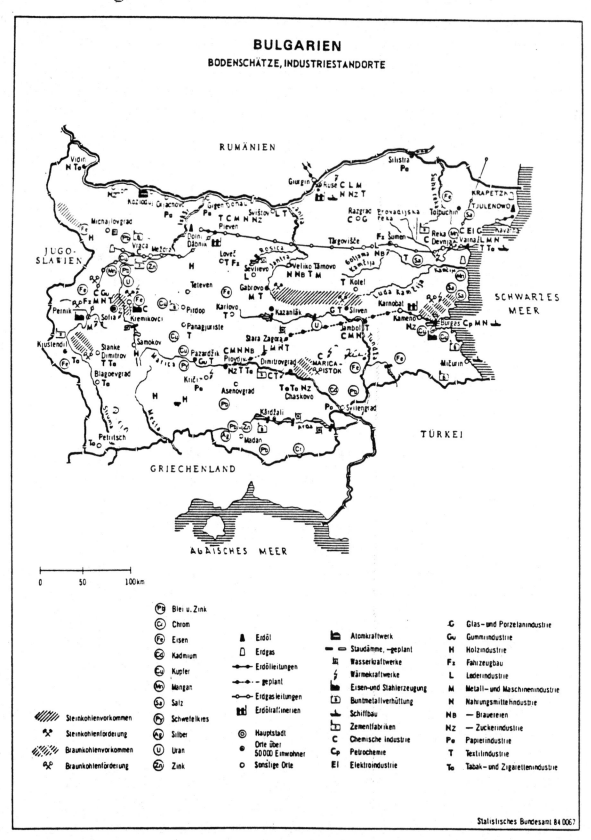

Abbildung 2

BULGARIEN
BODENSCHÄTZE, INDUSTRIESTANDORTE

40

siebziger Jahre lediglich 330 Mill. t, das entspricht etwa der Jahresfördermenge in der DDR.

Gut 90 vH der bulgarischen Kohlevorkommen[2] (einschl. Steinkohle) sind minderwertige Lignite, die in anderen Ländern gar nicht erst abgebaut werden. Der hohe Gehalt an Asche (bis über 60 vH) erfordert einen großen Aufwand bei der Nutzung der Kohle. Günstig sind indes die Abbaubedingungen, denn etwa 90 vH der Lignit-Lagerstätten sind für den Tagebau geeignet.

Das Kohlezentrum von Bulgarien befindet sich in Maritza-Ost, wo die Lignitvorkommen in einem 240 qkm großen Gebiet anstehen. Die Flöze mit einer Mächtigkeit von 3 bis 22 m befinden sich in Tiefen von nur 20 bis 90 m, so daß die Kohle im Tagebau gewonnen werden kann. Das Verhältnis Abraum zu Kohle liegt zwischen 2 : 1 und 7 : 1, im Durchschnitt bei 4,7 : 1. Das ist etwas ungünstiger als in der DDR (4,3 : 1) und in der Bundesrepublik (3,6 : 1). Der durchschnittliche Heizwert der Kohle beträgt etwa 6,0 MJ/kg. Den schlechteren Kohlen muß z.T. Heizöl zugesetzt werden, damit sie überhaupt in den Kesseln der nahegelegenen Elektrizitätswerke verbrannt werden können.

In Maritza-West, nahe Dimitrovgrad, liegt die Kohle bis zu 200 m tief in Flözen von nur 1,7 bis 3 m Mächtigkeit. Dies macht es erforderlich, einen Teil der Lagerstätte im Untertagebau zu erschließen. Verschwindend gering sind die Vorräte an Steinkohle und Anthrazit. Sie befinden sich vor allem im Balkanbecken im östlichen Balkangebirge, etwa zwischen Gabrovo und Sliven. Der Heizwert der Kohle liegt bei etwa 17,0 MJ/kg. Nach international üblichen Maßstäben beträgt der Mindestheizwert für Steinkohle allerdings 23,0 MJ/kg, so daß diese Kohle eigentlich als Braunkohle einzustufen ist. In den siebziger Jahren wurde in der bulgarischen Dobrudsha, ca. 30 km nördlich von Varna, eine Steinkohlenlagerstätte erkundet. Eine "ständige bulgarisch-sowjetische Expertengruppe" soll die Erschließungspläne erarbeiten. Die Kohle ist zwar von guter Qualität; ihr Heizwert beträgt etwa 32,0 bis 36,0 MJ/kg, und ein Teil kann als Kokskohle verwendet werden. Die geologischen Bedingungen sind aber äußerst ungünstig, denn die Kohle befindet sich in einer Tiefe von 1200 bis 2000 m in Flözen von 0,2 bis 14 m Mächtigkeit unter einem stark wasserführenden Deckgebirge. Mit der Kohleförderung wird voraussichtlich erst in der zweiten Hälfte der neunziger Jahre begonnen.

Nicht unbedeutend ist das technisch nutzbare hydroenergetische Potential Bulgariens. Es wird auf 12 Mrd. kWh geschätzt, wovon derzeit rd. ein Fünftel genutzt wird. Die

Möglichkeiten zur Stromproduktion werden häufig durch die Auswirkungen der wahrzunehmenden wasserwirtschaftlichen Aufgaben beeinträchtigt. Die größten Wasserkraftwerke Bulgariens befinden sich an der Matonika (775 MW, mehrere Kraftwerke), Stara Reka (228 MW), Arda (274 MW) und am Isker (80 MW)[3]. Darüber hinaus gibt es zahlreiche kleine Laufwasserwerke.

Größtes Neubaugebiet ist das Pumpspeicherwerk von Cajra im Rila-Gebirge. Die vorgesehenen vier Turbinen sollen eine Gesamtleistung von 864 MW erbringen und zur Deckung von Spitzenbedarf eingesetzt werden.

3.2.1.2   Produktion: Lignitgewinnung ist nur schwer zu steigern

Von der drastischen Veränderung in den weltwirtschaftlichen Rahmenbedingungen wurde Bulgarien als energiearmes und exportschwaches Land besonders stark betroffen. Der Fünfjahrplan 1981 bis 1985 sah daher im Energiebereich eine Verminderung der Einfuhrabhängigkeit und eine Erweiterung der Energieproduktion vor. So sollte die Kohleförderung von rd. 30 Mill. t im Jahr 1980 auf rd. 45 Mill. t gesteigert werden. Bis zum Ende des Jahrzehnts war gemäß den Perspektivplanungen sogar eine Fördermenge von 60 Mill. t vorgesehen. Mit diesen Planungen entsprach Bulgarien der Politik aller kleineren RGW-Staaten, die auf eine möglichst intensive Nutzung der eigenen Energieressourcen abzielte.

Verglichen mit diesem Ziel waren die Erfolge allerdings sehr bescheiden. Die Braunkohlenförderung konnte am Anfang der achtziger Jahre zwar etwas gesteigert werden. 1985 war sie aber kaum höher als 1980. Deutlich zurück ging zudem die Stromerzeugung aus Wasserkraftwerken, der zweitwichtigsten inländischen Energiequelle Bulgariens. Insgesamt war die Primärenergiegewinnung 1985 um 6 vH geringer als 1980 (vgl. Tabelle 1.1 im Anhang).

Angesichts dieser Mißerfolge haben die Planer in den 9. Fünfjahrplan ein moderateres Ziel eingesetzt: Nunmehr soll bis 1990 die Kohleförderung auf 39 Mill. t gesteigert werden - ein nicht leicht zu realisierendes Ziel: Zwar wurden 1987 bereits 37 Mill. t gefördert (1985: 31 Mill. t); 1988 ging die Fördermenge aber wieder zurück (35,7 Mill. t). Auf das schlechte Produktionsergebnis im Jahre 1985 hatte die bulgarische Regierung mit kräftigen Lohnerhöhungen (15 bis 20 vH) für Bergleute und für andere Beschäftigte im

Abbildung 3

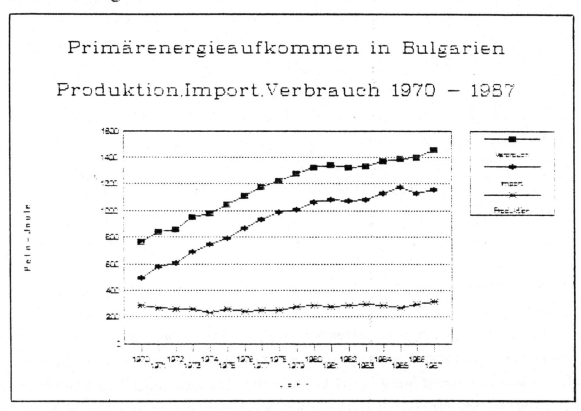

Abbildung 4

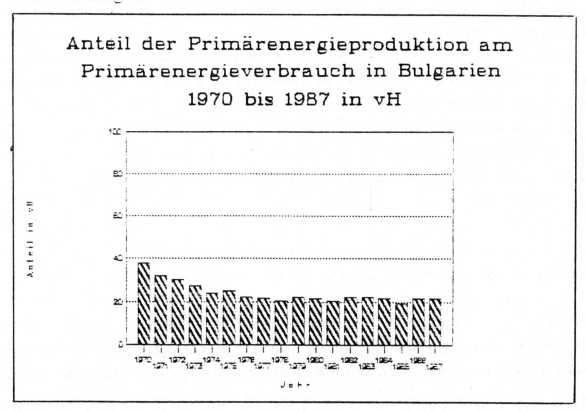

Energiesektor reagiert. Außerdem wurden die Investitionen in den Braunkohletagebauen erhöht[4].

Fast drei Viertel der bulgarischen Braunkohleförderung stammen aus dem Kombinat Maritza-Ost, zu dem neben den beiden Großtagebauen (Trojanovo Nord und Süd) drei Kraftwerke mit einer installierten Leistung von insgesamt 2 360 MW - das entspricht 36 vH der gesamten Wärmekraftwerksleistung - und eine Brikettfabrik gehören. Angesichts der großen Vorräte und der relativ günstigen Erschließungsbedingungen konzentrieren sich die bulgarischen Ausbaupläne für Kohle sehr stark auf diese Lignit-Lagerstätte bei Dimitrovgrad. Im 9. Fünfjahrplan (1986-1990) soll die Produktionskapazität u.a. durch die verstärkte Ablösung des Zugbetriebes durch moderne Förderbandanlagen vergrößert werden. Der Bedarf an Braunkohle wird in Bulgarien u.a. durch die Erweiterung der Kraftwerksleistung im Komplex Maritza-Ost - um gut ein Drittel auf 3 360 MW - steigen.

Die in Maritza-Ost auch anzutreffenden höherwertigen Lignitkohlen werden in einer nahegelegenen Brikettfabrik verarbeitet. Allerdings ist die Brikettproduktion in Bulgarien relativ gering; sie beträgt pro Jahr 1,2 bis 1,5 Mill. t (zum Vergleich DDR: 50 Mill. t). Die Briketts werden fast ausschließlich im Haushaltssektor verwendet. Für die Produktion von einer Tonne Briketts müssen rd. 3 t Rohbraunkohle eingesetzt werden. Der Bau der Brikettfabriken erfolgte in enger Zusammenarbeit mit der DDR, die den größten Teil der Ausrüstungen lieferte.

Insgesamt haben sich im Kohlenbergbau Bulgariens in den zurückliegenden 20 Jahren beträchtliche Strukturveränderungen vollzogen. Der Anteil der heizwertarmen Lignitkohle an der gesamten Braunkohlenförderung stieg von 61 vH im Jahre 1965 über 77 vH im Jahre 1975 auf 82 vH im Jahre 1985[5]. Zugenommen hat auch die Bedeutung der Tagebauförderung: Wurden 1965 rd. zwei Drittel der Kohle im Tagebaubetrieb gewonnen, so waren es 1985 rd. vier Fünftel.

Die Produktion der übrigen Brennstoffe ist von ganz geringer Bedeutung. Die geförderte Steinkohlenmenge war 1987 mit 0,2 Mill. halb so hoch wie 1970, und die Erdgasförderung ist von 0,5 Mrd. m^3 (1970) auf einen Erinnerungsposten von 0,02 Mrd. m^3 zusammengeschrumpft. Die Lagerstätte in der Region Lovec ist offenbar nahezu ausgebeutet. Nachdem die Erdölförderung in den siebziger Jahren von 0,3 Mill. t (1970) auf 0,1 Mill. t (1978) zurückgegangen war, bemüht man sich wieder stärker um die Nutzung der geringen

Vorräte. Die Fördermenge hat sich in den achtziger Jahren bei 0,3 Mill. t stabilisiert. Wegen seines hohen Harzanteils wird das Öl fast ausschließlich zu Heizöl verarbeitet.

Betrachtet man die längerfristige Entwicklung der Primärenergieproduktion in Bulgarien, so konnte der bis 1978 zu verzeichnende rückläufige Trend gestoppt werden. Die Gesamtfördermenge bewegt sich derzeit auf einem Niveau von rd. 300 Mill. t PJ, das ist rd. ein Sechstel mehr als in den siebziger Jahren. Mit einem deutlichen Anstieg über das bisher erreichte Niveau ist angesichts der schlechten Vorratslage kaum zu rechnen.

3.2.1.3   Elektrizitätswirtschaft: Hoher Kernenergieanteil

Die Elektrizitätswirtschaft Bulgariens ist durch einen hohen Stromverbrauch, durch starke Witterungsanfälligkeit und durch einen relativ großen Kernenergieanteil gekennzeichnet. Ein internationaler Vergleich des Stromverbrauchs je Einwohner (vgl. Tabelle 37) zeigt, daß fast alle europäischen Mittelmeerländer einen deutlich niedrigeren Verbrauch aufweisen. Gegenüber den meisten Ländern mit geringerem Verbrauch haben sich die Abstände von 1980 bis 1987 sogar noch vergrößert, während sie sich gegenüber den "Mehrverbrauchern" verminderten. Dies läßt auf ein überhöhtes Verbrauchsniveau und relativ unzureichende Einsparerfolge schließen.

Relativ gering sind die Reservekapazitäten der Stromwirtschaft. Statt einer als optimal angesehenen Relation von 22 vH stehen nur 3 bis 10 vH der Gesamtleistung zur Verfügung[6]. Kommt es zu extremen Witterungsbedingungen - Dürre im Sommer, die die Flüsse austrocknet und die Stromproduktion aus Wasserkraft einschränkt oder starke Kälte im Winter, die die Braunkohlenförderung in den Tagebaubetrieben behindert und die Bekohlung der Kraftwerke beeinträchtigt - oder zu ungeplanten Ausfällen in den Elektrizitätswerken infolge mangelnder Wartung oder fehlender Ersatzteile, so führt dies zu einem Rückgang im Stromangebot. Alle diese ungünstigen Faktoren kamen neben organisatorischen Fehlleistungen während der Winter 1984/85 und 1985/86 zusammen und führten das Land in die seit 20 Jahren schwerste Energiekrise[7]. Strom für Industriebetriebe wurde rationiert, z.T. mußten großflächige Stromabschaltungen vorgenommen werden. Um die Verbraucher zu größerer Sparsamkeit zu motivieren, wurden die Preise für Elektroenergie drastisch erhöht; für private Abnehmer um 41 vH, für Betriebe um 58 vH[8]. Allerdings ist das Preisniveau für die privaten Haushalte noch immer gering, und die Betriebe können die erhöhten Energiekosten oft auf den Staatshaushalt überwälzen.

Daher blieben die freiwilligen Sparmaßnahmen unzureichend, und das Zwangssparen mußte für längere Zeit aufrechterhalten werden. Häufig können beschlossene Regelungen gar nicht durchgesetzt werden. So soll im Falle einer Überschreitung der vorgegebenen Verbrauchskontingente der fünffache Strompreis bezahlt werden; es fehlt aber vielfach an Meßgeräten. Auch das im Oktober 1984 ausgesprochene Verbot, in Industriebetrieben und kommunalen Einrichtungen elektrisch zu heizen, kann nicht überall durchgesetzt werden, weil viele Gebäude keine Schornsteine haben oder die empfohlenen Nachtspeicheröfen gar nicht angeboten werden[9].

Angesichts der Brennstoffarmut des Landes zielt die bulgarische Energiepolitik auf eine intensive Nutzung der Kernenergie: 1974 nahm der erste 440 MW-Reaktor in Kosloduj an der Donau seinen Betrieb auf. Weitere drei 440 MW-Leichtwasserreaktoren folgten in den Jahren 1975, 1980 und 1982. Alle diese Reaktoren stammten aus der UdSSR; sie sind nicht mit dem im Westen üblichen Berstschutz ausgestattet. Erst der fünfte Block - er ging mit mehr als zweijähriger Verspätung Ende 1987 ans Netz - hat ein Containment. Bei diesem Block handelt es sich um den ersten 1000 MW-Reaktor, der in einem der kleineren RGW-Staaten in Betrieb genommen wurde. Damit erhöhte sich die Kernkraftwerksleistung auf 2760 MW. Der Anteil der Kernenergie an der gesamten Stromproduktion - er betrug 1987 knapp 30 vH (vgl. Tabelle 7) - dürfte nunmehr auf 35 bis 40 vH gestiegen sein.

Tabelle 7

Stromproduktion nach Kraftwerksarten in Bulgarien

	1970	1975	1980	1985	1986	1987
in Mrd. kWh						
Wärmekraftwerke	17,4	20,2	25,0	26,3	27,4	28,5
Wasserkraftwerke	2,2	2,5	3,7	2,2	2,3	2,5
Kernkraftwerke	0,0	2,6	6,2	13,1	12,1	12,4
Insgesamt	19,5	25,2	34,8	41,6	41,8	43,5
in vH						
Wärmekraftwerke	89,0	80,2	71,6	63,1	65,6	65,6
Wasserkraftwerke	11,0	9,7	10,7	5,4	5,6	5,8
Kernkraftwerke	0,0	10,1	17,7	31,5	28,9	28,6
Insgesamt	100,0	100,0	100,0	100,0	100,0	100,0

Quelle: Statistische Jahrbücher der VR Bulgarien.

Die Erweiterung des Kernkraftwerks von Kosloduj dürfte zu einer leichten Entspannung der Stromversorgung in Bulgarien beigetragen haben. Während nämlich im Zeitraum von 1970 bis 1984 die inländische Stromerzeugung im Jahresdurchschnitt um gut 6 vH (!) expandierte, ging sie 1985 deutlich zurück (-7 vH) und erreichte erst wieder 1988 das Niveau von 1984.

Die Bedeutung der Kernenergie wird in den nächsten Jahren weiter zunehmen. Zunächst soll der Ausbau des Kernkraftwerks von Kosloduj mit der Fertigstellung eines weiteren 1000 MW-Blocks abgeschlossen werden; geplant war dies allerdings bereits für 1988. Mit dem Bau eines zweiten Kernkraftwerks ist bereits begonnen worden. Es entsteht ebenfalls an der Donau, in Belene. Hier sollen vier 1000 MW-Reaktoren in den neunziger Jahren ihren Betrieb aufnehmen. Bis zum Jahr 2000 sollen rd. 60 vH des Stromes in Kernkraftwerken produziert werden[10].

Das Unglück von Tschernobyl hat bisher nicht zu einer Kursänderung in der bulgarischen Kernenergiepolitik geführt. Allerdings dürfte es mitverantwortlich für die Verzögerungen beim Ausbau der Kernenergiekapazitäten sein[11]. So sind nach dem Unglück an den bereits 1980 entwickelten 1000 MW-Reaktoren die Sicherheitseinrichtungen überprüft und konstruktive Veränderungen vorgenommen worden[12]. Ob allerdings an den Plänen festgehalten wird, auch Kernheizwerke zu bauen, ist derzeit schwer zu beurteilen. Derartige Heizhäuser müßten wegen der hohen Verluste beim Fernwärmetransport in unmittelbarer Nähe der Verbrauchszentren gebaut werden und stellen daher ein erhöhtes Sicherheitsrisiko dar[13].

3.2.1.4 Außenhandel: Hohe Importabhängigkeit

Die Energiewirtschaft Bulgarien ist durch eine sehr hohe Importabhängigkeit gekennzeichnet. In den achtziger Jahren betrug der Anteil der Importe am gesamten Primärenergieverbrauch knapp 80 vH. Damit ist die Wirtschaft Bulgariens besonders stark abhängig von Veränderungen auf den Weltenergiemärkten. Der Verbrauch an Erdöl, Erdgas und Steinkohle muß nahezu vollständig durch Importe gedeckt werden. Bei Primärstrom ist der Auslandsanteil in den letzten Jahren stark gestiegen - eine Folge der zunehmenden Kernstromproduktion, die aufgrund der Abhängigkeit von Lieferungen von Brennstäben aus der UdSSR den Importen zugerechnet wird (vgl. Tabelle 1.5.3). Im Gegensatz zu anderen

RGW-Staaten hat Bulgarien auf die Verteuerung der Energiepreise nicht mit einer Reduzierung der Importquote reagiert bzw. reagieren können.

Bulgariens Volkswirtschaft ist besonders eng mit der Sowjetunion verflochten, auf die rd. 60 vH des Außenhandelsumsatzes entfallen. Im Energiebereich ist die Importabhängigkeit fast total: 1987 stammten 96 vH aller Primärenergieeinfuhren aus der UdSSR (1980: 93 vH). Die Sowjetunion deckt damit seit Mitte der siebziger Jahre rd. 75 vH des Primärenergieverbrauchs in Bulgarien.

Die Erdölimporte Bulgariens aus der UdSSR stagnieren von 1982 an bei rd. 13 Mill. t pro Jahr. Die Einfuhr an Erdgas konnte dagegen gesteigert werden. Die Liefermenge im Jahr 1987 von rd. 6 Mrd. m^3 übertraf das Niveau von 1980 um 50 vH. Möglicherweise wird Bulgarien künftig auch aus dem Iran Erdgas beziehen. Ein Abkommen, das für eine Laufzeit von 20 Jahren die Lieferung von 1 Mrd. cbm pro Jahr vorsieht, soll Mitte 1989 unterzeichnet worden sein[14].

Die statistischen Angaben Bulgariens über den Außenhandel mit Energieträgern sind äußerst dürftig. Vermutungen, wonach Bulgarien im größeren Umfang Rohöl im Inland verarbeitet und dann in Form von Mineralölprodukten exportiert hat, lassen sich aus den bulgarischen Statistiken nicht verifizieren[15].

3.2.1.5   Verbrauch: Hohes Wachstum wurde gedrosselt

Statistische Angaben über den Primärenergieverbrauch werden von Bulgarien systematisch nicht veröffentlicht. Bulgarien zählt - neben Rumänien und der UdSSR - zu den wenigen RGW-Ländern, die der UN-Wirtschaftskommission für Europa (ECE) keine entsprechenden Daten zur Veröffentlichung melden. Die Verbrauchsangaben mußten daher auf der Grundlage der sehr lückenhaften Produktions- und Außenhandelsstatistiken geschätzt werden.

Bei der längerfristigen Entwicklung des Primärenergieverbrauchs lassen sich drei Phasen unterscheiden (vgl. Tabelle 1.4.4 und Abb. 3). Für die siebziger Jahre ist eine nahezu ungebrochene, kräftige Expansion von rd. 6 vH im Jahresdurchschnitt zu konstatieren. Erst mit Beginn der Fünfjahrplanperiode 1981/85 setzte die Energiepolitik Einsparungen durch. Das Verhältnis zwischen Energieverbrauchswachstum und Wirtschaftswachstum

Abbildung 5

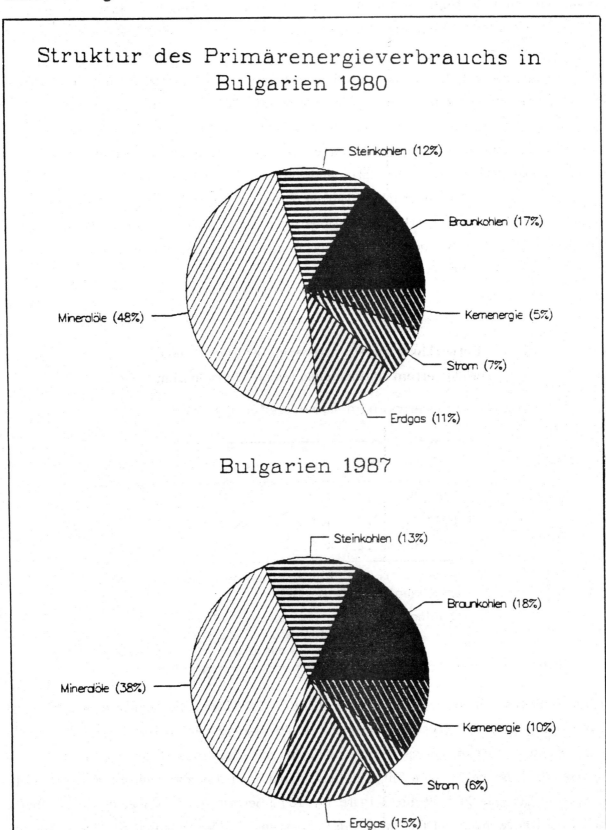

Struktur des Primärenergieverbrauchs in
Bulgarien 1980

Steinkohlen (12%)

Braunkohlen (17%)

Mineralöle (48%)

Kernenergie (5%)

Strom (7%)

Erdgas (11%)

Bulgarien 1987

Steinkohlen (13%)

Braunkohlen (18%)

Mineralöle (38%)

Kernenergie (10%)

Strom (6%)

Erdgas (15%)

verbesserte sich deutlich. Während in den siebziger Jahren bei einem Zuwachs des produzierten Nationaleinkommens um 1 vH der Primärenergieverbrauch um 0,8 vH expandierte, war für den Zeitraum 1981 bis 1987 nur ein entsprechender Anstieg um 0,3 vH festzustellen (vgl. Tabelle 1.5.4). Allerdings konnten größere Einsparerfolge nur zu Beginn der achtziger Jahre erzielt werden. Im Zeitraum 1984 bis 1987 nahm der Energieverbrauch dagegen wieder beschleunigt zu. Mit einer Durchschnittsrate von 2,2 vH expandierte er etwa halb so schnell wie das produzierte Nationaleinkommen. Immerhin gelang es in Bulgarien aber doch, den auf das Nationaleinkommen bezogenen spezifischen Primärenergieverbrauch von 1981 an deutlich zu senken. Erreicht wurden die Energieeinsparungen in erster Linie durch die Festlegung geringerer Verbrauchskontingente. Hierzu war die Wirtschaftsführung gezwungen, weil sich das Energieaufkommen aus in- und ausländischen Quellen kaum noch erhöhen ließ.

Tabelle 8

Entwicklung von Primärenergieverbrauch[1] und produziertem Nationaleinkommen[2] in Bulgarien

Veränderungen im Jahresdurchschnitt in vH

	PEV	pNE	Elastizität[3]
1980/70	5,7	7,0	0,81
1983/80	0,2	4,1	0,05
1987/83	2,2	4,2	0,52

1) PEV.- 2) pNE.- 3) Verhältnis der Zuwachsraten von PEV zu pNE.

Quellen: Statistische Jahrbücher der VR Bulgarien. Datenbank RGW-Energie des DIW.

Ein wesentliches Ziel des 8. Fünfjahrplans (1981 bis 1985) war die Verminderung der hohen Importabhängigkeit der Energieversorgung, zu der man sich vor allem infolge mangelnder Finanzierungsmöglichkeiten gezwungen sah. Sparanreize über hohe Preise gibt es in Bulgarien lediglich bei Benzin. Mit 1,20 Lewa für einen Liter zählt der Benzinpreis zu den höchsten in Europa. So muß ein Bulgare für 100 l Benzin gut 50 vH eines Durchschnitteinkommens aufwenden (DDR: rd. 15 vH; Bundesrepublik Deutschland: rd. 5 vH). Auch im 9. Fünfjahrplan (1986 bis 1990) wird der Energieeinsparung eine wichtige Bedeutung zugemessen. Im Vergleich zu 1985 soll 1990 der spezifische Verbrauch je 100 Lewa Nationaleinkommen bei wichtigen Brennstoffen um 17 vH geringer sein. Trotz der bisher erreichten Einsparungen ist der Primärenergieverbrauch je Einwohner in Bulgarien noch immer unverhältnismäßig hoch. Mit 162 Giga-Joule war er 1987 nur um 13 vH geringer als in der Bundesrepublik Deutschland.

Die Struktur des Primärenergieverbrauchs in Bulgarien hat sich in den achtziger Jahren deutlich verändert. Der Anteil von Mineralöl konnte um rd. 10 Prozentpunkte auf unter 40 vH (1987: 38,5 vH) gesenkt werden. Überdurchschnittlich expandierte dagegen vor allem der Verbrauch von Kernenergie und Erdgas. Im Vergleich zu 1980 verdoppelte sich der Anteil von Kernenergie von 5 auf 10 vH, der von Erdgas stieg von 11 auf 15 vH. Das Gewicht der im Inland gewonnenen Braunkohle hat sich indes nur geringfügig erhöht; damit wurde allerdings der rückläufige Trend gestoppt, denn von 1970 bis 1981 ging der Braunkohlenanteil auf fast die Hälfte seines Anfangswertes (1970: 30 vH; 1981: 16 vH) zurück. Bemerkenswert ist außerdem noch der relativ hohe Anteil von Primärstrom aus Importen (netto) und Wasserkraft, dessen Anteil zuletzt 6 vH betrug.

Insgesamt weist der Primärenergieverbrauch in Bulgarien eine relativ "saubere" Struktur auf, denn die bei ihrer Verbrennung die Luft stark belastende Kohle hat insgesamt nur einen Anteil von knapp einem Drittel.

3.2.1.6   Zusammenfassung

Bulgarien ist sehr arm an Brennstoffressourcen. Es besitzt vor allem minderwertige Lignitvorräte. Die Braunkohlenproduktion ist aber nur schwer zu steigern.

Bei den übrigen Brennstoffen muß der Verbrauch fast ausschließlich durch Importe gedeckt werden, auf die rd. 80 vH des Energieverbrauchs entfallen. Besonders eng ist die Verzahnung mit der UdSSR, aus der 96 vH aller Importe stammen.

Das Wachstum des PEV konnte von 1980 an gedrosselt werden. Die Elastizität des PEV bezogen auf das pNE ging deutlich zurück. Größere Sparerfolge gab es indes vor allem von 1980 bis 1983. Insgesamt ist das Verbrauchsniveau noch immer sehr hoch, die Sparanreize sind zu gering.

Der Anteil von Öl am PEV konnte in den achtziger Jahren deutlich zurückgedrängt werden - von rd. 50 auf rd. 40 vH. Überdurchschnittlich expandierten vor allem Erdgas und Kernenergie. Der Anteil von Kernenergie ist in Bulgarien mit rd. 10 vH bereits sehr hoch; er soll weiter steigen.

3.2.2 CSSR

3.2.2.1 Braunkohlenvorräte gehen zur Neige

Der Handlungsspielraum der Energiepolitik der Tschechoslowakei wird wesentlich durch die relativ geringen, in absehbarer Zeit zur Neige gehenden Braunkohlevorkommen bestimmt. Zwar betragen die Gesamtvorräte rd. 8,4 Mrd. t; weniger als die Hälfte dieser Vorräte ist aber als ökonomisch abbaubar einzustufen.

Die bedeutendsten Vorräte befinden sich im nordböhmischen Becken. Ihr Umfang wird mit insgesamt 6 Mrd. t angegeben, davon galten 1979 etwa 2,4 Mrd. t als ökonomisch abbaubar[1]. Damit könnte das derzeitige Förderniveau in dieser Region noch etwa 30 Jahre aufrechterhalten werden. Rd. 70 vH der Braunkohlengewinnung der CSSR stammen aus diesem Revier; dies entspricht dem relativen Gewicht der hier erkundeten Vorräte. Ein kleiner Teil der Förderung (rd. 5 vH) stammt aus dem Untertagebau. Die Qualität der Braunkohle im nordböhmischen Revier schwankt erheblich. Für die Tiefbaukohle werden Heizwerte von durchschnittlich 19,1 MJ/kg angegeben, bei der ascherreichen Kohle des Tagebaubetriebes in Tusimice sind die Werte nur etwa halb so hoch (10,2 MJ/kg; Revierdurchschnitt: 12,4 MJ/kg)[2]. Relativ günstig sind die Abbaubedingungen im Tagebau; das Abraum : Kohle (A : K)-Verhältnis betrug 1987 nur 3 : 1. Die Tendenz ist allerdings steigend[3]. Zu einem immer größeren Problem für die Verunreinigung der Luft entwickelt sich der Schwefelgehalt der Braunkohle. Hier weist die nordböhmische Kohle mit 1,7 vH im Rohzustand einen relativ hohen Wert auf[4].

Das zweitgrößte Braunkohlenrevier der CSSR befindet sich im westlichen Teil Nordböhmens, im Sokolover-Becken. Rd. 20 vH der Jahresfördermenge stammen aus diesem Gebiet. Auch hier beträgt die statistische Reichweite der Vorräte nur noch etwa 30 Jahre. Ein Teil der Vorräte ist wegen der Thermalquellen von Karlsbad und wegen der umliegenden Siedlungen nicht zur Förderung freigegeben. Heizwert (11,9 MJ/kg) und Schwefelgehalt (0,9 vH) der Braunkohle sind hier geringer als im nordböhmischen Revier.

Abbildung 6

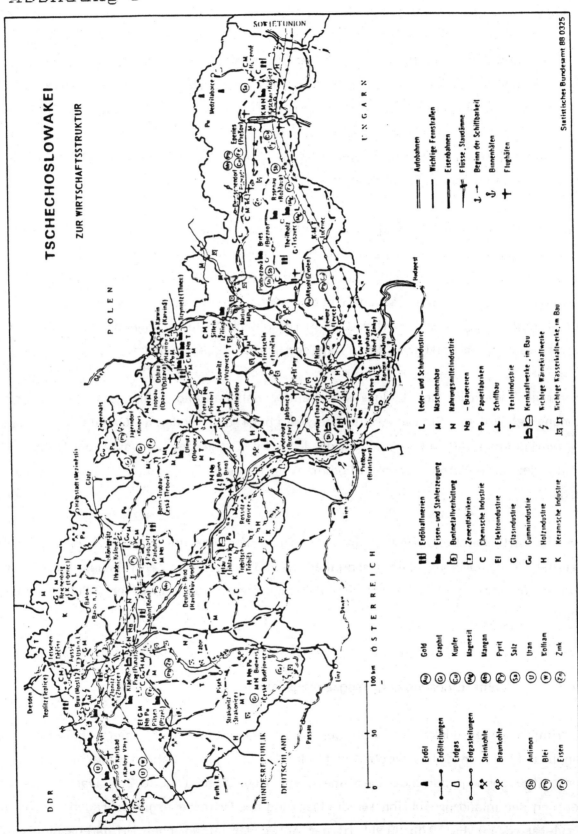

Die Kohle wird - von geringen Ausnahmen abgesehen (1987: 0,4 Mill. t) - im Tagebau gefördert; das A : K-Verhältnis ist mit 2,5 : 1 günstig.

Fast ausschließlich im Tiefbau muß dagegen die Braunkohle in den slowakischen Lagerstätten gewonnen werden. Sie sind auf die Gruben des südmährischen Beckens (Hodonin) und des Handlowa-Novaky-Beckens konzentriert. Gefördert werden hier knapp 8 Mill. t p.a. Die aufgeschlossenen Vorräte betragen 0,5 Mrd. t. Die Unterschiede in den Heizwerten sind relativ groß (9,0 bis 15,0 MJ/kg bei einem Durchschnitt von 11,3 MJ/kg), die Schwefelanteile betragen durchschnittlich 1,2 vH.

Etwas günstiger ist die Vorratssituation bei Steinkohle; hier haben die ökonomisch gewinnbaren Vorräte eine statistische Reichweite von rd. 40 Jahren[5]. Zentrum der Steinkohleförderung ist das Gebiet um Ostrava (Ostrau); die dort befindlichen Lagerstätten sind Teil des Oberschlesischen Beckens. Knapp 90 vH der Steinkohlenförderung der CSSR stammen aus diesem Revier. Die in rd. 650 m Tiefe gewonnene Kohle hat einen Heizwert von durchschnittlich 24,6 MJ/kg, der Schwefelgehalt wird mit 0,7 vH angegeben.

Die Vorräte an Erdöl und Erdgas sind relativ unbedeutend. Geringe Erdölvorkommen befinden sich in der Slowakei bei Gbely (Egbell) und Hodonin (Goding)[6]. Ein neues Erdgasvorkommen mit 4 Mrd. m^3 wurde 1987 im Osten der Slowakei entdeckt[7]. Der Umfang der erkundeten Erdgasvorkommen dürfte sich zwischen 15 und 20 Mrd. m^3 bewegen.

Über die wirtschaftliche Bedeutung der Uranvorkommen in der CSSR gibt es keine offiziellen Informationen. Die Uranminen befinden sich in Zentral- und Nordböhmen (Pribram und Straz pod Ralskem). Die Jahresproduktion soll ungefähr 2 000 bis 3 000 t betragen[8].

3.2.2.2   Kohleförderung geht langsam zurück

Die Primärenergieproduktion hat in der CSSR vor allem im Zeitraum 1974 bis 1979 expandiert (2 vH im Jahresdurchschnitt). In den achtziger Jahren dagegen wurde die Brennstoffgewinnung kaum noch gesteigert (vgl. Abb. 7 und Tabelle 2.1). Damit nahm die Bedeutung der Inlandsproduktion für die Deckung des Primärenergieverbrauchs weiter ab. Mit zuletzt rd. 60 vH (1970: 80 vH) ist der Anteil der inländischen Primärenergieproduk-

Abbildung 7

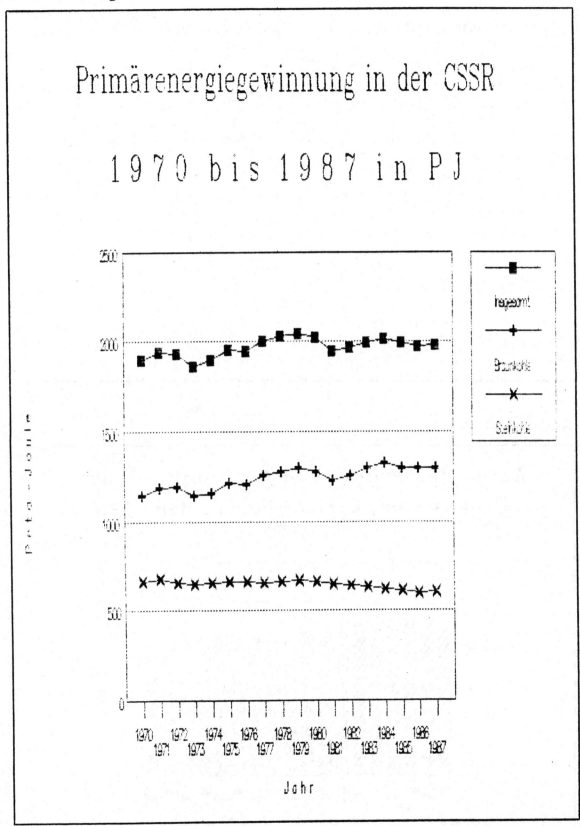

Abbildung 8

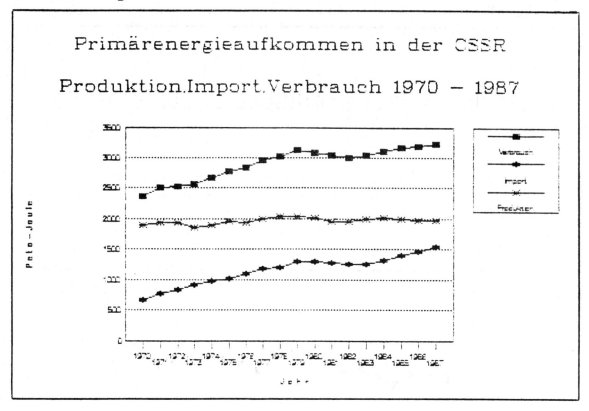

Primärenergieaufkommen in der CSSR

Produktion.Import.Verbrauch 1970 — 1987

Abbildung 9

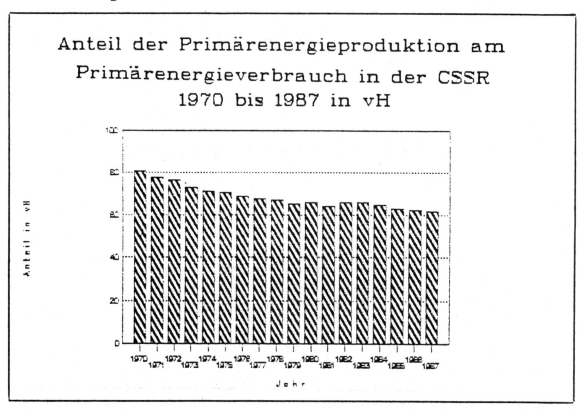

Anteil der Primärenergieproduktion am
Primärenergieverbrauch in der CSSR
1970 bis 1987 in vH

tion am Primärenergieverbrauch aber noch immer relativ groß (vgl. Abb. 9 und Tabelle 2.5.3).

Etwa zwei Drittel der Primärenergiegewinnung entfallen in der CSSR auf Braunkohle. 1984 erreichte die Förderung nach einer zehnjährigen Expansionsphase mit 103 Mill. t ihren Höchstwert. Seitdem geht die Jahresfördermenge langsam zurück; für 1990 ist ein Volumen von 94 Mill. t geplant (Ist 1988: 98 Mill. t). Bis zum Jahr 2000 ist mit einem weiterem Rückgang auf etwa 80 Mill. t zu rechnen[9]. Gut 90 vH der Braunkohle werden in zwei Förderregionen im nördlichen Teil Böhmens gefördert. Das nordböhmische Braunkohlenrevier mit der SHD (Generaldirektion) Most (Büx) umfaßt die Kreise Usti n.L., Teplice, Most und Chomutov (Jahresfördermenge rd. 70 Mill. t). In Grenznähe zur Bundesrepublik befindet sich das Revier von Sokolov (Falkenau); hier werden jährlich rd. 20 Mill. t gefördert. Die übrige Braunkohle stammt vor allem aus den slowakischen Lagerstätten von Prievidza, nördlich von Handlowa.

Die Steinkohlenförderung stagnierte in der CSSR bereits in den siebziger Jahren bei rd. 28 Mill. t. Mit Beginn der achtziger Jahre setzte ein leicht rückläufiger Trend ein. 1988 wurden 25,5 Mill. t gefördert; für 1990 sind 25 Mill. t geplant. Im Jahr 2000 wird in vorläufigen Planungen mit einer Jahresfördermenge von 23 Mill. t gerechnet[10]. Trotz des leichten Förderrückgangs soll der Bedarf der Hüttenindustrie an Kokskohle auch künftig aus eigenen Quellen gedeckt werden. Jährlich werden in der CSSR rd. 10 Mill. t Kokskohle gewonnen.

Zentrum der Steinkohlenförderung ist das Revier der Generaldirektion Ostrava/Karvina im oberschlesischen Becken. Knapp 90 vH der tschechoslowakischen Steinkohle stammen aus diesem Gebiet. Eine Erhöhung der Fördermengen ist auch hier vor allem aus Kostengründen nicht mehr möglich. Bis zum Jahr 2000 wird z.B. die durchschnittliche Fördertiefe im Steinkohlenbergbau von 680 m (1980) auf rd. 900 m steigen.

Um die Steinkohlenvorkommen intensiver nutzen zu können, wurde 1985 in Ostrava/Karvina ein gemeinsames ungarisch-tschechoslowakisches Unternehmen Haldex gegründet. Es hat - ähnlich wie ein bereits seit 1959 bestehender ungarisch-polnischer Betrieb - die Aufgabe, aus den Abraumhalden Steinkohle und Baumaterial zu gewinnen.

Die Erdgasförderung stagniert in der CSSR in den achtziger Jahren auf relativ niedrigem Niveau (1987: 0,7 Mrd. m^3). Damit können lediglich 6 vH des Inlandverbrauchs gedeckt werden. Die Langfristpläne sehen zwar eine Erhöhung dieses Anteils auf 10 vH im Jahr 2000 vor. Dies erscheint aber aus heutiger Sicht wenig wahrscheinlich.

3.2.2.3 Strom aus Kernkraft soll Energie- und Umweltprobleme lösen

Der Stromverbrauch hat in der CSSR bereits ein sehr hohes Niveau erreicht. Mit 4,9 MWh ist der Pro-Kopf-Verbrauch - nach der DDR - der zweithöchste im RGW; er liegt nur um rd. 20 vH unter dem Niveau in der Bundesrepublik (vgl. Tabelle 37). In den achtziger Jahren hat sich die Elektrizitätsversorgung in der CSSR verbessert. Die Leistung der Kraftwerke wurde in größerem Tempo ausgebaut (1987/80: 4 vH p.a.) als der Stromverbrauch zunahm (2,5 vH p.a.). Anders als in den siebziger Jahren kam es in den Wintermonaten nicht mehr zu nennenswerten Stromabschaltungen.

Die Elektrizitätswirtschaft in der CSSR ist derzeit vor allem mit vier Problemen konfrontiert. Sie betreffen die Kraftwerksstruktur, die Brennstoffversorgung, die Umweltbelastungen und den Ausbau der Kernenergie. Die Wärmekraftwerke, auf die 1987 noch knapp 70 vH der Stromproduktion entfielen, sind stark überaltert; zudem sind die Kraftwerksblöcke relativ klein. Damit ist der spezifische Brennstoffverbrauch für die Stromproduktion relativ groß.

Häufig beklagt wird in der CSSR die Qualitätsverschlechterung der Braunkohle: Während der Heizwert sinkt, steigen der Asche- und vor allem der Schwefelanteil. Dies wird an einem Beispiel eindrucksvoll belegt: In einem Betrieb wurde zunächst Kesselkohle aus Handlova mit einem Heizwert von 12,6 MJ/kg verfeuert. In einem neuen Kessel kam dann Kohle mit 9,4 MJ/kg zum Einsatz, während in den Planungen für einen Kessel mit Wirbelschichtfeuerung eine Untergrenze von nur noch 5,5 MJ/kg angenommen wird. Probleme entstehen in den alten Kraftwerken häufig vor allem dadurch, daß die Kessel mit Kohle befeuert werden, für die sie gar nicht ausgelegt sind. Dies führt zu Kesselschädigungen und häufigeren Ausfallzeiten[11].

In engem Zusammenhang mit der Qualitätsverschlechterung der Kohle stehen die hohen Umweltbelastungen infolge von SO_2-Emissionen. Eine vom DIW durchgeführte Analyse kommt zu dem Ergebnis, daß 1982 in der CSSR 3,3 Mill. t SO_2 emittiert wurden. Je Einwohner entsprach dies einer viermal so großen Menge wie in der Bundesrepublik[12]. Drei Viertel aller SO_2-Emissionen stammten aus Kraft- und Heizwerken. In den nächsten

Jahren müssen beträchtliche Mittel für den Einbau von Entschwefelungsanlagen ausgegeben werden, denn die CSSR hat sich im Rahmen einer Konvention der Economic Commission for Europe verpflichtet, die SO_2-Emissionen bis 1993 um 30 vH unter das Niveau vom Jahre 1980 zu senken. Die CSSR hat hierzu ein nationales Programm zur SO_2-Minderung ausgearbeitet. Derzeit werden verschiedene Verfahren in Pilotanlagen getestet, darunter im Kraftwerk Tucimice bereits seit Anfang der achtziger Jahre ein sowjetisches Magnesit-Absorptionsverfahren, bei dem Schwefelsäure entsteht. In jüngster Zeit ist das Interesse an einer Kooperation mit westeuropäischen Unternehmen, insbesondere mit Betrieben aus der Bundesrepublik, stark gestiegen[13].

Tabelle 9

Stromproduktion nach Kraftwerksarten in der CSSR

	1970	1975	1980	1985	1986	1987
	in Mrd. kWh					
Wärmekraftwerke	41,4	55,2	63,4	64,5	62,9	58,7
Wasserkraftwerke	3,7	3,8	4,8	4,3	4,0	4,9
Kernkraftwerke	0,1	0,2	4,5	11,8	17,9	22,2
Insgesamt	45,2	59,2	72,7	80,6	84,8	85,8
	Anteile in vH					
Wärmekraftwerke	91,8	93,2	87,1	80,0	74,2	68,4
Wasserkraftwerke	8,1	6,4	6,6	5,4	4,7	5,7
Kernkraftwerke	0,1	0,3	6,2	14,6	21,1	25,9

Quelle: Statistische Jahrbücher der CSSR.

Langfristig sollen die aus der ungünstigen Altersstruktur der Kraftwerke und die aus der Verbrennung von fossilen Brennstoffen resultierenden Probleme durch den verstärkten Ausbau der Kernenergie gelöst werden. Ende 1988 waren in der CSSR zwei Kernkraftwerke mit einer Gesamtleistung von 3 520 MW in Betrieb. Sie befinden sich in Jaslovske Bohunice (Inbetriebnahme 1978) und in Dukovany (1985); beide Kernkraftwerke sind mit je vier sowjetischen Druckwasserreaktoren à 440 MW ausgestattet. 1987 stammten 26 vH der tschechoslowakischen Stromproduktion aus diesen beiden Kernkraftwerken; 1980 betrug der entsprechende Anteil erst 6 vH. Von den kleineren RGW-Staaten hatte die CSSR im Zeitraum 1980 bis 1988 den größten absoluten Leistungszuwachs bei Kernkraftwerken zu verzeichnen (2 640 MW); dies entsprach einen Anteil von rd. 50 vH am gesamten Kraftwerkszubau. Bis 1990 sollen zwei weitere 440 MW-Reaktoren im dritten Kernkraftwerk der CSSR, in Mochovce (Westslowakei) in Betrieb gehen. Insgesamt hat die CSSR 15 vH der im Fünfjahrplanzeitraum 1986 - 1990 vorgesehenen Industrieinvestitionen für den Bau von Kernkraftwerken bereitgestellt.

Die längerfristigen Pläne für den Ausbau der Kernenergie sind außerordentlich ehrgeizig. 1985 wurde ein "Staatliches Zielprogramm für die Entwicklung der Kernenergie bis zum Jahr 2000" verabschiedet. Danach soll bis zum Jahr 2000 die Kernkraftwerksleistung auf 11 300 MW erhöht werden; der Anteil der Kernenergie am gesamten Stromaufkommen soll auf über 50 vH steigen und bis 2020 sogar fast 75 vH erreichen; drastisch zurückgehen soll dagegen der Anteil der Wärmekraft, die gemäß diesen Plänen nur noch gut 10 vH zum Stromaufkommen beitragen soll (vgl. Tabelle 10).

Tabelle 10

Langfristige Entwicklungsstruktur des Stromaufkommens in der CSSR

Anteile in vH

	1980	1990	2000	2010	2020
Wärmekraftwerke	85,6	58,7	35,2	23,2	13,3
Kernkraftwerke	6,1	30,2	53,3	64,8	73,4
Wasserkraftwerke	5,8	4,3	5,9	4,7	4,6
Nettoimporte	2,5	6,8	5,6	7,3	10,7

Quelle: M. Cibulka: Kernkraft und die Entwicklung der tschechoslowakischen Energiewirtschaft. In: Planovane Hospodarstvi, Nr. 2/1985, S. 28.

Im einzelnen ist vorgesehen, im Werk von Mochovce die Leistung auf 1 760 MW zu erhöhen und im vierten Kernkraftwerk, in Temelin, vier 1 000 MW-Reaktoren zu installieren. Der Standort eines fünften Werkes ist noch nicht festgelegt. Kernenergie soll nicht nur zur Deckung des Stromverbrauchs genutzt werden. Gemäß dem Zielprogramm werden im Jahr 2000 durch Wärmeauskoppelung etwa 3 bis 4 vH des Wärmebedarfs gedeckt werden[14]. Kernkraftwerke sollen nicht nur zur Erweiterung der Produktion gebaut werden, sondern auch alte Braunkohlenkraftwerke ersetzen. Bis zum Jahr 2000 soll etwa die Hälfte des geplanten Zuwachses an Atomstromproduktion auf diesen Substitutionseffekt entfallen[15].

Diese Pläne sind - wie fast alle Kernenergiepläne der RGW-Länder - völlig unrealistisch[16]. Dies wurde inzwischen auch von offizieller Seite in der CSSR eingeräumt. So
beklagte Ministerpräsident Strougal anläßlich der 42. Ratstagung des RGW (November
1986) die chronische, zum Teil mehrjährige Überschreitung der Liefertermine bei Kern-
kraftwerksausrüstungen. Seiner Einschätzung nach können die ursprünglich für das Jahr
2000 geplanten Kapazitäten nur etwa zur Hälfte realisiert werden[17].

Nicht zuletzt aus Gründen der Luftreinhaltung hat die Regierung der CSSR 1986 ein
Programm zum Ausbau der Wasserkraft bis zum Jahr 2000 beschlossen. Danach soll die
Leistung der Wasserkraftwerke bis zur Jahrtausendwende von derzeit rd. 1 600 MW auf
2 400 MW erhöht werden. Damit würden dann rd. 80 vH des - relativ geringen - Was-
serkraftpotentials in der CSSR genutzt. Größtes Bauvorhaben ist das Kraftwerk von
Gabcikovo, das in Zusammenarbeit mit Ungarn an der Donau entstehen soll(te)[18]. Die
Leistung des Werkes in Gabcikovo, es soll 1990 seinen Betrieb aufnehmen, wird 720 MW
betragen, davon wird die CSSR nach den ursprünglichen Plänen 440 MW nutzen (vgl.
Abschnitt 3.2.6.3). Darüber hinaus sehen die Planungen vor, am Vah (Slowakei) drei Werke
mit einer Gesamtleistung von 250 MW und an der Elbe zwei mit einer Leistung von
insgesamt 34 MW zu bauen. Die für die Speicherung von Kernstrom wichtige Leistung der
Pumpspeicherwerke soll bis zum Jahr 2000 von 1 200 MW auf 2 000 MW erhöht werden.

3.2.2.4 Erdgas- und Stromimporte expandieren

Die Einfuhrabhängigkeit der tschechoslowakischen Energiewirtschaft hat in den letzten
Jahren weiter zugenommen (vgl. Abb. 8 und 9; Tabelle 2.4.4). 1987 wurden knapp 40 vH
des Primärenergieverbrauchs durch Importe (netto) gedeckt, 1980 waren es rd. 35 vH
(1970: 20 vH). Der Bedarf an festen Brennstoffen stammt weitgehend aus eigenen Quellen.
Seit 1981 ist allerdings bei Steinkohle ein leichter Importüberschuß zu verzeichnen (1987:
1 Mill. t). Bei Erdöl und Kernenergie ist die Importabhängigkeit total, bei Erdgas nähert
man sich der 95 vH-Marke (vgl. Tabelle 2.4.3).

Die Energiewirtschaft der CSSR ist mit der UdSSR besonders eng verflochten. Alle zur
Deckung des Inlandbedarfs erforderlichen Energieeinfuhren stammen aus der Sowjetunion.
Seit Beginn der achtziger Jahre berichtet die CSSR nicht mehr über die Importmengen an
Rohöl. Möglicherweise steht dies im Zusammenhang mit dem Reexport von Mineralöl.

Folgt man den in der Statistik ausgewiesenen Wertangaben, so entsprachen 1980 die Erlöse aus dem Mineralölexport etwa einem Fünftel der Aufwendungen. Bis 1986 hat sich diese Relation ständig vermindert. Zum Teil ist dies auf die Unterschiede zwischen den Weltmarktpreisen und den RGW-Verrechnungspreisen sowie auf die künstlichen Wechselkurse zurückzuführen. Die Menge der exportierten Mineralölprodukte dürfte sich in einer Größenordnung von 1 bis 2 Mill. t bewegt haben.

Von der Kürzung der sowjetischen Ölexporte war im Jahre 1982 auch die CSSR betroffen. Inzwischen sind die sowjetischen Lieferungen aber vermutlich geringfügig erhöht worden; sie betrugen zuletzt 17,5 Mill. t (vgl. Tabelle 2.4.3).

Verglichen mit den übrigen RGW-Ländern ist die CSSR der größte Importeur von sowjetischem Erdgas (1987: 11 Mrd. m^3). Einen - unbekannten - Teil dieser Lieferungen erhält die CSSR als Kompensation für Transitleistungen. Über vier Transitleitungen wird sowjetisches Erdgas in die DDR, nach Berlin (West) und in die Bundesrepublik sowie nach Österreich, Italien und Frankreich transportiert. Die Jahreskapazität des Leitungsystems beträgt derzeit 60 Mrd. m^3; sie soll bis 1992 auf 75 Mrd. m^3 gesteigert werden[19].

Bis 1990 will die CSSR ihre Erdgaseinfuhren aus der UdSSR auf rd. 14 Mrd. m^3 erhöhen. Voraussetzung hierfür war die Beteiligung am Bau der Erdgasleitung von Jamburg zur sowjetischen Westgrenze. Hierfür ist der CSSR die Lieferung von zusätzlich 5 Mrd. m^3 bis zum Jahr 2010 zugesichert worden, die nach einer 1989 beginnenden Anlaufphase Anfang der neunziger Jahre erreicht werden sollen[20]. Diese Importsteigerung entspricht einem Bruttozuwachs des Primärenergieaufkommens um 5 vH. Ein Teil davon muß jedoch zur Substitution der rückläufigen Kohleförderung eingesetzt werden. Insgesamt wird sich aber die Struktur des Energieeinsatzes verbessern.

Steigern wird die CSSR in den nächsten Jahren auch ihre Stromimporte aus der Sowjetunion; die Beteiligung am Bau des Kernkraftwerkes von Chmelnizki (vgl. Abschnitt 2.2.4) sichert ihr den Bezug von jährlich 3,6 Mrd. kWh[21], das entspricht 4 vH des Stromverbrauchs im Jahre 1987.

Strom spielt auch im Westhandel der CSSR eine - vorerst noch geringe - Rolle. Seit 1956 gibt es einen Vertrag über den Austausch von Strom mit Österreich. Hierbei handelt es sich um den Import von "Sommerstrom" gegen den Export von "Winterstrom"[22]. 1988 wurde zwischen der Bundesrepublik und der CSSR der Bau einer Stromleitung vereinbart.

Diese "Strombrücke" soll von 1992 an den Stromaustausch in beiden Richtungen ermöglichen. Hierfür werden die CSSR 300 MW und die Bayernwerke 200 MW Kraftwerksleistung in Reserve halten. Vorgesehen sind u.a. Stromlieferungen von westlicher Seite bei Smoglagen im Grenzgebiet[23].

Tabelle 11

Ein- und Ausfuhr der CSSR an Erdöl und Erdölprodukten (SITC 33)

	1975	1980	1981	1982	1983	1984	1985	1986	1987
				in Mrd. Devisen-Kcs[1]					
Einfuhr	4,2	9,9	13,9	17,8	20,6	23,4	24,4	25,1	22,8
Ausfuhr	0,3	1,9	1,8	2,0	2,2	2,5	2,0	1,4	1,8
				Ausfuhr in vH der Einfuhr					
	8,1	18,8	12,7	11,0	10,8	10,6	8,1	5,7	7,9

1) 1 Devisen-Kcs entsprach 1975: 0,1792 US-$; 1980: 0,1859 US-$; 1981: 0,1698 US-$; 1982: 0,1640 US-$; 1983: 0,1590 US-$; 1984: 0,1506 US-$; 1985: 0,1460 US-$; 1986: 0,1667 US-$; 1987: 0,1829 US-$.

Quelle: Statistische Jahrbücher der CSSR; Berechnungen des DIW.

3.2.2.5 Substitution von Kohle durch Kernenergie

Das Niveau des Primärenergieverbrauchs ist in der CSSR relativ hoch. Der Pro-Kopf-Verbrauch ist mit 207 GJ nach der DDR der zweithöchste im RGW (vgl. Tabelle 36). Auf eine beträchtliche Ineffizienz des Energieverbrauchs weist auch der Abstand zur Bundesrepublik hin: Die CSSR übertrifft das entsprechende Verbrauchsniveau noch um 20 vH. Der Abstand zu den meisten westlichen Industrieländern hat sich, trotz gewisser Einsparererfolge, in den letzten Jahren nicht vermindert[24].

Der Strukturwandel beim Primärenergieverbrauch ist in den achtziger Jahren vor allem durch die starke Expansion der Kernenergie gekennzeichnet (vgl. Tabelle 2.5.2 und Abb. 10). Ihr Anteil stieg von 1980 bis 1987 von 2 auf 7 vH. Erdgas konnte dagegen nur leicht überdurchschnittlich expandieren; sein Anteil stieg von 10 auf 11 vH. Allerdings ist bis 1990 eine Erhöhung auf 15 vH geplant. Unterdurchschnittlich entwickelte sich dagegen

Abbildung 10

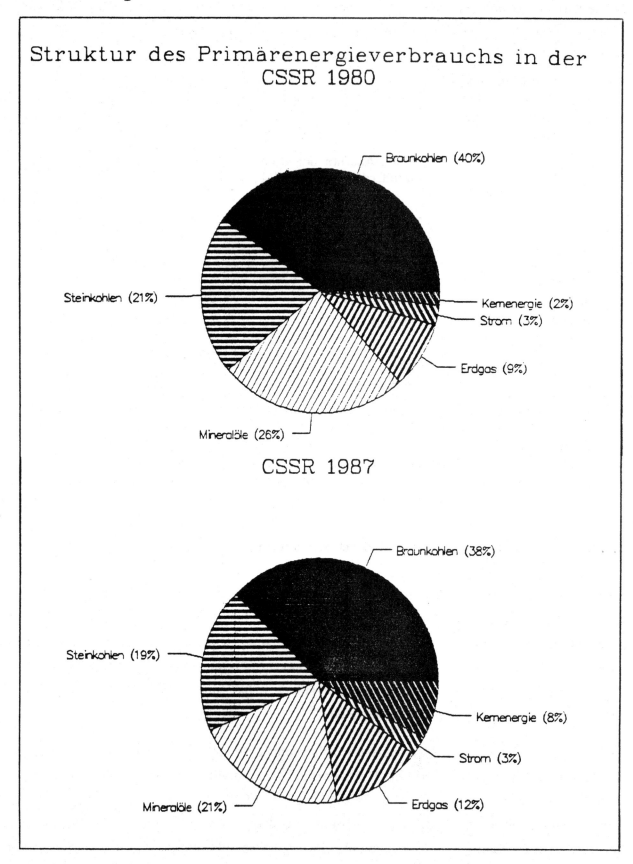

Struktur des Primärenergieverbrauchs in der CSSR 1980

Braunkohlen (40%)

Steinkohlen (21%)

Kernenergie (2%)
Strom (3%)

Erdgas (9%)

Mineralöle (26%)

CSSR 1987

Braunkohlen (38%)

Steinkohlen (19%)

Kernenergie (8%)

Strom (3%)

Mineralöle (21%)

Erdgas (12%)

der Verbrauch von Kohle und Mineralöl, deren Anteile sich um 4 bzw. 3 Prozentpunkte verminderten. Der bedeutendste Primärenergieträger in der CSSR ist die Kohle, auf die rd. 60 vH des Primärenergieverbrauchs entfallen.

Die Reduzierung des Ölverbrauchs ist eines der wichtigsten Ziele der tschechoslowakischen Energiepolitik. Der Rückgang um 2 Mill. t in der ersten Hälfte der achtziger Jahre fiel relativ bescheiden aus. Die Rohölverarbeitung wurde von 19 auf 17 Mill. t gesenkt. Die langfristigen Planungen bis zum Jahr 2000 sehen eine Senkung des Heizölverbrauchs von 7 Mill. t (1985) auf 2 Mill. t vor. Heizöl soll vor allem durch Erdgas substituiert werden.

Tabelle 12

**Prognose über die Entwicklung der
Struktur des Primärenergieverbrauchs in
der CSSR bis zum Jahr 2000**

Anteile in vH

	1985	1990	1995	2000
Feste Brennstoffe	61	56	51	48
Mineralöl	22	18	16	14
Erdgas	11	15	17	19
Kernkraft	4	7	11	14
Sonstige 1)	2	4	4	4

1) Einschl. Wasserkraft und Stromimporte (netto).

Quellen: Vlastimil Ehrenberger: Intensivierung und Effektitivtät: Eine entscheidende Aufgabe für die Energiewirtschaft. In: Außenhandel der CSSR, Nr. 3/1986, S. 24. R. Cizek and V. Hrdlicka: Development Trends of Czechoslovak Energetics in the Period of 1970-2000. Paper presented on the 13th Congress of the World Energy Conference. Cannes 1986, p. 9.

Folgt man offiziösen Prognosen aus der CSSR, so wird der bis zum Jahr 2000 angestrebte Strukturwandel im wesentlichen durch die Substitution von Kohle durch Kernenergie und von Mineralöl durch Erdgas gekennzeichnet sein. An der dominierenden Stellung der Kohle wird sich trotz der angestrebten Strukturveränderungen nichts ändern. Im Jahr 2000 soll sie noch immer rd. die Hälfte des Primärenergiebedarfs decken. Der Beitrag, den alternative Energiequellen im Jahr 2000 zum Verbrauch voraussichtlich leisten werden, wird auf 1 vH geschätzt.

Bei der längerfristigen Entwicklung des Primärenergieverbrauchs lassen sich deutlich drei Phasen unterscheiden (vgl. Abb. 8):

- Siebziger Jahre: Starkes Wachstum
- 1980 bis 1983:   Stagnation
- 1984 bis 1987:   Erneute Expansion.

Die erneute Beschleunigung des Verbrauchs ist nur zu einem geringen Teil mit einer Tempobeschleunigung im Wirtschaftswachstum zu erklären. Vielmehr gelang es immer schlechter, die Effizienz des Energieeinsatzes zu verbessern:

Tabelle 13

Entwicklung von Primärenergieverbrauch[1] und produziertem Nationaleinkommen[2] in der CSSR

Veränderungen im Jahresdurchschnitt in vH

	PEV	pNE	Elastizität[3]
1979/70	3,4	4,4	0,77
1983/79	0,0	2,5	0
1987/83	2,0	3,7	0,54
		Pläne	
1990/85	3,5	0,5	0,14
2000/85	4,0	0,6	0,15

1) PEV.- 2) pNE.- 3) Verhältnis der Zuwachsraten von PEV zu pNE.

Quellen: R. Cizek and V. Hrdlicka, a.a.O., S. 8. Statistische Jahrbücher der CSSR. Datenbank RGW-Energie des DIW.

In den siebziger Jahren waren die Bemühungen um Energieeinsparungen in der CSSR gering. Die Einsparziele, die im Rahmen von staatlichen Programmen zur "Rationalisierung des Brennstoff- und Stromverbrauchs" vorgegeben wurden, konnten zwar stets übertroffen werden[25]. Die Ziele waren aber offenbar sehr niedrig, denn der Primärenergieverbrauch expandierte mit rd. 3,5 vH im Jahresdurchschnitt. Erst von 1980 an wurden größere Einspareffekte erreicht. Nach Angaben aus der CSSR sollen sie vor allem durch die Einschränkung von Abwärmeverlusten und durch die vermehrte Produktion von weniger energieintensiven Erzeugnissen erreicht worden sein. Da Erfolge aber nur für einen relativ kurzen Zeitraum (1980 bis 1983) verbucht wurden, ist zu vermuten, daß es nicht zu einer nachhaltigen Strukturveränderung und zur Stimulierung eines Energiesparbewußtseins gekommen ist. Vielmehr wurden in erster Linie nur die gröbsten Fälle von Energieverschwendung beseitigt. Für die Erschließung eines größeren Sparpotentials mittels zentral geplanter Investitionsmaßnahmen fehlte es zudem an Geld. Sehr häufig wurden Investitionen verschoben, die die Einsparung von Energie zum Ziele hatten. Außerdem kam es nicht zu einer deutlichen Senkung der Energieverbrauchsnormen[26].

Wenig erfolgreich verlief auch die Entwicklung in den ersten beiden Jahren des Fünfjahrplans 1986 bis 1990. Die Vorgaben waren ehrgeizig gesetzt: Bei einem geplanten Anstieg des produzierten Nationaleinkommens um 3,5 vH im Fünfjahresdurchschnitt soll der Energieverbrauch nur um 0,5 vH zunehmen. Dies entspricht einer Elastizität von 0,14. Heraufgesetzt wurden auch die hierfür einzusetzenden Investitionsmittel von 12 Mrd. Kcs (1981 bis 1985) auf 20 Mrd. Kcs. Die Zweckbindung ist aber sehr allgemein beschrieben, denn die Mittel sollen u.a. zur Modernisierung technologischer Prozesse, zur Verminderung von Wärmeverlusten sowie zur Senkung des Energieverbrauchs im Transportwesen und im nichtproduktiven Sektor verwendet werden.

Die erzielten Resultate blieben deutlich hinter den Vorgaben zurück; in den ersten beiden Jahren des Fünfjahrplans nahm der Energieverbrauch bereits um insgesamt 3,1 vH zu, das war mehr als für die fünf Jahre insgesamt vorgesehen war (2,7 vH) - und dies bei einem unterplanmäßigen Wachstumstempo des Nationaleinkommens. Diese Entwicklung verdeutlicht, daß unter den derzeitigen systemaren Bedingungen größere Effizienzsteigerungen nicht zu verwirklichen sind. Vor diesem Hintergrund müssen auch die Aussichten für Energieeinsparungen bewertet werden. Die dauerhafte Senkung der Elastizität auf einen Wert um 0,15 ist unter den gegenwärtigen Rahmenbedingungen völlig unrealistisch. Damit werden zum einen die Wachstumserwartungen deutlich nach unten korrigiert werden müssen. Zum anderen ist zu vermuten, daß - auch wegen der Unsicherheiten beim Ausbau der Kernenergie - die Kohleförderung nicht im geplanten, aus ökologischen Gründen aber dringend gebotenen, Umfang eingeschränkt werden wird.

3.2.3 DDR

3.2.3.1 Braunkohlevorkommen in immer schlechteren Lagen

Die inländische Rohstoffbasis für die Energiewirtschaft der DDR ist relativ schmal. Sie verfügt lediglich über nennenswerte Vorkommen an Braunkohle. Die Erdgasvorräte gehen zur Neige. Mangels abbauwürdiger Vorräte wurde die Förderung von Steinkohle bereits 1978 eingestellt; die Erdölreserven (Ostseeküste) erlauben nur eine geringe Eigenversorgung.

Die geologisch erkundeten Braunkohlevorkommen der DDR werden mit 38 Mrd. t angegeben, davon gelten rd. 20 Mrd. t als ökonomisch gewinnbar[1]. Die Vorräte sind zu rd. 90 vH auf die westelbischen und ostelbischen Reviere konzentriert (Bezirke Cottbus/Dresden rd. 50 vH). Verglichen mit der Kohle aus Halle/Leipzig sind bei der ostelbischen Kohle - auf sie entfallen rd. zwei Drittel der Fördermenge - der Heizwert und der Schwefelgehalt geringer. Braunkohle wird in der DDR im kostengünstigen, aber witterungsanfälligen Tagebau gewonnen. Die Abbaubedingungen verschlechtern sich jedoch: Die durchschnittliche Abbauteufe wird von derzeit fast 70 m auf über 100 m zunehmen. In jedem Jahr erhöhen sich die spezifischen Abraum- und Abwassermengen um 2 bis 3 vH. Derzeit müssen jährlich etwa 1,5 Mrd. m^3 Deckgebirge abgetragen werden, um an die Flöze heranzukommen. Dies entspricht dem Achtfachen des Volumens vom Suezkanal, der 160 km lang, über 100 m breit und mehr als 13 m tief ist. Allein im Zeitraum 1981 bis 1985 stiegen die Förderkosten um 30 vH[2]. Tendenziell werden sich auch die Qualitätsparameter der Braunkohle weiter verschlechtern: Der Wasser-, Asche- und in vielen Fällen auch der Schwefelgehalt werden steigen, der Heizwert wird sinken.

Erdgas wird in der DDR fast ausschließlich in der Altmark bei Salzwedel gefördert. Angaben über den Umfang der Reserven werden von der DDR nicht veröffentlicht. Die Förderung von Erdgas geht seit 1985 zurück. Die ständig sinkende Gasqualität erreichte bereits 1987/88 die Grenze der Abnahmeverträglichkeit. Um das Qualitätsnieveau künftig wahren zu können, wird seit 1987 Importerdgas beigemischt.

Die Uranvorkommen der DDR werden von der Sowjetisch-Deutschen Aktiengesellschaft Wismut abgebaut. Der Umfang der Vorräte und der Produktion werden als Staatsgeheimnis behandelt. Das Uran wird in die UdSSR geliefert. Von dort erhält die DDR die für den

Abbildung 11

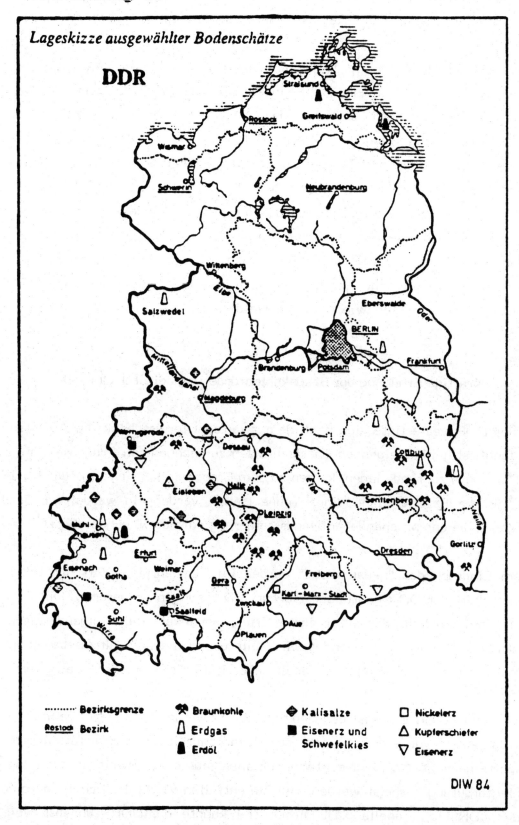

Lageskizze ausgewählter Bodenschätze

DDR

Legend:
- ········· Bezirksgrenze
- Rostock Bezirk
- Braunkohle
- Erdgas
- Erdöl
- Kalisalze
- Eisenerz und Schwefelkies
- Nickelerz
- Kupferschiefer
- Eisenerz

DIW 84

Kernkraftwerksbetrieb benötigten Brennstäbe. Damit erhöht eine steigende Kernenergieproduktion c.p. die Importabhängigkeit der Energieversorgung.

Alternative bzw. erneuerbare Energiequellen werden in absehbarer Zeit zwar nur geringe Versorgungsbeiträge leisten können[3], ihr Einsatz soll aber an Bedeutung gewinnen. So ist geplant, vor allem in den Nordbezirken der DDR in größerem Umfang Erdwärme zu nutzen. Nördlich der Linie Magdeburg-Berlin-Cottbus sind in Tiefen von 1 500 bis 2 500 m ausgedehnte Wasserspeicher mit Temperaturen von 40^0 bis 90^0C vorhanden. Erste Anlagen gibt es bereits im Bezirk Neubrandenburg; bis 1990 sollen dort 22 000 Wohneinheiten mit Thermalwasser versorgt werden. Die Nutzung dieser Energiequelle könnte bis zum Jahr 2000 jedoch lediglich zu einer jährliche Einsparung von 1 Mill. t Braunkohle führen[4]. Infolge der natürlichen und technischen Bedingungen ist auch das nutzbare Potential an Wind- und Sonnenenergie sehr gering. Hier wird derzeit mit wenigen Pilotprojekten experimentiert (Sonnenhäuser, Windräder für Weidetränken)[5].

3.2.3.2 Kräftige Erhöhung der Braunkohlenförderung belastet Umwelt

Auch in der DDR verfestigte sich nach dem zweiten Ölpreisschock die Auffassung, daß nunmehr langfristig mit steigenden Energiepreisen zu rechnen sei. Prognosen, die vermutlich den Planungen zugrunde lagen, kamen zu dem Ergebnis, daß sich von 1981 bis 1990 der Aufwand für die Bereitstellung einer Tonne Heizöl verdoppeln werde; für Braunkohle wurde dagegen die entsprechende Aufwandssteigerung auf nur 30 vH geschätzt[6].

Unter dem Eindruck der "neuen Lage" wurden im Fünfjahrplan 1981 bis 1985 für die Energiewirtschaft der DDR deutliche Strukturveränderungen vorgesehen. Die Grundsätze der neuen Energiepolitik charakterisierte Erich Honecker 1980 folgendermaßen: "Wo Heizöl noch als Brennstoff verwendet wird, gilt es, Braunkohle einzusetzen, um durch tiefere Spaltung mehr hochwertige, veredelte chemische Erzeugnisse zu gewinnen"[7].

Damit sollte der Strukturwandel der siebziger Jahre wieder rückgängig gemacht werden. In jenem Jahrzehnt wurde der Zuwachs des Primärenergieverbrauchs fast ausschließlich durch Importe gedeckt. Nunmehr sollte er vor allem aus der Ausweitung der inländischen Braunkohlenförderung gespeist werden. Auf sie entfallen 95 vH der Primärenergieproduktion in der DDR (vgl. Tabelle 3.1). Dieses Ziel konnte die DDR zunächst weitgehend plangemäß verwirklichen. Während in den siebziger Jahren die Gewinnung rd. 250 Mill. t p.a. betrug, stieg sie bis 1985 auf 312 Mill. t. Damit wurde das Fünfjahrplanziel (290 Mill. t) sogar deutlich übertroffen. Die gesamte Primärenergieproduktion nahm in diesem Zeitraum um fast 4 vH im Jahresdurchschnitt zu. Im Fünfjahrplan 1986 bis 1990 wurden die Vorgaben nochmals heraufgesetzt (Planziel 1990: 335 Mill. t). Diesmal blieben die Jahresergebnisse aber deutlich unter den Planzielen:

Tabelle 14

Braunkohlenförderung in der DDR

in Mill. t

	1986	1987	1988	1989	1990
Plan	314	319	317	317	335
Ist	311	309	310	.	.

Unklar ist allerdings, ob dies bereits eine Reaktion auf den Ölpreissturz von 1986 ist. Die DDR hat bereits seit 1985 ihren Erdölverbrauch wieder erhöht und dafür die Exporte eingeschränkt. Offen bleibt bei dieser Interpretation allerdings, warum in den Jahresplänen stets Steigerungen vorgesehen wurden.

Die Entscheidung für eine Ausweitung der Braunkohlenförderung und -nutzung war mit beträchtlichen Belastungen für die Volkswirtschaft der DDR verbunden. Rund 10 Mrd. Mark pro Jahr wurden für Investitionen in der Kohle- und Energiewirtschaft bereitgestellt. Dies entspricht etwa einem Viertel aller Industrieinvestitionen bzw. dem Betrag, der für Investitionen in den Bereichen Elektrotechnik/Elektronik, im Schwermaschinen- und Anlagenbau, im Werkzeug- und Verarbeitungsmaschinenbau sowie in der Leichtindustrie zusammengenommen bereitgestellt wird[8].

Allerdings kommen in diesen Daten die tatsächlichen volkswirtschaftlichen Belastungen nur unvollständig zum Ausdruck. Nach Berechnungen in der DDR repräsentieren diese Investitionen nämlich nur etwa die Hälfte aller Aufwendungen für den Ausbau der Energiewirtschaft. Noch einmal soviel Mittel werden für die Deckung des Energiebedarfs in der chemischen und der metallverarbeitenden Industrie, in der Bauwirtschaft, im Transportwesen und für Investitionsbeteiligungen an Energieprojekten im RGW aufgewendet[9]. Stark belastet wird durch die intensive Braunkohlennutzung vor allem die Eisenbahn, deren Kapazitäten zu rd. einem Drittel allein für den Transport von Braunkohle gebunden werden[10].

Diese Beispiele verdeutlichen, daß die Kohle- und Energiewirtschaft beträchtliche Mittel absorbiert. Die hohen Investitionen für diesen Bereich haben den dringend notwendigen Handlungsbedarf für die Modernisierung in anderen Zweigen der Wirtschaft, insbesondere in der ersten Hälfte der achtziger Jahre, stark eingeengt. Darüber hinaus gingen die Mittel in jene Bereiche, von denen relativ wenig Innovationen zu erwarten sind.

Die Ausweitung der Braunkohlenförderung war mit einer Zunahme der Umweltbelastung, insbesondere der Luftverschmutzung, verbunden. Braunkohle enthält Schwefel, der bei der Verbrennung nur zu einem Teil in der Asche gebunden wird. Werden - wie dies in der DDR noch weitgehend der Fall ist - keine Entschwefelungsanlagen in die Verbrennungseinrichtungen eingebaut, wird der übrige Schwefel in die Atmosphäre emittiert. Der hohe Anteil von Braunkohle am gesamten Primärenergieverbrauch ist wesentlich dafür verantwortlich, daß die DDR einer der größten Emittenten von SO_2 in Europa ist. Nach Berechnungen des Deutschen Instituts für Wirtschaftsforschung (DIW) wurden 1982 insgesamt 4,94 Mill. t emittiert[11]. Diese Berechnungen sind 1988 durch erstmals im Statistischen Jahrbuch der DDR veröffentlichte Angaben über den SO_2-Ausstoß grundsätzlich bestätigt worden:

	1980	1986	1987
SO_2-Ausstoß in 1 000 t	5 000	5 000	4 990

Quelle: Statistisches Jahrbuch der DDR 1988, S. 155.

Die Daten der DDR sind aber offenbar Schätzwerte. Unklar bleibt nämlich, wie bei deutlich gestiegenem Verbrauch an Braunkohle - er war 1986 um 50 Mill. t höher als 1980 - selbst unter Berücksichtigung des verminderten Heizöleinsatzes die Gesamtemission nicht gestiegen sein soll. Vielmehr erscheint es plausibel, daß die SO_2-Emissionsmenge als Folge der verstärkten Braunkohlenutzung noch zugenommen hat.

Nicht unerheblich sind auch die Belastungen, die aus der Inanspruchnahme von Bodenflächen für den Aufschluß der Tagebaugruben resultieren. Seit 1965 wurden rd. 66 000 ha einer anderweitigen Nutzung entzogen; dies entspricht der Gesamtfläche der Städte Cottbus, Dresden, Leipzig, Halle und Erfurt. Die Kosten der Rekultivierung betragen rd. 15 000 M/ha, das entspricht einem Gesamtaufwand von rd. 1 Mrd. M. Künftig werden die mit der Devastierung von Land verbundenen Aufwendungen und sozialen Probleme noch zunehmen, denn immer häufiger müssen dicht besiedelte und landwirtschaftlich intensiv genutzte Gebiete für den Tagebau frei gemacht werden[12].

Abbildung 12

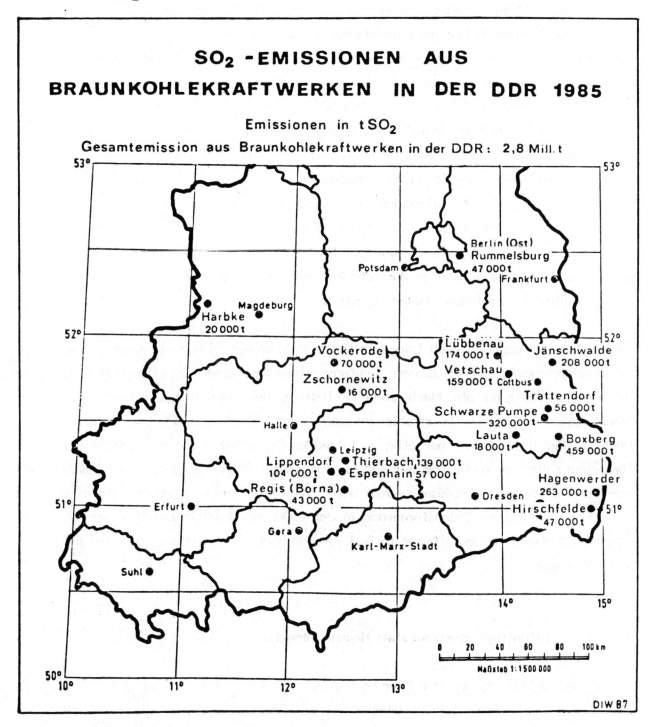

SO₂ -EMISSIONEN AUS BRAUNKOHLEKRAFTWERKEN IN DER DDR 1985

Aus: Emissionen von SO₂ aus Braunkohlekraftwerken in der DDR. Bearb.: Jochen Bethkenhagen. In: Wochenbericht des DIW, Nr. 11/87.

Die weitere Steigerung der Braunkohlenförderung als Reaktion auf den zweiten Ölpreis-schock war aus heutiger Sicht eine energiepolitische Fehlentscheidung. Statt des zu Beginn der achtziger Jahre erwarteten weiteren Ölpreisanstiegs gab es 1986 einen drastischen Rückgang. Die gesamtwirtschaftlichen Kosten dieser Strategie - einschließlich der Umweltschädigungen - waren hoch; sie wurden in Kauf genommen, weil man offenbar die Alternative zu dieser Politik unter den Bedingungen in der DDR für nicht realisierbar eingeschätzt hat. Diese Alternative hätte darin bestehen können, trotz der neuen Lage den Anteil der Braunkohle weiter zu reduzieren und die erforderlichen Exporte zur Finanzierung zusätzlicher Einfuhren an Erdöl und Erdgas durch eine forcierte Modernisierung und Ausweitung der Produktion von Exportgütern sicherzustellen. Eine derartige Strategie hätte allerdings der Freisetzung eines beträchtlichen Innovations-potentials bei der Entwicklung, Produktion und Vermarktung neuer Erzeugnisse bedurft, während die Ausweitung der Braunkohlenförderung im wesentlichen mit Hilfe bereits bekannter Produktionsmethoden durchgeführt werden konnte. Insofern wäre diese Strategie auch mit beträchtlichen Risiken verbunden.

Angesichts der neuen "neuen Lage" zeichnet sich in der DDR seit Mitte der achtziger Jahre eine zunehmend kritischere Haltung gegenüber einer weiteren Steigerung der Braunkohlenförderung ab. Nach einer Auflistung der ökonomischen und ökologischen Nachteile der intensiven Braunkohlennutzung in der DDR kommt Dietmar Ufer, Direktor im Leipziger Institut für Energetik, zu folgenden Schlußfolgerungen[13]: Die Braunkohlen-förderung sollte gar nicht erst auf 330 bis 335 Mill. t (Fünfjahrplanziel für 1990) erhöht werden und bis zur Jahrtausendwende unter 300 Mill. t gesenkt werden. Angesichts der ebenfalls rückläufigen Erdgasförderung in der DDR soll künftig der Verbrauchszuwachs durch zusätzliche Brennstoffimporte und vor allem durch vermehrte Kernenergienutzung gedeckt werden.

3.2.3.3 Künftig Kernstrom statt Braunkohlenstrom

Die einseitige Ausrichtung der Energiestruktur auf die im Inland verfügbare Braunkohle findet auch in der Elektrizitätswirtschaft ihren Niederschlag: 1987 stammten 83 vH der gesamten Stromproduktion aus Braunkohlekraftwerken, der Anteil der Kernenergie betrug lediglich 10 vH.

Tabelle 15

Stromproduktion nach Kraftwerksarten
in der DDR

	1970	1975	1980	1985	1986	1987
	in Mrd. kWh					
Wärmekraftwerke	65,9	80,5	85,3	99,3	102,6	101,2
darunter: Braunkohlekraftwerke	57,5	70,8	77,8	94,2	96,5	94,8
Wasserkraftwerke	1,3	1,3	1,7	1,8	1,8	1,7
Kernkraftwerke	0,5	2,7	11,9	12,7	10,9	11,2
Insgesamt	67,7	84,5	98,8	113,8	115,3	114,2
	Anteile in vH					
Wärmekraftwerke	97,5	95,3	86,3	87,3	89,0	88,7
darunter: Braunkohlekraftwerke	85,0	83,8	78,7	82,7	83,7	83,1
Wasserkraftwerke	1,8	1,5	1,7	1,5	1,5	1,5
Kernkraftwerke	0,7	3,2	12,0	11,2	9,5	9,8
Insgesamt	100,0	100,0	100,0	100,0	100,0	100,0

Quellen: ECE, Annual Bulletin of Electric Energy Statistics. Statistisches Jahrbuch der DDR.

Der Zuwachs an Kraftwerksleistung in den achtziger Jahren (netto bis Ende 1987: 3 000 MW) basierte fast ausschließlich auf dem Bau von Braunkohlekraftwerken, in denen in der DDR rd. zwei Drittel der Braunkohleförderung verstromt oder in Fernwärme umgewandelt werden. Im März 1989 nahm der letzte 500 MW-Block im Braunkohlekraftwerk Jänschwalde seinen Betrieb auf. Dies soll der letzte "Kohleriese" in der DDR sein. Nach dem Kraftwerk Boxberg (3 520 MW) ist Jänschwalde (3 000 MW) das zweitgrößte Braunkohlekraftwerk in der DDR. Daß dieses Großkraftwerk seinen Betrieb ohne eine Entschwefelungsanlage aufnehmen konnte, ist ein Indikator für die Vernachlässigung von umweltpolitischen Erfordernissen. Gerade die Konzentration der großen Braunkohlekraftwerke in unmittelbarer Nähe der Tagebaue in den Bezirken Cottbus/Dresden und Halle/Leipzig führt zu erheblicher Luftverschmutzung in dieser Region. Nach Schätzungen des DIW emittierten die Kohlekraftwerke 1985 rd. 2,8 Mill. t SO_2, wovon etwa die Hälfte aus dem Bezirk Cottbus stammte. Mit der Erweiterung des Kraftwerks Jänschwalde dürfte dieser Wert auf rd. 3 Mill. t gestiegen sein[14]. Fast 1 Mill. t SO_2 werden allein von den beiden Werken in Jänschwalde und Boxberg emittiert. Die Chance, die Strukturveränderung in der Energiewirtschaft mit Innovationen im Umweltschutz zu verknüpfen, wurden von der DDR bisher nicht genutzt. Das von ihr entwickelte Kalkstein-Additiv-Verfahren, bei dem durch den Zuschlag von Kalkstein zur Braunkohle die Schwefelbindung in der Asche erhöht wird, hat sich als nicht effizient erwiesen. Für das Kraftwerk in Berlin(Ost)-Rummelsburg wurde daher aus Großbritannien eine Anlage zur Rauchgaswäsche importiert; sie soll 1989 ihren Betrieb aufnehmen. Derzeit konzentrieren sich die Entwicklungen in der DDR auf Anlagen zur Rauchgasreinigung. Die größte Pilotanlage wird z.Zt. im Kraftwerk Vetschau erprobt und soll später im Kraftwerk Lübbenau eingesetzt werden[15].

Die Bedeutung der Kernenergie ist in der DDR noch relativ gering. 1966 hat die DDR als erstes kleineres RGW-Land ein Kernkraftwerk in Rheinsberg bei Berlin in Betrieb genommen. Der Reaktor mit einer geringen Leistung (70 MW) wird vorwiegend für Ausbildungszwecke genutzt. Ein weiteres Kernkraftwerk begann 1973 nahe Greifswald (Ostsee) mit der Stromerzeugung. 1987 hatte es eine Leistung von 1 760 MW und deckte etwa 10 vH der Stromproduktion. Im Vergleich zum Nachbarstaat CSSR oder zu Bulgarien hat die DDR nicht so ehrgeizige Ausbaupläne. Nach Tschernobyl erklärte Erich Honecker, man sei in der DDR froh, "daß wir uns für die Braunkohle und nicht für die Kernkraft entschieden haben", und er glaube ferner, "daß Kernkraft nicht das letzte Wort ist"[16]. Mit diesen Worten ist sicher kein Ausstieg aus der Kernenergie eingeleitet worden. Vielmehr kann dies in erster Linie als Reaktion der politischen Führung auf die Kernenergiediskussion in der Bundesrepublik gewertet werden, die über Rundfunk und Fernsehen in die DDR hineingetragen wird. Allerdings sind die Ausbaupläne nach Tschernobyl reduziert worden: Statt ursprünglich vier sollen nunmehr im Zeitraum 1986 bis 1990 drei 440 MW-Reaktoren in Greifswald in Betrieb genommen werden; der Atomstromanteil würde dann auf rund 15 vH steigen. Für Anfang der neunziger Jahre ist die Inbetriebnahme des ersten 1 000 MW-Reaktors am dritten Standort, in Arneburg (Stendal) bei Magdeburg, vorgesehen.

Mit einer termingemäßen Erfüllung der Pläne kann allerdings nicht gerechnet werden. Im Zeitraum 1980 bis 1988 ist kein neuer Kernkraftwerksblock in Betrieb genommen worden; immer wieder mußte die Fertigstellung des fünften Blocks im Kernkraftwerk Nord verschoben werden. In den neunziger Jahren soll die Kernenergie aber auch in der DDR deutlich an Bedeutung gewinnen. Vor dem Hintergrund der Probleme bei der Braunkohlenutzung kommt der Energiewissenschaftler Ufer zu folgender Schlußfolgerung:

"Die tatsächliche Alternative für die Braunkohle ist unter den Bedingungen der DDR nur die Kernenergie. Nur sie kann langfristig einem sonst unausweichlichen Kostenanstieg begegnen und die dringend notwendige ökologische Entlastung bringen und dauerhaft machen"[17].

Bei diesem Fazit bleiben allerdings eine Reihe von Fragen offen. Keineswegs ist damit zu rechnen, daß die Kosten für die Kernenergienutzung relativ stabil bleiben werden. Hohe Investitionskosten dürften bereits in der Vergangenheit ein wesentlicher Grund für die chronischen Verzögerungen beim Ausbau der Kernenergie in der DDR gewesen sein. Somit müssen auch die langfristigen Einschätzungen aus der DDR über die Entwicklung der Kernenergie mit Skepsis bewertet werden. So sollen unverbindlichen Prognosen zufolge im Jahr 2000 rd. 30 vH (9600 MW) und im Jahr 2020 rd. 55 vH (23 000 MW) der Stromerzeugung aus Kernkraftwerken stammen[18]. Inwieweit eine derartige Anhäufung von Kernkraftwerken in der dichtbesiedelten DDR sicherheitstechnisch vertretbar ist und von der Bevölkerung akzeptiert wird, ist bisher öffentlich ebensowenig diskutiert worden wie die ungeklärten Probleme der Entsorgung.

3.2.3.4   (Re-)Export von Mineralöl erleichterte Schuldenmanagement

Zu den energiepolitischen Zielen der DDR zählte in den achtziger Jahren die Verminderung der Importabhängigkeit. In der ersten Hälfte der achtziger Jahre gingen die Energieimporte der DDR um 67 PJ zurück. Der Inlandsverbrauch stieg gleichzeitig um 150 PJ. Damit hätte es zur Schließung der Bedarfslücke einer Fördersteigerung um rund 220 PJ bedurft. Stattdessen wurde die Inlandsförderung um gut 500 PJ erhöht, d.h. die DDR hat die Braunkohlenförderung auch gesteigert, um die Energieexporte ausweiten zu können. Das kräftige Wachstum der Energieexporte wurde durch die Substitution von Mineralöl durch Braunkohle im Inland ermöglicht; die DDR kürzte nämlich kaum die Ölimporte, sondern nutzte die eingesparten Mengen für den Export (vgl. auch Tabelle 3.4.3):

Tabelle 16

**Aufkommen und Verwendung von Primärenergie
in der DDR 1980 und 1985**

in PJ

	Förderung	Import	Export	Verbrauch[1]
1980	2 395	1 545	351	3 564
1985	2 901	1 478	605	3 714
Veränderung	506	- 67	254	150

1) Einschl. Bestandsveränderungen

1986 und 1987 nahm allerdings die Importabhängigkeit wieder zu (vgl. Abb. 14 und Tabelle 3.4.4). Noch immer kann die DDR jedoch knapp 75 vH ihres Primärenergiebedarfs aus eigenen Quellen decken. Die Bruttoimporte aus der UdSSR entsprachen 1987 rd. 30 vH des Gesamtverbrauchs in der DDR; sie waren damit sogar noch größer als der Nettoimportbedarf der DDR an Primärenergie.

Die Substitution von Erdöl durch Braunkohle hatte einen bemerkenswerten außenwirtschaftlichen Nebeneffekt. Sie trug wesentlich dazu bei, daß die DDR die durch die faktische Zahlungsunfähigkeit Polens und Rumäniens ausgelöste Vertrauenskrise westlicher Banken gegenüber den RGW-Ländern in relativ engen Grenzen halten konnte. Hierzu diente ihr folgender "Kunstgriff": Trotz deutlicher Reduzierung des Heizölverbrauchs (rd. 5 Mill. t) schränkte die DDR ihre Importe von Rohöl aus der UdSSR nicht entsprechend ein; sie exportierte vielmehr die eingesparten Mengen gegen Dollar in westliche Länder. Damit konnte sie nicht nur ihre Raffineriekapazitäten weiter auslasten und eine Veredelungsmarge verdienen, sondern auch noch Transfer-Rubel in Dollar "verwandeln", denn die DDR bezahlte das sowjetische Erdöl vornehmlich mit Waren, die in westlichen Ländern gar nicht oder nur sehr schwer absetzbar sind. Darüber hinaus war bis 1983 der RGW-Verrechnungspreis infolge der verzögerten Preisanpassung geringer als der Weltmarktpreis. Im Zeitraum 1981 bis 1985 dürften diese Transaktionen zu zusätzlichen Brutto-Dollar-Einnahmen in einer Größenordnung von 4 bis 5 Mrd. geführt haben. Diese konvertiblen Devisen wurden dringend für die Bedienung der Gläubigerforderungen benötigt.

Abbildung 13

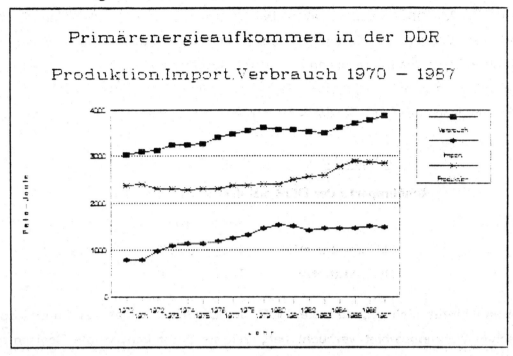

Abbildung 14

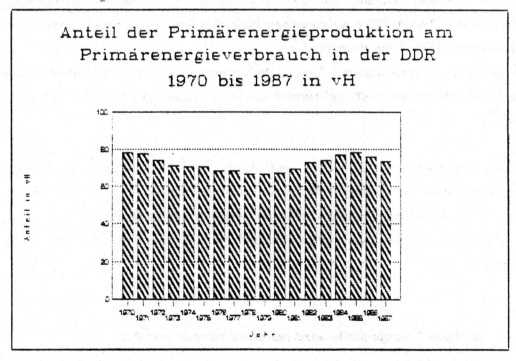

Selbst am reinen "Veredelungsgeschäft" blieb die DDR interessiert. Sie importiert hierfür nicht nur aus westlichen Ländern bzw. OPEC-Staaten jährlich 3 bis 4 Mill. t Erdöl, sondern offenbar auch aus der UdSSR zusätzlich zu den handelsvertraglich vereinbarten 17,1 Mill. t rd. 2,5 Mill. t p.a. zu aktuellen Weltmarktpreisen und gegen Zahlung in konvertierbarer Währung. Mit diesem Devisenimport begann die DDR vermutlich 1982, als die UdSSR ihre Öl-Vertragslieferungen in die RGW-Länder um 10 vH gekürzt hatte. Diese Hypothese gründet sich auf die jüngsten Veröffentlichungen im Außenhandelsjahrbuch der UdSSR, die von denen der DDR-Statistik abweichen:

Tabelle 17

Rohölimporte der DDR aus der UdSSR (in Mill. t)

	1986	1987
UdSSR-Statistik	19,4	19,8
DDR-Statistik	17,1	17,1

Als Erklärung bietet sich an, daß die DDR die Differenz nicht als Import aus dem sozialistischen Währungsgebiet verbucht hat, weil sie dafür konvertible Devisen bezahlt hat. Gestützt wird diese These auch noch dadurch, daß

- die DDR für den Zeitraum von 1982 bis 1987 im Warenhandel mit der UdSSR ein Defizit von 2,3 Mrd. TRbl aufzuweisen hat; dies entspricht etwa dem Wert der in Devisen bezahlten Zusatzimporte[19];

- die nunmehr zu errechnenden Durchschnittswerte für die Vertragslieferungen etwa dem Durchschnitt der Weltmarktpreise in den vorangegangenen fünf Jahren entsprechen[20].

Die Aufrechterhaltung der Ölimporte und damit der Verzicht auf einen Abbau der Raffineriekapazitäten hat es der DDR sicher erleichtert, die Verschuldungsprobleme in der ersten Hälfte der achtziger Jahre zu lösen. Kritisch bleibt indes anzumerken, daß mit dieser Strategie Innovationen vernachlässigt und die Strukturschwächen der Exportindustrie verdeckt wurden.

3.2.3.5 Billigste Energiequelle wird nur unzureichend genutzt

Die billigste Energiequelle ist noch immer die Energieeinsparung. Nach Angaben aus der DDR beträgt derzeit der volkswirtschaftliche Aufwand für die Einsparung einer Energieeinheit etwa zwei Drittel der Mittel, die für eine entsprechende Produktionssteigerung aufgewendet werden müßten[21]. Das Einsparpotential ist zudem beträchtlich; darauf weist der hohe Energieverbrauch hin: Je Einwohner war der Primärenergieverbrauch in der DDR 1987 um 25 vH höher als in der Bundesrepublik. Berücksichtigt man hierbei, daß die gesamtwirtschaftliche Produktion je Einwohner in der DDR dagegen um rd. ein Viertel geringer ist als in der Bundesrepublik[22], so wird die geringe Effizienz des Energieeinsatzes in der DDR deutlich.

Ein - wenn auch geringer - Teil des hohen Verbrauchs kann mit der Struktur des Energieträgereinsatzes erklärt werden. Der Anteil von Kohle ist in der DDR sehr hoch (1987: 74 vH). Feste Brennstoffe erfordern aber im Vergleich zu Öl und Gas einen höheren Energieaufwand beim Transport und bei der Umwandlung. Dies war auch ein Grund für die Verminderung des Kohleanteils in den siebziger Jahren. Dieser Strukturwandel wurde in den achtziger Jahren jedoch wieder rückgängig gemacht. Insbesondere der Anteil der im Inland verfügbaren Braunkohle wurde erhöht, der von Öl dagegen gesenkt (um jeweils 5 Prozentpunkte 1987 gegenüber 1980); der Anteil der übrigen Energieträger blieb dagegen weitgehend unverändert (vgl. Tabelle 3.5.2 und Abbildung 15).

Bemerkenswert ist die drastische Einsparung von Mineralöl. Nach Schätzungen des DIW ging der Ölverbrauch von rd. 18 Mill. t in den Jahren 1978/79 auf rd. 10 Mill. t im Jahre 1984 zurück. Seither hat er allerdings wieder zugenommen; 1987 erreichte er 12 Mill. t. Möglich wurden die Einsparungen vor allem durch die Umstellung aller heizölverbrauchenden Kessel auf Braunkohlenfeuerung. Das hatte zur Folge, daß sich der Heizölverbrauch in der DDR von 6,6 Mill. t (1981) auf 1,8 Mill. t (1985) - also um rd. 5 Mill. t (!) - verminderte[23]. Am Brennstoffverbrauch der Kraftwerke betrug der Heizölanteil 1984 nur noch 0,6 vH, an dem der Heizwerke und Industriekessel 2,6 vH[24].

Der zweite Ölpreisschock hat neben den Substitutionsmaßnahmen auch verstärkte Bemühungen um Energieeinsparungen ausgelöst. Sie konzentrierten sich auf die Wirtschaft; die privaten Haushalte bekamen die Energieverteuerung nicht zu spüren. Für sie kostet die Kilowattstunde seit 1946 unverändert 8 Pfennige, der Kubikmeter Stadtgas 16 Pfennige. Die höheren Kosten gleicht der Staat durch Subventionen aus. Für Strom, Heizung, Gas und Warmwasser werden von den Haushalten im Monat nur durchschnittlich 25,- Mark ausgegeben, dies entspricht rd. 1,5 vH der Haushaltseinkommen. Diese Preispolitik ist sozialpolitisch motiviert; sie fördert aber die Energieverschwendung.

Abbildung 15

Struktur des Primärenergieverbrauchs in der DDR 1980

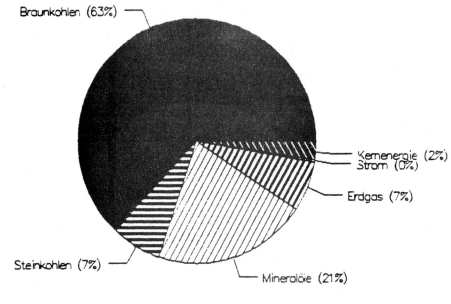

Braunkohlen (63%)

Kernenergie (2%)
Strom (0%)

Erdgas (7%)

Steinkohlen (7%)

Mineralöle (21%)

DDR 1987

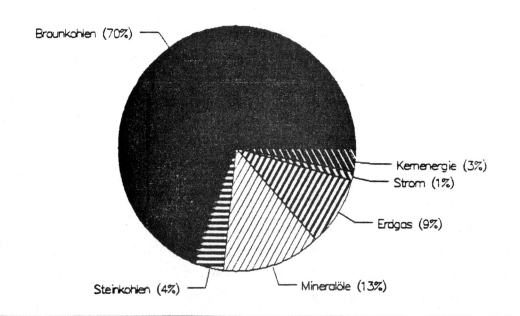

Braunkohlen (70%)

Kernenergie (3%)

Strom (1%)

Erdgas (9%)

Steinkohlen (4%)

Mineralöle (13%)

Deutlich erhöht wurden indes die Industriepreise. Folgende Veränderungen wurden bekannt[25]:

	1976	1986	Veränderung in vH
Erdöl (M/t)	105,00	830,00	690
Rohbraunkohle (M/t)	9,90	25,50	158
Elektroenergie (Pf/kWh)	9,86	15,50	57

Die Auswirkungen der Preisänderungen auf das betriebliche Verhalten lassen sich indes nur schwer abschätzen. Der Energieverbrauch wird weitgehend zentral geplant. Ob die Änderungen der Energiepreise in Höhe und Struktur die Betriebe tatsächlich zu Einsparungen und Verbrauchsänderungen veranlassen, hängt weitgehend von deren technischen Möglichkeiten und der persönlichen Motivation ab. Knappheit an Investitionsmitteln, fehlender Konkurrenzdruck sowie verbreitetes Sicherheits- bzw. Reservedenken dürften die Innovationsbereitschaft auch auf diesem Felde in sehr engen Grenzen gehalten haben. Daher lag das Schwergewicht der Einsparmaßnahmen auf der administrativen Ebene[26]: So wurde 1979 eine "Zentrale Energiekommission beim Ministerrat der DDR" gebildet, die Sparmaßnahmen ausarbeiten soll; deren Durchführung wird durch die "Energieinspektion" überwacht. Sie kann Zwangsgelder (bis 100 000,- M) und Ordnungsstrafen (bis 1 000,- M) verfügen. Im Verkehrsbereich wurden Gütertransporte von der Straße auf die Bahn und die Schiffahrt verlagert; das elektrifizierte Bahnnetz wurde erweitert und die Höchstgeschwindigkeit auf Landstraßen von 90 auf 80 km/h reduziert. Für das Beheizen von Arbeits- und Wohnräumen wurden Höchstwerte vorgegeben (19° bis 21°C). Seit 1986 wird auf der Ebene Betrieb, Kombinat, Ministerium sowie Bezirk ein einheitlicher Energieplan aufgestellt, in dem der Energieverbrauch und die geplanten Einsparungen enthalten sind. Grundlage hierfür sind 192 Normative, die den höchstzulässigen Energieverbrauch je Erzeugniseinheit vorgeben. Über diese zentral geplanten Normative sind 80 vH des Energiebedarfs der Wirtschaft erfaßt[27].

Zunächst konnten deutliche Einsparerfolge erreicht werden; im Zeitraum 1980 bis 1983 ging der Primärenergieverbrauch bei gleichzeitig hohem Wirtschaftswachstum sogar absolut zurück[28]. Seither nimmt er aber deutlich zu:

Tabelle 18

**Entwicklung von Primärenergieverbrauch[1] und
produziertem Nationaleinkommen[2] in der DDR**

Veränderungen im Jahresdurchschnitt in vH

	PEV	pNE	Elastizität[3]
1979/70	2,0	4,8	0,42
1983/79	-0,7	4,1	-0,17
1987/83	2,4	4,6	0,52

1) PEV.- 2) pNE.- 3) Verhältnis der Zuwachsraten von PEV zu pNE.

Quellen: Statistische   Jahrbücher   der
DDR. Datenbank   RGW-Energie
des DIW.

Die Daten zeigen, daß es der DDR nicht gelungen ist, die billigste "Energiequelle", die Energieeinsparung, angemessen zu nutzen. Eine deutliche Verbesserung der Energieeffizienz konnte lediglich zu Beginn der achtziger Jahre erreicht werden. Dies wurde durch Nutzung der sog. Reserven des ersten Zugriffs erreicht. Deren Erschließung war vor allem das Ergebnis von administrativen Maßnahmen (z.B. Regelungen von Temperaturen und Beleuchtungen, Transportverlagerungen) und zentralen Investitionsentscheidungen, die zudem geringe Innovationen verkörpern (z.B. Elektrifizierung des Eisenbahnnetzes). Allerdings sind selbst hier die Möglichkeiten noch längst nicht ausgeschöpft. Nach Einschätzung von Ziergiebel könnten 10 bis 15 Prozent aller Brennstoffe ohne finanzielle und materielle Aufwendungen eingespart werden, "wenn die Anlagen ordnungsgemäß gewartet und bedient werden, wenn sorgsam gemessen wird"[29].

Sollen die Intensivierungserfolge von längerer Dauer sein, so muß selbst nach in der DDR publizierten Einschätzungen auch die "Denkstruktur vieler Wirtschaftsfunktionäre ... verändert werden"[30]. Vor allem aber müssen künftig in weit größerem Umfang viele kleine Einsparpotentiale erschlossen werden. Hierfür bedarf es Innovationen auf dezentraler Ebene, die durch das Wirtschaftssystem bisher nicht ausreichend stimuliert worden sind.

Künftig wird die DDR ihren Energiebedarf wieder stärker durch Importe decken müssen. Als Substitute für Braunkohle werden in erster Linie Erdgas und Kernenergie genannt. Allerdings werden nur eng begrenzte Möglichkeiten für eine Ausweitung der Erdgasbezüge aus der UdSSR gesehen. Den Schwerpunkt der Angebotsausweitung soll die Kernenergie bilden. Sie soll nicht nur für die Stromerzeugung sondern auch für die Wärmeversorgung genutzt werden.

Die Planungen bzw. Prognosen für die Nutzung der Kernenergie sind allerdings unrealistisch. Bereits in der Vergangenheit konnten die Ausbaupläne nicht erfüllt werden. Unter dem Eindruck des Unglücks von Tschernobyl hat sich die Frage der Akzeptanz der Atomenergie in Ost und West verschärft. Hinzu kommen steigende Kosten und eine Überprüfung des sowjetischen Kernenergieprogramms mit entsprechenden Rückwirkungen auf die DDR, die auf diesem Sektor nahezu vollständig von der UdSSR abhängig ist.

Da neue Braunkohlekraftwerke nicht mehr gebaut werden sollen, werden die zu erwartenden Verzögerungen beim Ausbau der Kernenergie zu Engpässen bei der Stromversorgung führen. Bereits jetzt hat eine Vielzahl der DDR-Kraftwerke ihre normative Nutzungsdauer überschritten. Im Rahmen eines "umfassenden Rekonstruktionsprogramms" soll ihre Lebensdauer um 15 bis 25 Jahre verlängert werden[31]. In jüngster Zeit aufgetretene Engpässe bei der Stromversorgung haben - begünstigt durch Veränderungen im politischen Klima - zu einer Änderung der Bezugspolitik geführt. Seit 1987 importiert die DDR Strom aus Österreich; ab 1989/90 wird sie von der Bundesrepublik beliefert. Wenn auch die Mengen noch relativ gering sind - die Lieferungen aus der Bundesrepublik werden etwa 1 vH des Strombedarfs der DDR decken - so könnte dies doch der erste Schritt für eine umfassendere Kooperation sein.

Das Schlüsselproblem der Energiewirtschaft der DDR bleibt aber die Senkung des hohen Energieverbrauchs. Dies erfordert jedoch deutliche Veränderungen im Anreizsystem. Sie zeichnen sich derzeit nicht ab. Es ist daher zu erwarten, daß auch künftig die Energieverschwendung zu einer nachfragebedingten Energieverknappung führen und damit die langfristigen Wachstumsziele der DDR gefährden wird.

3.2.4 Polen

3.2.4.1 Nutzung der Kohlevorräte erfordert immer größeren Aufwand

Für die Energiewirtschaft in Polen sind die einheimischen Steinkohlevorkommen von herausragender Bedeutung. Die Lagerstätten konzentrieren sich vor allem auf die drei Reviere Oberschlesien, Niederschlesien und Lublin (Ostpolen). Insgesamt werden die Vorräte mit rd. 70 Mrd. t SKE angegeben, davon gelten rd. 40 vH als ökonomisch gewinnbar. Bei einem durchschnittlichen Heizwert der Steinkohle von 25,0 MJ/kg entspricht dies rd. 33 Mrd. t. Damit könnte das derzeitige Fördervolumen von rd. 200 Mill. t noch 165 Jahre aufrechterhalten werden. Regional verteilen sich die Vorräte wie folgt[1]:

Oberschlesien:	55 Mrd. t, davon 27 Mrd. t ökonomisch gewinnbar;
Niederschlesien:	2,5 Mrd. t bzw. 1,2 Mrd. t;
Lublin:	24 Mrd. t bzw. 4,6 Mrd. t.

Diese Angaben basieren auf Schätzungen, die in Polen Ende der siebziger Jahre veröffentlicht wurden. Neuere Angaben über das oberschlesische Revier kommen hinsichtlich der ökonomisch gewinnbaren Vorräte zu ungünstigeren Einschätzungen. Zwar wird für die Gesamtvorräte ein deutlich höherer Schätzwert - 140 Mrd. t - genannt, wovon wiederum rd. 56 Mrd. t nachgewiesen seien. Die Vorräte, die nach dem gegenwärtigen Stand der Technik abgebaut werden können, werden aber nur mit rd. 13 Mrd. t beziffert. Davon befindet sich nur rd. die Hälfte der Kohle in Tiefen, bis zu denen bisher abgebaut worden ist. Der Abbau der übrigen 6,5 Mrd. t ist mit großem technischen und finanziellen Aufwand verbunden. Angesichts der wirtschaftlichen Lage des Landes sieht man daher kaum eine realistische Möglichkeit für eine Ausweitung der Steinkohlenförderung[2].

Auch im Revier von Lublin sind die geologischen Bedingungen kompliziert. Die Kohle befindet sich in Tiefen von etwa 700 m unter Wasser- und Sandschichten; die Flöze sind mit Ton und Schlamm durchsetzt. Neue - sehr materialaufwendige - Methoden zur Sicherung der Abbaustollen mußten entwickelt werden[3].

Auch über den Umfang der polnischen Braunkohlevorkommen gibt es unterschiedliche Angaben, wobei diese vermutlich z.T. auf unterschiedlichen Abgrenzungen - z.B. bei der Lagerstättentiefe - zurückzuführen sind. Paszkiewicz gibt die Gesamtressourcen mit 20 Mrd. t und die technisch und wirtschaftlich gewinnbaren Reserven mit 10 Mrd. t an[4]. In einer anderen Quelle werden die nachgewiesenen Reserven mit 16,4 Mrd. t[5] bzw. die

Abbildung 16

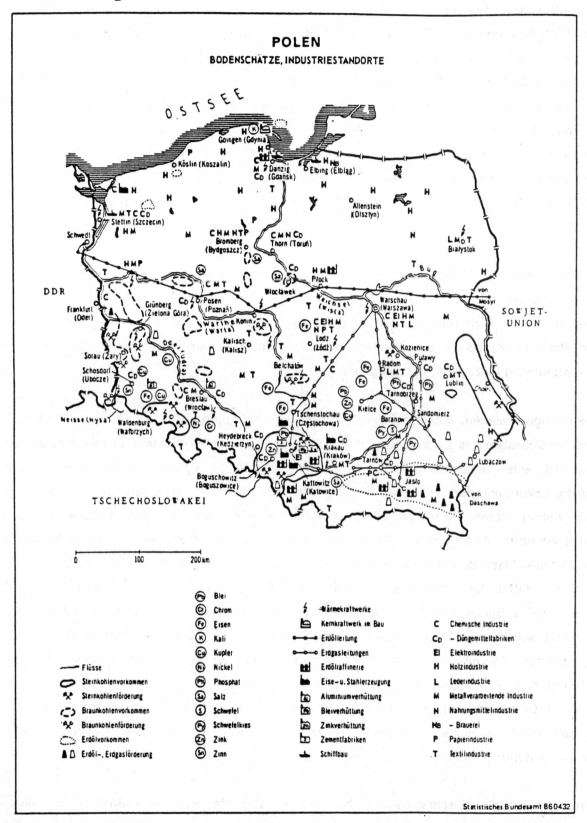

POLEN

BODENSCHÄTZE, INDUSTRIESTANDORTE

Statistisches Bundesamt 860432

Reserven mit 12,4 Mrd. t[6] angegeben. Braunkohlevorkommen werden etwa auf der Hälfte des polnischen Staatsgebietes vermutet. Für den Heizwert werden Angaben zwischen 8,0 und 9,0 MJ/kg gemacht. Das Abraum zu Kohle-Verhältnis liegt bei rd. 4 : 1, im Revier von Konin beträgt es bereits 5,7 : 1; es wird künftig weiter steigen und in einigen Tagebauen, in den Kohle bis zu 200 m Tiefe gefördert werden soll, Werte von 8 : 1 erreichen. Die derzeit bedeutendste Lagerstätte befindet sich bei Belchatow, südwestlich von Lodz. Der Umfang der Vorräte wird mit 2,2 Mrd. t Braunkohle angegeben. Die Angaben über die Heizwerte schwanken. So werden einersetis Angaben von 8,8 bis 10,5 MJ/kg gemacht. Andererseits wird berichtet, daß während der Aufschlußzeit auch Kohlen mit nur 3,4 bis 6,7 MJ/kg festgestellt worden seien[7]. Diese Kohle muß mit höherwertiger gemischt werden.

Im Dreiländereck Polen, DDR, CSSR befinden sich die Tagebaue von Turow. Zwischen Posen und Warschau wird Braunkohle in den Werken von Konin und Adamow gefördert. Hier sind die Flöze relativ klein und weitgehend ausgebeutet. Zur Neige gehen auch die Vorräte in Niederschlesien, zwischen Landsberg und Grünberg. Hier werden kleine Mengen Braunkohle im Untertagebau gewonnen[8].

Die nachgewiesenen, abbaufähigen Erdölreserven betragen lediglich 2 Mill. t. Sie befinden sich im Südosten des Landes. Auf der Suche nach neuen Erdöl- und Erdgasquellen wurde hier 1985 eine Tiefbohrung von 7 200 m niedergebracht[9]. Größere Hoffnungen setzt man auf die Erkundung der Ostsee im Rahmen des Gemeinschaftsunternehmens Petrobaltic, an dem neben Polen auch die DDR und die Sowjetunion beteiligt sind. Aufgabe des Unternehmens ist die Erkundung des zu den drei Ländern gehörenden Festlandssockels in der Ostsee. Nach den Vereinbarungen erhält der Staat, in dessen Zone Petrobaltic fündig wird, die Hälfte der erschlossenen Brennstoffe, den beiden anderen Staaten stehen jeweils 25 vH zu[10]. Bisher sollen im polnischen Ostseeshelf zwei abbauwürdige Ölvorkommen entdeckt worden sein. Bei dem Vorkommen nahe der Insel Bornholm soll es sich um eines der größten Vorkommen in der Ostsee handeln (ca. 20 Mill. t). Die andere Lagerstätte befindet sich 70 km nördlich von Danzig. In beiden Fällen handelt es sich um Felder in einer Tiefe von etwa 80 m[11]. Wann diese Vorkommen ausgebeutet werden, ist noch nicht abzusehen. Mit einer nennenswerten Steigerung der geringen polnischen Erdölförderung ist vorläufig sicher nicht zu rechnen.

Günstiger ist die Vorratssituation bei Erdgas. Die Reserven werden mit 165 Mrd. m^3 angegeben. Damit könnte das Fördervolumen noch 27 Jahre aufrechterhalten werden. Die größeren Erdgasvorräte befinden sich vor allem im Südosten Polens in Grenznähe zur UdSSR und im Odergebiet (Zielona Odra)[12].

3.2.4.2 Brennstofförderung läßt sich kaum noch steigern

Polen ist nach der Sowjetunion der zweitgrößte Energieproduzent im RGW. Rd. 85 vH der Primärenergiegewinnung des Landes entfielen 1987 auf die Steinkohle. Mit einer Fördermenge von 193 Mill. t war Polen nach China, der UdSSR und den USA der viertgrößte Steinkohleproduzent der Welt.

Im "Vorkrisenjahr" 1979 erreichte die Steinkohleförderung mit 201 Mill. t ihren bisherigen Höchstwert. Sie fiel 1981 auf 163 Mill. t zurück und konnte dann bei gut 190 Mill. t stabilisiert werden. Dies war allerdings nur möglich, weil die Bergleute die 1980 zugestandenen arbeitsfreien Sonnabende zur Ableistung "freiwilliger Zusatzschichten" nutzen. Die Investitionen in den Kohlebergbau sind in den achtziger Jahren vernachlässigt worden. 1987 waren sie - bewertet zu Preisen von 1984 - um rd. ein Drittel geringer als 1980. Dagegen unterschritten die Gesamtinvestitionen in der Industrie das Niveau vom Jahre 1980 nur um 6 vH. Der Anteil der Kohleindustrie an den Industrieinvestitionen verminderte sich im selben Zeitraum von rd. 19 auf 14 vH[13]. Von diesen Kürzungen dürfte der Steinkohlebergbau überproportional betroffen worden sein, denn für den Aufschluß der Braunkohletagebaue, insbesondere der bei Belchatow, waren beträchtliche Mittel erforderlich.

Zusätzlich erschwert wird die Steinkohlenförderung durch immer ungünstigere geologische Bedingungen. Die Kohle muß aus immer tiefer gelegenen Vorkommen abgebaut werden:

Tabelle 19

Durchschnittliche Abbauteufe der Steinkohle in Polen

1980	1985	1990	2000
562 m	660 m	706 m	754 m

Quelle: Polnische Außenhandelskammer, a.a.O., S. 160.

Damit aber erhöhen sich die Aufwendungen für den Aufschluß, die Sicherheit und für den Transport der Kohle unter Tage. Kostensteigerungen resultieren auch aus der abnehmenden Mächtigkeit der Flöze. Etwa die Hälfte der Steinkohlevorkommen lagert in Flözen mit einer Dicke von weniger als 1,50 m. Hier kann der Abbau nur in relativ geringem Umfang mechanisiert werden. Schwieriger als ursprünglich gedacht sind zudem die geologischen Bedingungen im neu entstehenden Kohlerevier von Lublin. Plänen von 1985 zufolge sollte hier die Förderung bis 1990 auf 16 Mill. t steigen[14].

Die Investitionseinschränkungen beim Steinkohlebergbau und die sich gleichzeitig verschlechternden geologischen Bedingungen lassen keine weitere Steigerung der jährlichen Fördermengen erwarten. Die Steinkohlegewinnung dürfte vielmehr bis zum Jahr 2000 etwa auf dem derzeitigen Niveau verharren.

Stark expandiert hat in Polen in den achtziger Jahren die Gewinnung von Braunkohle. 1987 (und 1988) war die Förderung mit 73 Mill. t etwa doppelt so hoch wie 1980 (37 Mill. t). Der Anteil der Braunkohle an der inländischen Primärenergieproduktion beträgt derzeit rd. 12 vH; der Heizwert der Braunkohle erreicht mit 8,5 MJ/kg nur rd. ein Drittel des entsprechenden Steinkohlewertes.

Das starke Wachstum der Braunkohleförderung ist vor allem auf die Entwicklung im Revier von Belchatow zurückzuführen. Die Förderung wurde hier erst 1981 aufgenommen; sie erreichte 1987 fast die vorgesehene Endleistung von 38 Mill. t p.a.[15]. Rückläufig entwickelt sich dagegen die Braunkohlegewinnung in dem an die DDR grenzenden Gebiet von Turow (21 Mill. t). Dies dürfte auch ein Grund dafür sein, daß die polnischen Braunkohleexporte in die DDR 1983 eingestellt wurden.

Zu rd. 95 vH wird die Braunkohle in Kraftwerken verfeuert; die Brikettproduktion ist von ganz geringer Bedeutung (Jahresproduktion: 155 000 t). Die großen Braunkohlekraftwerke in Polen sind Belchatow (geplante Endleistung 4 320 MW), Turow (2 000 MW), Konin (450 MW), Katnow (15 000 MW) und Adamow (600 MW).

In den nächsten Jahren wird die Braunkohlenförderung nur langsam zunehmen. Die für das Jahr 2000 vorgesehene Fördermenge liegt bei rd. 80 Mill. t, wovon etwa die Hälfte aus Belchatow stammen soll[16].

Auf Erdgas entfallen rd. 4 vH der polnischen Primärenergiegewinnung. Die Förderung ging innerhalb der vergangenen zehn Jahre von rd. 7,5 auf rd. 5,5 Mrd. m^3 zurück. Mit einer

Umkehrung dieses Trends ist nicht zu rechnen; vielmehr kann langfristig nur mit einer Erdgasförderung um 5 Mrd. m^3 gerechnet werden.

Ob die Erdölfunde im Shelf der Ostsee noch in diesem Jahrhundert ausgebeutet werden, ist wenig wahrscheinlich. Vermutlich werden daher für die Erdölförderung in Polen auch bis zum Jahr 2000 nur Erinnerungsposten von 0,2 Mill. t p.a. einzusetzen sein.

Zusammenfassend kann festgehalten werden, daß das Wachstum der Primärenergieproduktion in Polen in den siebziger Jahren durch die Ausweitung der Steinkohleförderung bestimmt wurde, während in den achtziger Jahren die Braunkohle zum Wachstumsmotor geworden ist. Für die neunziger Jahre zeichnet sich dagegen eine Stagnationsphase ab. Ein steigender Energieverbrauch kann dann nur durch eine Erhöhung der Nettoeinfuhren, einschließlich der Kernenergienutzung, gedeckt werden.

3.2.4.3   Stromversorgungskrise in den neunziger Jahren?

Die Stromerzeugung in Polen basiert nahezu vollständig auf kohlebefeuerten Kraftwerken. 1987 deckten diese 97 vH der Inlandsproduktion; Steinkohlekraftwerke haben mit einem Anteil von rd. 60 vH noch immer das größte Gewicht. In den letzten Jahren hat aber die Bedeutung der Braunkohlekraftwerke zugenommen. 1987 stellten sie bereits 34 vH der Stromproduktion; 1980 waren es erst 20 vH.

Das größte Kraftwerksprojekt der achtziger Jahre ist der Bau des Wärmekraftwerkes von Belchatow, auf das etwa die Hälfte der geplanten Kapazitätserweiterung entfällt. Vorgesehen ist der Bau eines "Mammutkraftwerkes" mit zunächst einer Gesamtleistung von 4 320 MW, womit etwa eine Fünfmillionenstadt versorgt werden könnte. Installiert werden sollen 12 Blöcke mit einer Leistung von 360 MW. Zur Stromerzeugung werden dann jährlich fast 40 Mill. t Braunkohle benötigt. Ende 1986 wurde Belchatow mit der Inbetriebnahme des achten Blocks zum größten Kraftwerk in Polen[17]. Ungewiß ist derzeit, ob bis zum Jahr 2000 auch noch ein zweites Großkraftwerk am selben Standort mit einer Leistung von 1 800 MW gebaut wird. Möglicherweise werden diese Pläne aufgegeben, weil die Höhe der Braunkohlevorräte die zur Versorgung eines weiteren Kraftwerks notwendige Fördersteigerung nicht rechtfertigt[18].

Tabelle 20

Stromproduktion nach Kraftwerksarten in Polen

	1970	1975	1980	1985	1986	1987
	in Mrd. kWh					
Wärmekraftwerke	62,6	94,8	118,6	133,8	136,5	141,8
Wasserkraftwerke	1,9	2,4	3,3	3,9	3,8	4,1
Kernkraftwerke	0,0	0,0	0,0	0,0	0,0	0,0
Insgesamt	64,5	97,2	121,9	137,7	140,3	145,8
	Anteile in vH					
Wärmekraftwerke	97,1	97,6	97,3	97,2	97,3	97,2
Wasserkraftwerke	2,9	2,4	2,7	2,8	2,7	2,8
Kernkraftwerke	0,0	0,0	0,0	0,0	0,0	0,0
Insgesamt	100,0	100,0	100,0	100,0	100,0	100,0

Quelle: ECE, Annual Bulletin of Electric Energy Statistics.

Die Verbrennung großer Mengen von Kohle zur Stromgewinnung ist auch eine wesentliche Quelle für die Luftverunreinigung in Polen. Bereits jetzt sind die Schadstoffemissionen in Polen relativ hoch. Für SO_2 und NO_x werden Werte von 5 Mill. t bzw. 1 Mill. t angegeben[19]. Allein das gegenwärtig im Bau befindliche Großkraftwerk erhöht die Luftverunreinigung erheblich, da es - wie alle anderen - nicht mit Entschwefelungs- und Entstickungseinrichtungen ausgerüstet worden ist. Die zusätzlichen SO_2-Emissionen aus dieser Quelle können auf etwa 0,8 Mill. t pro Jahr geschätzt werden.

Mit einem konstanten Anteil von 3 vH an der Stromproduktion ist die Bedeutung der Wasserkraft in Polen gering. Bei den insgesamt 120 Werken handelt es sich zumeist um sehr kleine Einheiten. Der Ausbau dieser Kapazitäten an der Weichsel konnte wegen fehlender Finanzmittel nicht in Angriff genommen werden. Geplant ist indes der Bau eines größeren Pumpspeicherwerkes zum Ausgleich der Spitzenbelastungen. Es soll mit einer Leistung von 750 MW bei Mloty entstehen[20].

Polen war bis 1985 Nettoexporteur von Strom. 1987 entsprachen die Einfuhren lediglich 1 vH des Inlandverbrauchs. Die Umkehrung der Strombilanz hat vorübergehend zu einer gewissen Entlastung der Stromversorgung in Polen geführt. Insgesamt ist sie aber noch immer recht angespannt; im Winter 1987 kam es z.B. zu vereinzelten Stromabschaltungen[21]. Dies ist insofern ein alarmierendes Zeichen, als der Stromverbrauch in Polen mit 3 160 kWh je Einwohner zu den niedrigsten im RGW gehört (vgl. Tabelle 37). Dies wiederum korreliert mit dem niedrigen gesamtwirtschaftlichen Produktionsniveau. Relativ hoch sind dagegen mit einem Anteil von rd. 13 vH an der Produktion die Netzverluste; in der DDR und der CSSR sind sie nur etwa halb so hoch. Sie sind ein Indikator für das überalterte Stromnetz in Polen.

Stromknappheit wird in Polen vor allem für die neunziger Jahre erwartet. Zum einen kommt es immer wieder zu Verzögerungen bei der Fertigstellung neuer Kraftwerke. Zum anderen hat der Stromverbrauch in Polen mit der Wiederbelebung der Inlandsproduktion stark expandiert; im Jahresdurchschnitt 1983 bis 1987 nahm er um 5 vH zu. Sollte der spezifische Stromverbrauch nicht nachhaltig vermindert werden können, wird bis 1990 mit einem Leistungsdefizit von 1 500 bis 3 000 MW gerechnet[22]. Dies müßte auch zu Produktionsbeschränkungen führen. Folgt man den langfristigen Regierungsplänen, so wird der Stromverbrauch in den neunziger Jahren um 3,5 vH im Jahresdurchschnitt zunehmen und rd. 230 Mrd. kWh im Jahr 2000 erreichen. Zur Bedarfsdeckung müßten diesen Berechnungen zufolge die Kraftwerksleistungen im kommenden Jahrzehnt um 14 000 bis 18 000 MW erweitert werden, das entspricht in etwa der Hälfte der 1987 installierten Leistung von rd. 31 000 MW. Dies bedeutet ein Brennstoffäquivalent von rd. 25 Mill. t SKE bzw. 75 Mill. t Braunkohle.

Vor diesem Hintergrund wird dem Ausbau der Kernenergie eine entscheidende Bedeutung zugemessen. Bisher zählt Polen neben Rumänien zu den einzigen beiden europäischen RGW-Staaten, die noch kein Kernkraftwerk in Betrieb haben. 1982 war der Bau des ersten Atomkraftwerks beschlossen worden. Es wird derzeit in Zarnowiec bei Danzig gebaut und soll mit insgesamt vier in der CSSR gebauten sowjetischen 440 MW-Druckwasserreaktoren ausgestattet werden. Die Inbetriebnahme des ersten Reaktors mußte immer wieder verschoben werden. Auch der im Fünfjahrplan vorgesehene Termin für 1990 ist nicht mehr zu halten; er ist inzwischen auf 1991 verschoben worden. Mangel an Arbeitskräften und Material, aber auch die Überarbeitung von Sicherheitseinrichtungen sind hierfür im wesentlichen verantwortlich.

Sollte dieser Termin erneut nicht eingehalten werden können - und dies ist nicht unwahrscheinlich -, so droht nach Auffassung der polnischen Regierung ein ernsthaftes Stromdefizit. Zu den Kernenergieplänen erklärte Radio Polonia im Dezember 1987: "Die

Probleme mit dem Einkauf der Kohle, die oft kalten Heizkörper in den Wohnungen, das schwächer brennende Licht, die dunklen Laternen auf den Straßen signalisieren jedem Bürger in Polen, daß es um die Atomenergie auch bei uns keinen Umweg geben kann"[23]. Diese Einschätzung trifft in Polen auf starke Kritik aus der Bevölkerung. Insbesondere nach dem Unglück von Tschernobyl kam es zu zahlreichen Protesten. So beteiligten sich im Frühjahr 1987 in Danzig 2 000 Bürger an einer Unterschriftensammlung der Pazifistengruppe "Freiheit und Frieden" für den Stopp der Bauarbeiten am ersten polnischen Atomkraftwerk. Sie hatte allerdings keinen Erfolg. Vielmehr beschloß die Regierung 1987, ein Jahr später mit dem Bau eines zweiten Kernkraftwerks in Klempicz an der Warthe in ca. 40 km Entfernung zu Poznan zu beginnen. Während im ersten Werk noch vier 440 MW-Blöcke installiert werden, sollen es im Kraftwerk an der Warthe vier 1 000 MW-Reaktoren sein. Der erste 1 000 MW-Block soll frühestens 1996 Strom liefern. Zu zahlreichen Protesten kam es auch, als Anfang 1989 bekannt wurde, daß ein drittes Kernkraftwerk in der Region Oberschlesien/Krakau gebaut werden soll[24].

Insgesamt sieht das polnische Kernenergieprogramm bis zum Jahr 2000 die Inbetriebnahme von Kernkraftwerken mit einer Leistung von 6 000 bis 8 000 MW vor. Sie sollen jährlich 40 bis 44 Mrd. kWh Strom produzieren und damit rd. 20 vH der Stromproduktion bzw. 6 vH des Primärenergieverbrauchs decken. Noch keine konkreten Pläne gibt es über den Bau von nuklearen Heizwerken bzw. über die Nutzung der Abwärme der geplanten Kernkraftwerke[25].

Vor diesem Hintergrund der Schwierigkeiten aller RGW-Staaten, insbesondere aber der schwierigen Wirtschaftslage in Polen erscheinen die Planungen für den Ausbau der Kernenergie wenig realistisch.

Selbst bei einer Verwirklichung dieser Pläne würden Wärmekraftwerke auch zur Jahrtausendwende über 80 vH des Stromes produzieren. Damit bleibt die Lösung der Emissionsprobleme eine dringende Aufgabe. Aus Geldmangel hat sich Polen nicht an der ECE-Konvention zur Reduzierung der SO_2-Emissionen - bis 1993 um 30 vH unter das Niveau von 1980 - beteiligt. Dies läßt erwarten, daß die Stromproduktion auch in den neunziger Jahren die Luft erheblich verunreinigen wird. Außerdem ist damit zu rechnen, daß die Stromversorgung zu einem wichtigen begrenzenden Faktor für das Wirtschaftswachstum werden wird.

3.2.4.4 Vom Brennstoffexporteur zum -importeur

Polen war bis 1979 Nettoexporteur von Energie. Vor allem der deutliche Rückgang der Steinkohleförderung zu Beginn der achtziger Jahre führte zu Exportkürzungen. Seit 1980 sind die Importmengen größer als die Exporte; lediglich in den Jahren 1983 und 1984 kehrte sich diese Relation um. Von den kleineren RGW-Staaten kann Polen aber noch immer den weitaus größten Teil des Primärenergieverbrauchs aus eigenen Quellen decken (1987: 96 vH).

Kohle ist noch immer ein wichtiger Aktivposten in der polnischen Handelsbilanz, allerdings mit rückläufiger Tendenz. 1987 entsprachen die Erlöse aus dem Export von Steinkohle und Koks in nichtsozialistische Länder knapp 13 vH der Gesamteinnahmen. Gut ein Sechstel der inländischen Steinkohleförderung wurde in den achtziger Jahren exportiert; 1987 waren es 31 Mill. t (vgl. Tabellen 21 und 4.4.2). Die Steinkohleexporte unterlagen in den achtziger Jahren erheblichen Schwankungen; diese spiegeln weitgehend die Veränderungen in der Produktion wider. So ging die Steinkohleförderung 1981 (163 Mill. t) gegenüber 1979 um rd. 40 Mill. t zurück; die Exporte verminderten sich um fast 30 Mill. t auf 15 Mill. t. Mit der Erholung der Inlandsförderung (1984: 192 Mill. t) stieg auch die Exportmenge wieder; mit 43 Mill. t erreichte sie 1984 ihren bisherigen Höchstwert. Damit wurde Polen wieder zum drittgrößten Kohleexporteur der Welt, nach den USA und Australien. Von diesem Platz wurde es allerdings inzwischen wieder von Südafrika verdrängt. Von 1985 an gehen die Exporte bei stagnierender Förderung wieder zurück. Mit einer Fortsetzung dieses Trends muß gerechnet werden, weil der Inlandsbedarf zunehmen wird und die Gewinnung nicht mehr gesteigert werden kann. Bis zum Jahr 2000 ist mit der Einstellung der polnischen Steinkohlenexporte zu rechnen[26].

Inwieweit davon die Exporte in nichtsozialistische Länder betroffen sein werden, ist derzeit schwer einzuschätzen. In der Vergangenheit unterlagen sie stärkeren Schwankungen als die in sozialistische Länder. Hierfür dürften die Handelsabkommen mit den RGW-Staaten verantwortlich gewesen sein, mit denen Polen langfristige Liefervereinbarungen eingegangen ist. Angesichts der Strukturveränderungen im RGW werden derartige Langfristvereinbarungen künftig vermutlich eine geringere Rolle spielen, so daß sich die Westexporte in den neunziger Jahren in einem Bereich zwischen 15 und 20 Mill. t stabilisieren könnten.

Polen exportiert Steinkohle in fast 30 Länder. Das mit Abstand wichtigste Abnehmerland ist die UdSSR. 1987 wurden dorthin rast 10 Mill. t exportiert, das waren 70 vH der Ausfuhren in sozialistische Länder. Von den nichtsozialistischen Ländern zählen die Bundesrepublik, Dänemark, Finnland, Österreich und Brasilien mit je etwa 2 Mill. t (1987) zu den größten Importeuren.

Tabelle 21

Entwicklung und Bedeutung der Steinkohlenexporte Polens 1979 bis 1987

Jahr	Exporte insgesamt	davon in:		Wertanteil der Steinkohlenexporte an den Gesamtexporten Polens		
		Sozialistische Länder	Nichtsozialistische Länder	Insgesamt	Soz. Länder	Nichtsoz. Länder
	Mill. t			in vH		
1979	41,4	15,0	26,4	11,4	-	-
1980	31,0	10,8	20,1	9,2	5,9	13,3
1981	15,2	7,3	7,9	6,4	4,3	9,5
1982	28,5	14,3	14,2	12,0	8,2	16,4
1983	35,1	17,6	17,5	12,7	10,3	15,7
1984	42,9	18,1	24,8	14,3	10,0	19,1
1985	36,2	15,1	21,0	13,0	7,6	19,7
1986	34,3	17,1	17,2	11,2	7,5	15,4
1987	31,0	13,9	17,1	8,8	5,9	11,3

Quelle: Statistische Außenhandelsjahrbücher der VR Polen.

Anders als bei festen Brennstoffen ist Polen bei Erdöl und Erdgas auf Importe angewiesen. Sie stammten 1987 zu fast 95 vH aus der Sowjetunion. In den siebziger Jahren stiegen die Energieeinfuhren kontinuierlich an. In den achtziger Jahren zwangen dagegen die Verteuerung der Brennstoffe und die Wirtschaftskrise zu Einschränkungen; erst 1987 wurde das Importniveau des Jahres 1980 überschritten (vgl. Abbildung 17 und Tabelle 4.2.1).

Bei Erdöl ist die Importabhängigkeit nahezu total, denn im Inland werden jährlich nur etwa 0,2 Mill. t gefördert. Die Mineralöleinfuhren Polens erreichten 1980 mit 21 Mill. t ihren bisherigen Höchstwert; seither betragen sie rd. 17 Mill. t p.a. (vgl. Tabelle 4.2.1). Wenig verändert haben sich die Importmengen aus der UdSSR, die von 1977 an zwischen 15 und

Abbildung 17

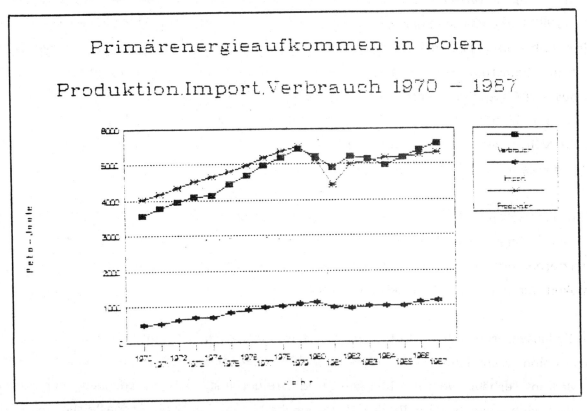

Primärenergieaufkommen in Polen

Produktion.Import.Verbrauch 1970 – 1987

Abbildung 18

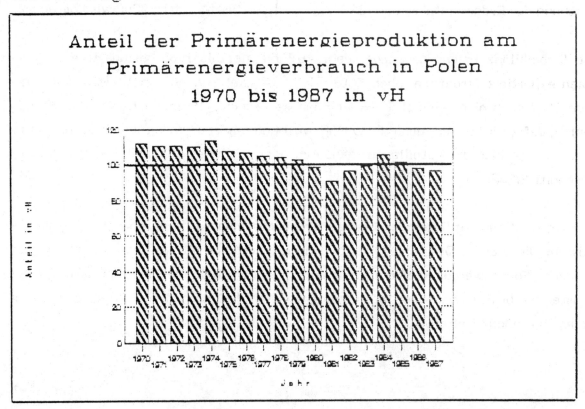

Anteil der Primärenergieproduktion am
Primärenergieverbrauch in Polen
1970 bis 1987 in vH

16 Mill. t p.a. schwanken. Im Gegensatz zu den übrigen kleineren RGW-Staaten mußte Polen 1982 keine Kürzung der sowjetischen Ölexporte um rd. 10 vH hinnehmen. Möglicherweise wollte die UdSSR die ohnehin schon schwierige Wirtschaftslage in Polen nicht noch zusätzlich belasten. Devisenmangel zwang Polen jedoch zur Einschränkung seiner Einfuhren aus OPEC-Staaten. Diese Importe wurden von 5 Mill. t im Jahre 1977 auf 1,3 Mill. t im Jahre 1982 gekürzt. Gleichzeitig gingen die Ausfuhren von Mineralölprodukten, von 2,1 auf 0,6 Mill. t; auf diesem Niveau verharrten sie - mit Ausnahme von 1983 - bis zuletzt (vgl. Tabelle 4.3).

Polen beabsichtigt, die Erdöleinfuhren gegen Devisen bis zum Jahr 2000 auf 7 Mill. t zu erhöhen[27]. Diese energiewirtschaftlich sicher vernünftige Planung läßt sich indes nur finanzieren, wenn es zu einer nachhaltigen Verbesserung der internationalen Konkurrenzfähigkeit von polnischen Produkten kommt.

Den Erdgasverbrauch deckt Polen gut zur Hälfte durch Importe, die ausschließlich aus der Sowjetunion stammen. Sie konnten bis 1987 gegenüber 1980 um über 40 vH auf 7,5 Mrd. m^3 erhöht werden. Mit weiteren Steigerungen ist zu rechnen, denn Polen beteiligt sich - wie bereits in der Vergangenheit - am Bau von Erdgasleitungen in der UdSSR. Hierfür sind dem Land zusätzliche Erdgaslieferungen zugesagt worden. Mit einer Erhöhung der Erdgaseinfuhren auf 11 bis 15 Mrd. m^3 bis zum Jahr 2000 wird gerechnet[28].

Die Strombilanz Polens gegenüber dem Ausland wies bis 1985 geringe Überschüsse auf; Polen exportiert Strom u.a. nach Österreich. Die Lieferungen von 1,3 Mrd. kWh entsprachen 1987 noch nicht einmal 1 vH der Inlandserzeugung. Vermutlich wird die Strombilanz künftig defizitär bleiben, denn die UdSSR wird Polen in steigendem Umfang mit Strom aus dem mit polnischer Beteiligung gebauten Kernkraftwerk Chmelnizki beliefern (vgl. Abschnitt 2.2.4).

Künftig wird auch in Polen der Energieverbrauchszuwachs durch Importe gedeckt werden müssen. Die prekäre Devisenlage setzt den Einfuhren von Öl aus OPEC-Staaten sehr enge Grenzen. Somit werden die Importe aus der UdSSR zu Verrechnungspreisen das Wachstumstempo bestimmen. Hier aber zeichnen sich lediglich für Erdgas und Kernkraft Expansionsmöglichkeiten ab.

3.2.4.5 Zeitweiliger Verbrauchsrückgang durch Zwangssparen

Über die Höhe des Primärenergieverbrauchs werden z.T. widersprüchliche Angaben veröffentlicht. So weichen die Angaben des Statistischen Jahrbuchs von den vom polnischen Hauptamt für Statistik an anderer Stelle veröffentlichten Daten ab. Die hier verwendeten synthetischen Werte - sie resultieren aus den Produktions- und Außenhandelsangaben - weisen eine relativ gute Übereinstimmung mit den Daten des Jahrbuchs auf; die Abweichungen sind meist geringer als 1 vH[29].

Wie in allen anderen RGW-Staaten ist auch in Polen der Energieverbrauch recht hoch. Je Einwohner wurden 1987 nur rd. 20 vH weniger verbraucht als in der Bundesrepublik. Berechnungen der polnischen Akademie der Wissenschaften zufolge soll der Energieverbrauch je Finheit Bruttosozialprodukt in Polen derzeit etwa 2,5 mal höher liegen als in westlichen Industriestaaten[30]. Energieverschwendung wird in Polen durch fehlende materielle Anreize und Mangel an Einspartechnik begünstigt. Vor allem feste Brennstoffe werden - auch nach der Preiserhöhung um 50 vH im Jahre 1987 - noch subventioniert. Bei Erdgas und Mineralöl sollen die Preise inzwischen kostendeckend sein.

Die Struktur des Verbrauchs begünstigt zudem einen höheren Verbrauch. Polen deckt von allen RGW-Staaten den größten Anteil seines Primärenergieverbrauchs mit festen Brennstoffen. Braun- und Steinkohle hatten 1987 einen entsprechenden Anteil von 78 vH. Auf Mineralöl und Erdgas entfallen zusammen lediglich rd. 20 vH. Primärstrom ist für die Versorgung praktisch bedeutungslos.

Im Vergleich zu 1980 hat es nur relativ geringe Strukturveränderungen gegeben. Bemerkenswert ist vor allem die Substitution von Steinkohle durch Braunkohle. Der - allerdings auch damals schon geringe - Mineralölanteil konnte nur um 3 vH-Punkte, nämlich von 16 auf 13 vH gesenkt werden, während Erdgas seinen Anteil von 8 vH hielt. Der Verbrauch von Mineralöl war 1987 um rd. 2 Mill. t geringer als 1980, wo er mit 19,5 Mill. t seinen bisherigen Höchstwert erreichte. Die leichte Drosselung des Ölverbrauchs führte in Polen insbesondere zu einer spürbaren Verknappung von Benzin und Heizöl. Hier mußten Rationierungen vorgenommen werden. Polnischen Quellen zufolge besteht bei Ölprodukten ein Bedarfsüberhang von rd. 6 Mill. t[31].

Die Entwicklung des Primärenergieverbrauchs ist in Polen relativ eng mit der Entwicklung der inländischen Energiegewinnung korreliert. Angesichts der Devisenknappheit wurde sie

Abbildung 19

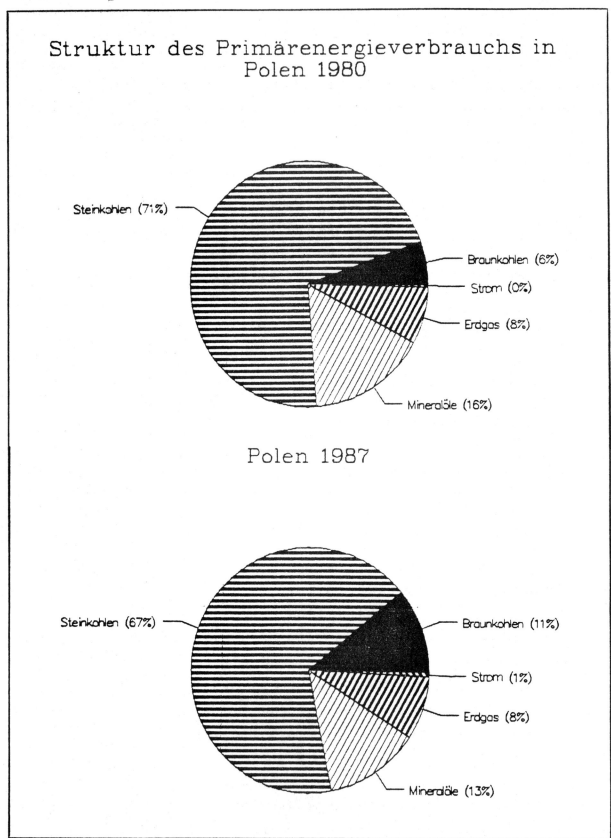

Struktur des Primärenergieverbrauchs in
Polen 1980

Steinkohlen (71%)

Braunkohlen (6%)

Strom (0%)

Erdgas (8%)

Mineralöle (16%)

Polen 1987

Steinkohlen (67%)

Braunkohlen (11%)

Strom (1%)

Erdgas (8%)

Mineralöle (13%)

zum entscheidenden Begrenzungsfaktor für den Verbrauch. In den siebziger Jahren wuchs er noch relativ kräftig, mit einer Jahresdurchschnittsrate von 4,7 vH. Allerdings hatte Polen in jenen Jahren auch ein starkes Wirtschaftswachstum zu verzeichnen; das produzierte Nationaleinkommen expandierte mit einer Rate von 6,7 vH p.a. Mit der politischen und wirtschaftlichen Krise einher ging auch die Phase des Verbrauchsrückgangs (1980 bis 1984). Wie groß der zurückgestaute Energiebedarf in Polen war, zeigen die Ergebnisse für 1982. Die Inlandsproduktion nahm nach dem Einbruch in den Jahren 1980/81 wieder kräftig zu. Trotz erneutem Rückgang des produzierten Nationaleinkommens expandierte der Energieverbrauch. Überall wurde offenbar das erhöhte Angebot sofort "aufgesogen" (vgl. Tabelle 4.5.4). Seit 1985 nimmt der Energieverbrauch in Polen wieder deutlich zu, im Durchschnitt der Jahre 1985 bis 1987 um 3,9 vH.

Es gelang in Polen nicht, die Effizienz des Energieverbrauchs nachhaltig zu verbessern. In den siebziger Jahren war der Zuwachs des produzierten Nationaleinkommens um 1 vH mit einem Wachstum des Primärenergieverbrauchs um 0,7 vH verbunden. In der neuerlichen Expansionsphase stieg der Energieverbrauch sogar schneller als die gesamtwirtschaftliche Produktion. Zwar ist ein Zeitraum von drei Jahren für Elastizitätsbetrachtungen noch wenig aussagekräftig. Bei aller Vorsicht muß indes festgestellt werden, daß eine Effizienzverbesserung im energiewirtschaftlichen Bereich bisher nicht festgestellt werden konnte.

Tabelle 22

Entwicklung von Primärenergieverbrauch[1] und produziertem Nationaleinkommen[2] in Polen

Veränderungen im Jahresdurchschnitt in vH

	PEV	pNE	Elastizität[3]
1979/70	4,7	6,7	0,70
1984/79	-1,7	-2,6	0,65
1987/84	3,9	3,4	1,15

1) PEV.- 2) pNE.- 3) Verhältnis der Zuwachsraten von PEV zu pNE.

Quellen: Statistische Jahrbücher der VR Polen. Datenbank RGW-Energie des DIW.

Die für den Fünfjahrplanzeitraum 1986 bis 1990 vorgesehenen Ziele dürften sich damit kaum noch verwirklichen lassen. Bei einem Wachstum des produzierten Nationaleinkommens um 3,3 vH sollte der Energieverbrauch nur um 1,2 vH im Jahresdurchschnitt zunehmen (Strom: + 3,4 vH). Die damit implizierte Elastizität von 0,36 erfordert die Mobilisierung eines erheblichen Einsparpotentials. Daß dies im Zuge der eingeleiteten und beabsichtigten Reformpolitik in Polen erschlossen werden kann, erscheint derzeit wenig wahrscheinlich.

Über die längerfristige Entwicklung des Energieverbrauchs kann es derzeit naturgemäß nur sehr vage Vorstellungen geben. Folgt man Angaben der polnischen Außenhandelskammer[32], so sollte der Energieverbrauch nur um rd. 1 vH im Jahresdurchschnitt zunehmen.

Diese Vorgabe ist aus heutiger Sicht völlig unrealistisch. Selbst bei einer deutlichen Verbesserung der Elastizität würde dies nur ein Wachstum von etwa 2,5 vH pro Jahr ermöglichen - eine Rate, die angesichts der Krisenjahre politisch kaum akzeptiert werden kann. Vor diesem Hintergrund wird man sich in Polen auf höhere Steigerungsraten beim Energieverbrauch einrichten müssen. Da der Bedarfszuwachs aber im wesentlichen nur durch Importe gestellt werden kann, setzt dies allerdings auch eine deutliche Verbesserung der polnischen Exportfähigkeit voraus.

3.2.5 Rumänien

3.2.5.1 Schmale Vorratsbasis für Autarkiebestrebungen

Rumänien war lange Zeit nach der Sowjetunion der zweitgrößte Erdölproduzent in Europa. Die gewinnbaren Ölreserven werden derzeit auf rd. 122 Mill. t geschätzt[1], das entspricht einer statistischen Reichweite von rd. 12 Jahren. Folgt man diesen Schätzungen, so konnten in diesem Jahrzehnt kaum neue Erdölvorkommen entdeckt werden, denn der Umfang der Reserven ist von 190 Mill. t (1980) auf rd. 120 Mill. t (1988) zurückgegangen. Die Abnahme entspricht etwa dem Fördervolumen in diesem Zeitraum.

Das Zentrum der Erdölförderung war früher in der Region von Ploiesti, nördlich von Bukarest. In jüngster Zeit sind die Gebiete nordwestlich von Bukarest bei Pitesti sowie die Felder südlich von Tirgu-Jiu zu wichtigen Produktionsrevieren geworden (vgl. Abbildung 20). Daneben wird Erdöl von guter Qualität am östlichen Hang der Karpaten in der

Abbildung 20

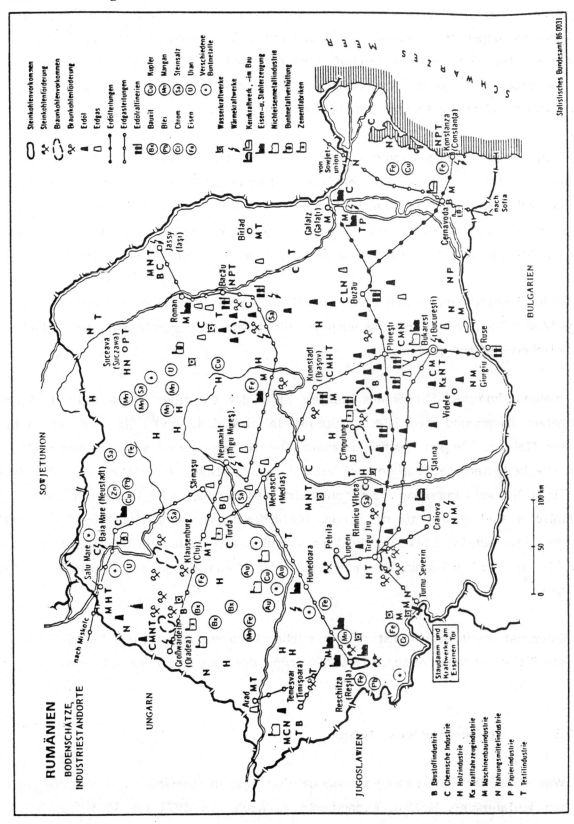

Nähe von Bacau gefördert[2]. Aufgenommen wurde die Ölförderung im Shelf-Gebiet des Schwarzen Meeres. 1988 wurde die siebente rumänische Bohrinsel in Betrieb genommen; sie kann Bohrungen bis zu einer Tiefe von 6 000 m niederbringen[3]. Die erste rumänische Bohrinsel nahm 1976 ihren Betrieb auf. Zunächst wurden ausschließlich Erkundungsbohrungen vorgenommen. Erst im Mai 1987 konnten erstmals Erdöl und Erdgas von einem etwa 80 km von der Küste entfernten Vorkommen gefördert werden[4].

Die Erdgasreserven werden von der Esso AG für 1988 auf 235 Mrd. m^3 geschätzt; für 1985 wurden 210 Mrd. m^3 angegeben. Demnach sind in jüngster Zeit bedeutende Erkundungserfolge erzielt worden. Sie sind auch dringend erforderlich, wenn die Methangasförderung[5] etwa auf dem Niveau von knapp 30 Mrd. m^3 gehalten werden soll. Mit den derzeitigen Vorräten kann diese Förderleistung nur noch acht Jahre aufrechterhalten werden.

Die Erdgaslagerstätten befinden sich vor allem in Transsylvanien, mit dem Zentrum bei Tirgu Mures (Neumarkt). Erdölgas wird vor allem von den Erdölfeldern der Walachei im rumänischen Tiefland gewonnen.

Die Kohlevorkommen Rumäniens wurden Ende der siebziger Jahre mit rd. 4 Mrd. t angegeben, davon sind etwa 1 Mrd. t Steinkohle (einschl. Lignit)[6]. Sie wird vor allem im Banater Gebirge (Region Resita) abgebaut. Relativ gering sind auch die Braunkohlevorräte. Die bedeutendsten Vorkommen befinden sich östlich und westlich des Olt (südlich von Tirgu-Jiu und Cimpulung). Die Kohle wird hier zur Hälfte im Tagebau gewonnen. Die geologischen Bedingungen für die Braunkohleförderung sind sehr ungünstig: Die Mächtigkeit der Flöze beträgt 2 bis 8 m, das Abraum-Kohle-Verhältnis liegt bei etwa 7 : 1 und soll sich bis zu 14 : 1 erhöhen. Die Heizwerte der Kohle liegen etwa zwischen 6,6 und 8,0 MJ/kg[7].

Rumänien hat somit keine günstigen natürlichen Voraussetzungen, um das von Ceausescu erklärte Ziel einer "energetischen Unabhängigkeit des Landes" zu verwirklichen.

3.2.5.2   Geringes Förderwachstum

Das Wachstum der Primärenergiegewinnung hat sich in Rumänien im Berichtszeitraum deutlich verlangsamt. Kräftig expandierte es noch von 1971 bis 1976 (rd. 5 vH im

Jahresdurchschnitt). Von 1981 bis 1987 errechnet sich indes nur eine jahresdurchschnittliche Zunahme von rd. 1 vH.

Die bedeutendste inländische Energiequelle Rumäniens ist Erdgas, auf das über die Hälfte der Förderung entfällt. Erdgas wird sowohl als Methangas als auch als Erdölgas gewonnen. Erdölgas fällt als Begleitgas bei der Erdölgewinnung an und entspricht in seinem Heizwert etwa dem Erdöl. Insgesamt stagniert die Erdgasförderung seit 1977 bei rd. 38 Mrd. m^3. Allerdings entwickelten sich die Gewinnung von Methangas und Erdölgas unterschiedlich. Die Fördermenge von Erdölgas ist gestiegen - von 7 Mrd. (1980) auf 12 Mrd. m^3 (1987) -, die von Methangas ist zurückgegangen - von 28 auf 25 Mrd. m^3. Infolge dieses Strukturwandels zugunsten des höherkalorischen Erdölgases stieg die Erdgasgewinnung dem Heizwert nach um rd. 10 vH. Ein weiteres Wachstum ist allerdings angesichts der rückläufigen Ölförderung und der eng begrenzten Erdgasreserven kaum zu erwarten. Vielmehr ist eher mit einem Rückgang zu rechnen. Dies jedenfalls sahen die Leitlinien für den Fünfjahrplan 1986 bis 1990 vor[8]; im Plangesetz sind dagegen weder für die Erdgas- noch für die Erdölförderung quantitative Ziele vorgegeben worden[9].

Größere Schwierigkeiten gibt es in Rumänien, das in seinem Staatswappen einen Ölbohrturm trägt, seit einigen Jahren bei der Erdölförderung. Sie geht seit Mitte der siebziger Jahre tendenziell zurück; 1987 sank die Fördermenge unter 10 Mill. t (vgl. auch Tab. 23):

Tabelle 23

Erdölförderung in Rumänien
in Mill. t

1970	1975	1980	1985	1987
13,4	14,6	11,5	10,7	9,5

Der Rückgang traf die rumänische Volkswirtschaft insofern besonders hart, als er zu einer Zeit einsetzte, zu der die Ölpreise am Weltmarkt kräftig stiegen. Um die Raffineriekapazitäten auszulasten und den zunächst noch steigenden Inlandsverbrauch zu decken, importierte Rumänien größere Mengen an Erdöl.

Der Rückgang der Erdölförderung ist vor allem eine Folge der immer geringer werdenden Reserven. Um den Förderrückgang zu bremsen, sollen zum einen verstärkt Tiefbohrungen zur Erkundung neuer Reserven vorgenommen werden; zum anderen soll der Entölungsgrad der Lagerstätten - er wurde 1984 mit 33 vH angegeben - auf 40 vH erhöht werden[10].

Einziger Wachstumsfaktor der inländischen Brennstoffgewinnung ist die Braunkohle. Hier handelt es sich allerdings vor allem um minderwertige Lignitkohle. Sie wird vor allem in der Nähe von Rovinari - westlich von Bukarest - gewonnen. Etwa drei Viertel der Braunkohlenförderung stammen aus diesem Revier. Die Gesamtförderung an Braunkohle erreichte 1987 rd. 42 Mill. t und hat sich damit gegenüber 1970 verdreifacht. Kaum expandiert hat dagegen die Steinkohlenförderung; mit rd. 9 Mill. t war das Ergebnis zuletzt nur geringfügig höher als 1970 (6,5 Mill. t).

Bei den Produktionsangaben ist allerdings zweifelhaft, daß es sich tatsächlich um Reinkohle handelt. Beklagt wird nicht selten, daß die Kohle z.T. noch Abraum enthält. Insbesondere werden derartige Klagen von den Kraftwerksbetreibern geführt. So berichtet ein DDR-Korrespondent: "Es kursiert auch die Geschichte vom Abraum, der nicht nur im Planbericht einer Kohlegrube vorkam, sondern ebenfalls unter Kraftwerkskesseln. Das macht keinen Strom, aber neue Direktoren[11]."

Möglicherweiser ist diese überzogene "Tonnenideologie" auch auf die utopischen Planziele zurückzuführen. So sah der Fünfjahrplan für 1985 die Förderung von 86 Mill. t Reinkohle (Braunkohle plus Steinkohle) vor[12]; das entsprach einem Zuwachs gegenüber 1980 von rd. 240 vH. Erreicht wurde indes eine Fördermenge von 47 Mill. t. Ebenso unrealistisch ist das für 1990 gesetzte Fünfjahrplanziel von 117 Mill. t. 1988 wurde erst etwa die Hälfte dieser Produktionsmenge erreicht.

Insgesamt wird aber künftig die Bedeutung der Kohle für die inländische Energiegewinnung weiter zunehmen. In Heizwerteinheiten war die Förderung von Kohle 1985 erstmals höher als die von Erdöl. Da die Braunkohle überwiegend im Tagebau gewonnen wird, wird damit auch die Energieversorgung des Landes immer witterungsanfälliger. Außerdem nehmen auch die Umweltbelastungen zu, denn die rumänischen Wärmekraftwerke werden vorläufig nicht mit Entschwefelungs- oder gar Entstickungsanlagen ausgestattet.

3.2.5.3   Stromwirtschaft - ein Krisensektor

Die Stromversorgung Rumäniens befindet sich derzeit in einem desolaten Zustand. Stromknappheit wurde zu einem Bremsklotz für die wirtschaftliche Entwicklung und beeinträchtigte den Lebensstandard der rumänischen Bevölkerung erheblich. Die Elektrizi-

tätsproduktion blieb in den achtziger Jahren weit hinter den Wachstumsraten im vorangegangenen Jahrzehnt zurück:

Tabelle 24

**Zunahme der Stromproduktion in Rumänien
im Jahresdurchschnitt** in vH

1975/70	1980/75	1987/80
8,9	4,7	1,3

Im Oktober 1985 mußte in Rumänien der Energienotstand ausgerufen werden. Die
Kraftwerke wurden dem Militär unterstellt und drei Minister - für Energie, Elektrizitätswirtschaft sowie Bergbau - entlassen. Die in den beiden Wintern 1985/86 und 1986/87
verhängten Energiesparmaßnahmen glichen einem Katastrophenplan. Die Raumtemperaturen mußten auf 12°C gedrosselt werden, je Raum durfte nur noch eine Glühlampe mit
maximal 40 Watt brennen, und Kochplatten, Heißwassergeräte und elektrische Heizplatten
mußten morgens und abends abgeschaltet bleiben. Kinos und Theater schlossen spätestens
um 21 Uhr, und das Fernsehprogramm wurde auf 22 Stunden pro Woche eingeschränkt. Der
private PKW-Verkehr ist angesichts drastischer Benzinkontingentierungen (6 l pro Monat)
praktisch zum Erliegen gekommen.

Zu Beginn des Jahres 1987 wurden die Sparmaßnahmen nochmals verschärft. Nach einer
neuen Verordnung sollen vor allem Gas und Strom eingespart werden. So mußte eine drei-
bis vierköpfige Familie in einer Dreizimmerwohnung im Februar und März mit 47 kWh
Strom im Monat auskommen. Die Verwendung elektrischer Heizgeräte wurde ausdrücklich
untersagt[13].

Diese Regelung wurde im Oktober 1988 im wesentlichen aufgehoben. Zugleich wurden die
bei einer Überschreitung der Normverbräuche fällig werdenden Stromtarife gesenkt. Bei
einem "Normaltarif" von 0,65 Lei/kWh müssen im Falle der Überschreitung der Normverbräuche folgende Strompreise bezahlt werden[14]:

Überschreitung des Normverbrauchs um	Stromtarif in Lei je kWh
bis zu 10 vH	1,00
bis zu 15 vH	1,50
bis zu 20 vH	2,00
über 20 vH	2,50

Die Gründe für die krisenhafte Zuspitzung der Stromversorgung liegen weniger in zu geringen Kraftwerkskapazitäten als vielmehr in deren unzureichender Nutzung. So stieg die installierte Kraftwerksleistung in Rumänien bis 1987 gegenüber 1980 um rd. ein Drittel, während die Stromproduktion lediglich um 10 vH wuchs. Wasser- und Wärmekraftwerke können aus verschiedensten Gründen nicht in ihrer vollen Leistung genutzt werden. Die Reparaturanfälligkeit der alten Anlagen ist groß, häufig fehlt es an den hierfür erforderlichen Ersatzteilen. Die Kohlekraftwerke haben häufig Leistungseinbußen bzw. -ausfälle zu verzeichnen, weil der Heizwert der verfeuerten Kohle deutlich unter den Normen der Brennkessel liegt[15]. Hinzu kommt, daß die Nutzung der Wasserkraftwerke infolge Dürre oder unzureichender Wasserbevorratung stark eingeschränkt ist. Die Investitionsplanungen sehen für den Kraftwerkssektor umfangreiche Erweiterungen vor. Bis 1990 soll die Leistung der Elektrizitätswerke gegenüber 1985 um etwa 50 vH auf rd. 28 000 MW gesteigert werden. Von dem vorgesehenen Leistungszuwachs von 9 000 MW sollen gemäß dem Fünfjahrplan 5 200 MW allein auf Kernkraftwerke entfallen - auch dies ein völlig unrealistisches Ziel.

Tabelle 25

Stromproduktion nach Kraftwerksarten in Rumänien

	1970	1975	1980	1984	1985	1986	1987
				in Mrd. kWh			
Wärmekraftwerke	32,3	45,0	54,8	60,3	59,9	64,7	62,9
Wasserkraftwerke	2,8	8,7	12,6	11,3	11,9	10,8	11,2
Kernkraftwerke	0,0	0,0	0,0	0,0	0,0	0,0	0,0
Insgesamt	35,1	53,7	67,5	71,6	71,8	75,5	74,1
				Anteile in vH			
Wärmekraftwerke	92,1	83,8	81,3	84,2	83,4	85,7	84,9
Wasserkraftwerke	7,9	16,2	18,7	15,8	16,6	14,3	15,1
Kernkraftwerke	0,0	0,0	0,0	0,0	0,0	0,0	0,0
Insgesamt	100,0	100,0	100,0	100,0	100,0	100,0	100,0

Quelle: Statistische Jahrbücher der SR Rumänien.

Hinsichtlich der Kernenergiepolitik nimmt Rumänien eine Sonderstellung ein. Als bisher einziges RGW-Land hat es Reaktoren aus einem Drittland geordert. Hierbei handelt es

Abbildung 21

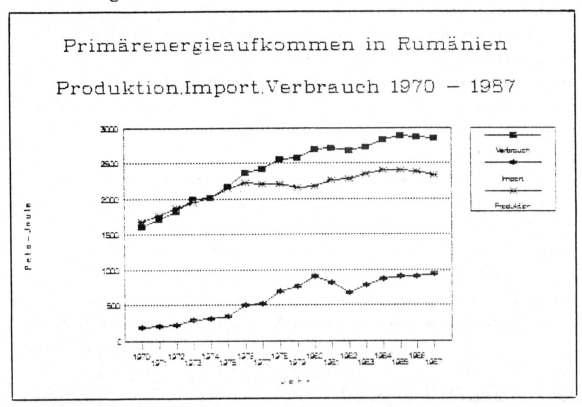

Abbildung 22

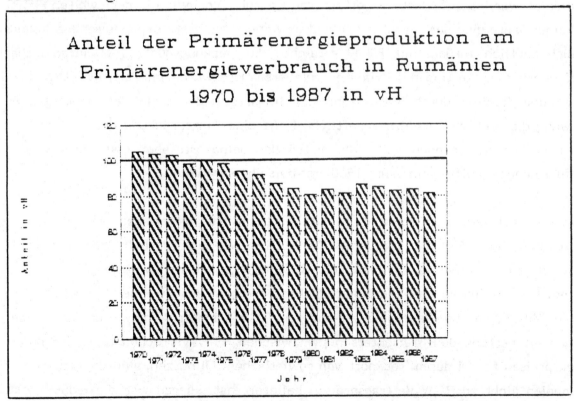

sich um kanadische Schwerwasserreaktoren. Für den Betrieb der 660-MW-Candu-Blöcke wird Natururan verwendet, über das Rumänien vermutlich selbst verfügt. Damit erübrigt sich die Inanspruchnahme von Anreicherungsleistungen, wofür innerhalb des RGW die Sowjetunion ein Monopol hat (vgl. Abschnitt 2.3.2). In Cernavoda sollen fünf dieser Reaktoren installiert werden. Ursprünglich war die Fertigstellung des ersten Blocks bereits 1978 vorgesehen; folgt man kanadischen Quellen, so ist erst Anfang der neunziger Jahre mit dem ersten Kernkraftstrom aus rumänischen Quellen zu rechnen[16].

Vermutlich aufgrund chronischer Devisenknappheit hat Rumänien Anfang der achtziger Jahre auch in der Kernenergiepolitik begonnen, enger mit der UdSSR zusammenzuarbeiten. Im KKW Molelova sollen drei 1 000 MW-Druckwasserreaktoren sowjetischer Bauart eingesetzt werden. Über den Stand der Realisierung dieses Vorhabens ist bisher nichts bekannt. Insgesamt wird jedoch allenfalls ein Bruchteil der rumänischen Kernenergiepläne in diesem Jahrzehnt realisiert. Stromknappheit wird daher auch in den neunziger Jahren Wirtschaftswachstum und Lebensstandard der Bevölkerung deutlich beeinträchtigen.

3.2.5.4 Steigender Importbedarf

Rumänien war bis 1972 Nettoexporteur von Energie. Vor allem in der zweiten Hälfte der siebziger Jahre ging der Anteil der Inlandsgewinnung am stark expandierenden Inlandsverbrauch deutlich zurück; mit 80 vH erreichte die Deckungsquote 1980 ihren bisherigen Tiefstwert. Der Anstieg des Primärenergieverbrauchs wurde im Zeitraum 1975 bis 1980 fast ausschließlich durch Ausweitung der Importe gedeckt. In den achtziger Jahren erzwang die prekäre außenwirtschaftliche Lage eine Einschränkung der Einfuhren. Zwar wurden die Restriktionen von 1984 an wieder gelockert; aber erst 1987 wurden die Einfuhrmengen (netto) vom Jahre 1980 erstmals überschritten.

Rumänien hat vor allem seine Mineralölimporte erhöht. Sie stiegen von rd. 3 Mill. t im Jahre 1972 auf 16 Mill. t im Jahre 1980. Dies war erforderlich, um angesichts der rückläufigen Ölförderung im Inland die Raffineriekapazitäten von gut 25 Mill. t auszulasten. Die Ausfuhren an Mineralölprodukten bewegten sich in einer Größenordnung von rd. 10 Mill. t p.a. Im Gegensatz zu anderen RGW-Ländern konnte Rumänien nicht die lange Zeit bestehenden Preisunterschiede zwischen RGW-Verrechnungspreisen und Weltmarktpreisen für Öl durch Reexport von sowjetischem Öl nutzen, weil die UdSSR bis 1985 Rumänien nicht zu RGW-Vertragspreisen beliefert hat. Hierzu war die UdSSR erst von

1986 an bereit, zu einer Zeit also, zu der die Weltmarktpreise deutlich niedriger als die Verrechnungpreise waren (vgl. Abschnitt 2.3.4).

Die Handelsbeziehungen zur Sowjetunion hat Rumänien auf dem Energiesektor in den achtziger Jahren intensiviert. Erhöht wurden neben den Ölimporten auch die Einfuhren an Erdgas und Strom. In beiden Fällen waren für die Liefersteigerungen der UdSSR Investitionsbeteiligungen Rumäniens eine notwendige Bedingung. So beteiligte es sich sowohl am Bau von Erdgasleitungen als auch an der Errichtung eines Kernkraftwerkes in der Sowjetunion (vgl. auch Abschnitt 2.2.4). Der Anteil der sowjetischen Energielieferungen am Primärenergieverbrauch in Rumänien nahm damit kräftig zu. Betrug er in den siebziger Jahren stets weniger als 3 vH, so stieg er bis 1987 auf 16 vH (vgl. Tabelle 5.5.3).

3.2.5.5 Geringer Verbrauchsanstieg durch Zwangssparmaßnahmen

Die Angaben über den Primärenergieverbrauch Rumäniens sind auf der Grundlage der verfügbaren Produktions- und Außenhandelsangaben geschätzt. Von rumänischer Seite werden Verbrauchsangaben weder an die ECE gemeldet noch im Statistischen Jahrbuch veröffentlicht. Da auch die Außenhandelsdaten z.T. geschätzt werden mußten und auch für die Heizwerte der Brennstoffe kaum Literaturangaben gefunden werden konnten, sind die Verbrauchsdaten mit einem relativ großen Unsicherheitsbereich umgeben.

Mit 125 GJ wies Rumänien 1987 von allen RGW-Staaten den geringsten Primärenergieverbrauch je Einwohner auf. Dies dürfte auch dem Rangplatz bei der Bewertung der wirtschaftlichen Leistungskraft dieses "sozialistischen Entwicklungslandes" innerhalb der osteuropäischen Wirtschaftsgemeinschaft entsprechen. Dennoch muß das Verbrauchsniveau - wie das aller anderen RGW-Staaten - als relativ hoch eingestuft werden. Es liegt nämlich nur um rd. ein Drittel unter dem entsprechenden Wert für die Bundesrepublik Deutschland (186 GJ je Einwohner).

Die Struktur des Primärenergieverbrauchs weist einen relativ hohen Anteil von Erdgas auf, das 1987 die Hälfte des Verbrauchs deckte (1980: 46 vH). Rückläufig entwickelte sich der Ölanteil, von knapp 30 vH im Jahre 1980 auf zuletzt 20 vH. Der Anteil von Kohle erhöhte sich dagegen von 20 vH auf 25 vH; er ist im RGW-Maßstab relativ niedrig. Die zu erwartende weitere überproportionale Zunahme des Kohleverbrauchs ist allerdings auch mit einer steigenden Luftverschmutzung verbunden.

Abbildung 23

Struktur des Primärenergieverbrauchs in Rumänien 1980

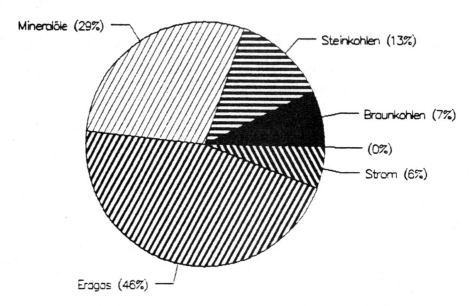

Mineralöle (29%) —

Steinkohlen (13%)

Braunkohlen (7%)

(0%)

Strom (6%)

Erdgas (46%) —

Rumänien 1987

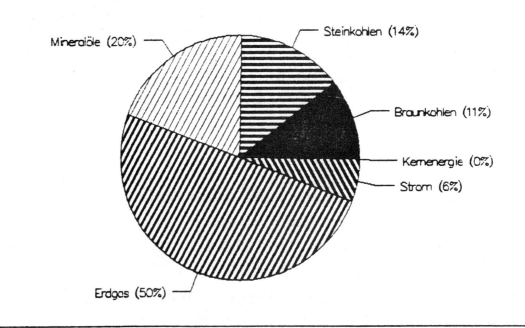

Mineralöle (20%) —

Steinkohlen (14%)

Braunkohlen (11%)

Kernenergie (0%)

Strom (6%)

Erdgas (50%) —

Bei der Entwicklung des Primärenergieverbrauchs markiert das Jahr 1980 einen Einschnitt. Während für die siebziger Jahre ein kräftiges Wachstum kennzeichnend ist - das Wachstum betrug hier gut 5 vH im Jahresdurchschnitt - kann für den Zeitraum von 1981 bis 1987 ein jahresdurchschnittlicher Anstieg von nur knapp 1 vH konstatiert werden:

Tabelle 26

Entwicklung von Primärenergieverbrauch[1] und produziertem Nationaleinkommen[2] in Rumänien

Jahresdurchschnittlicher Zuwachs in vH

	PEV	pNE	Elastzität[3]
1980/70	5,3	9,2	0,58
1987/80	0,8	4,9	0,16

1) PEV.- 2) pNE.- 3) Verhältnis der Zuwachsraten von PEV zu pNE.

Quellen: Statistische Jahrbücher der SR Rumänien. Datenbank RGW-Energie des DIW.

Bemerkenswert erscheint zunächst auch die relativ geringe Elastizität des auf das produzierte Nationaleinkommen bezogenen Primärenergieverbrauchs von weniger als 0,2. Es ist allerdings zweifelhaft, daß dieser Wert tatsächlich als Indikator für eine erhebliche Effizienzsteigerung bei der Energieverwendung interpretiert werden kann. Zum einen kann nicht ausgeschlossen werden, daß das Nationaleinkommen eine nicht ausgewiesene Inflationskomponente enthält. Zum anderen sind die Energieeinsparungen zu einem - nicht genau zu quantifizierenden, aber vermutlich erheblichen - Teil das Ergebnis von Verbrauchsbeschränkungen im Haushaltssekotr und im kommunalen Bereich. Hier gab es in den zurückliegenden Jahren beträchtliche Rationierungen. Sie betrafen nicht nur den Verbrauch von Strom (vgl. auch Abschnitt 3.2.5.3), sondern auch den von Gas und Fernwärme. So sollten gemäß eines Staatsratsdekretes vom November 1987 die Verbräuche an Naturgasen und Elektroenergie für nichtproduktive Aktivitäten um mindestens 30 vH gesenkt werden. In der rumänischen Presse hieß es hierzu: "Die Bestimmungen des Dekrets erfordern auch im Privatbereich eines jeden Bürgers dieses Landes Einschränkungen. Es ist nicht leicht, mit den vorgegebenen Quoten auszukommen, und es ist auch nicht gerade angenehm, auf gewohntes zu verzichten. Einen anderen Ausweg gibt es jedoch nicht.[17]" Vor diesem Hintergrund ist der geringe Verbrauchsanstieg wohl in erster Linie das Ergebnis von Zwangssparen, das mit erheblichen Einbußen in der Lebensqualität verbunden ist.

Der Spielraum für weitere Einschränkungen dürfte indes weitgehend erschöpft sein. Um ein angemessenes Wirtschaftswachstum aufrechterhalten zu können, muß auch wieder vermehrt Energie bereitgestellt werden. Vorgesehen ist eine weitere Expansion der Braunkohleförderung und der Importe an Erdgas und Strom aus der Sowjetunion. In den neunziger Jahren soll dann die chronische Stromversorgungskrise mit Hilfe von inländischer Kernstromgewinnung überwunden werden.

3.2.6 Ungarn

3.2.6.1 Vorräte: Von allem wenig

Ungarn gehört zu den wenigen RGW-Ländern, deren Vorratslage eine nennenswerte Gewinnung von Kohle, Erdgas und Erdöl erlaubt. Die Vorräte sind aber nicht sehr umfangreich, so daß kaum noch Produktionssteigerungen möglich sind. Vielmehr mußten beträchtliche Investitionen getätigt werden, um das Förderniveau zu halten.

Die Kohlevorkommen werden auf insgesamt 7,4 Mrd. t geschätzt. Davon entfallen 56 vH auf Lignit, 25 vH auf Braunkohle und 19 vH auf Steinkohle. Etwa 4,4 Mrd. t dieser Vorräte gelten als ökonomisch abbaubar[1]. Damit könnte die derzeitige Jahresfördermenge noch für 200 Jahre aufrechterhalten werden. Die Vorräte sind im wesentlichen auf vier Regionen verteilt, von denen sich drei große Braunkohlereviere im Norden und ein Steinkohlerevier im Süden des Landes befinden (vgl. Abbildung 24).

Die umfangreichen Lignitvorkommen befinden sich vor allem in Nordostungarn, in der weiteren Umgebung des Matra- und Bükk-Gebirges. Der Abbau der Kohle ist im Tagebau möglich, allerdings erweisen sich die geologischen Formationen als abbautechnisch immer schwieriger. Der Heizwert der Kohle ist gering (etwa 7,0 bis 8,0 MJ/kg). Infolge des niedrigen Wert-Gewicht-Verhältnisses ist die Kohle nicht für weite Transporte geeignet. Sie wird daher vor allem in den in Tagebaunähe befindlichen Braunkohlekraftwerken verstromt.

Abbildung 24

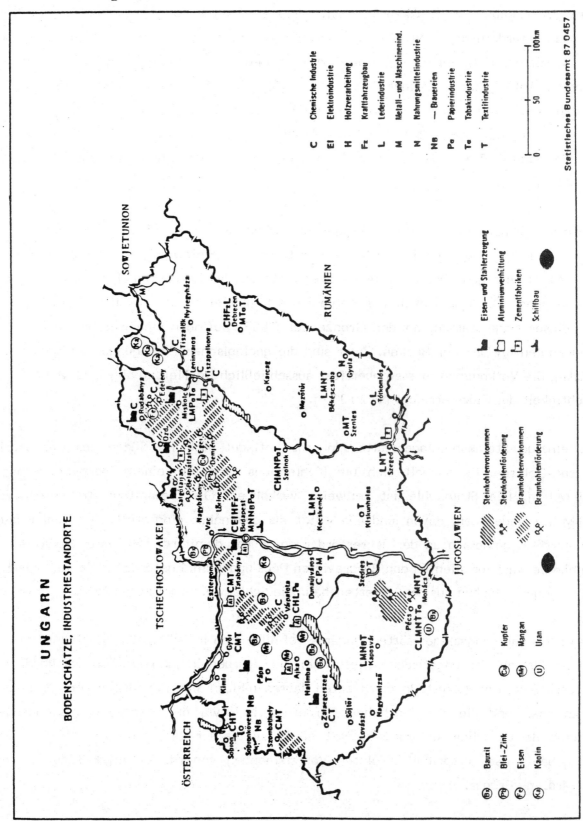

Die wichtigsten Förderreviere für Lignitkohle sind die Tagebaue von Visonta und Bukka-brany. Im Tagebau von Brukkabrany sollte ursprünglich bereits Mitte der achtziger Jahre eine Jahresfördermenge von 14 Mill. t erreicht werden; dieses Ziel wurde indes deutlich unterschritten. 1987 war die Lignitproduktion in Ungarn insgesamt mit 7,2 Mill. t erst halb so hoch. Anfang der neunziger Jahre soll die Lignitförderung in Visonta aufgenommen werden und bis zum Jahr 2000 auf 8 Mill. t gesteigert werden. Die Kohlevorräte werden hier auf 80 Mill. t geschätzt. Die Flöze haben eine Mächtigkeit von 12 bis 15 m und befinden sich in Tiefen von 80 bis 130 m. Der Heizwert der Kohle erreicht lediglich rd. 7,0 MJ/kg.

Qualitativ höherwertig sind die Braunkohlevorkommen, die vor allem in Westungarn (Transdanubien), aber auch in Nordungarn anstehen. Der Heizwert dieser Kohlen soll etwa 20,0 MJ/kg betragen. Die wichtigste Lagerstätte ist das Bergrevier Tatabanya, westlich von Budapest. Die Mächtigkeit der Kohlenflöze liegt hier zwischen 4 und 30 m. Nordöst-lich dieser Lagerstätten, an der Grenze zur CSSR, befinden sich weitere hochwertige Braunkohlen im Doroger Becken. Zwar sind die geologischen Bedingungen auch hier sehr günstig, die Vorkommen müssen aber fast ausschließlich im Tiefbau abgebaut werden. Die Mächtigkeit der Flöze erreicht bis zu 15 m.

Die einzige Steinkohlenlagerstätte Ungarns befindet sich im Süden des Landes, im Mecsek-Gebirge. Es handelt sich um Kohlen des Lias mit einem Heizwert von rd. 20,0 MJ/kg. Die Steinkohle ist teilweise verkokbar. Die Gesamtvorräte werden mit 800 Mill. t angegeben, davon sind 435 Mill. t als gewinnbar eingestuft. Die Lebensdauer der Vorräte, gemessen an der Jahresförderung, würde damit rd. 150 Jahre betragen. Die Steinkohle wird vor allem in den Bergrevieren Pécs und Komló gefördert. Die geologischen Bedingungen erlauben nur den Untertagebau. Die Schlagwettergefahr ist groß.

Die Erdöl- und Erdgaslagerstätten Ungarns befinden sich im südwestlichen Transdanubien und im Ostteil der ungarischen Tiefebene; hier wurden in jüngster Zeit rd. 90 vH der Neuvorkommen exploriert. In den letzten Jahren hielten sich die Menge der entdeckten Vorkommen und die der jährlichen Förderung in etwa die Waage. Die statistische Lebensdauer der Ölvorräte wurde zuletzt mit 12 und die der Gasvorkommen mit 17 Jahren angegeben[2]; das entspricht absoluten Vorratsmengen von rd. 24 Mill. t Erdöl und rd. 120 Mrd. m^3 Erdgas.

Die Suche nach neuen Erdöl- und Erdgaslagerstätten wird in Ungarn derzeit noch intensiv betrieben. Hierfür wurden auch Kredite von der Weltbank zur Verfügung gestellt. Das Schwergewicht liegt bei der Erdgasexploration. Als vielversprechend gelten Teufen unterhalb von 2 000 bis 3 000 m.

Ungarn besitzt im westlichen Teil des Mecsek-Gebirges auch Uranvorkommen. Über deren Umfang werden aber keine Angaben veröffentlicht.

3.2.6.2 Förderrückgang konnte nicht aufgehalten werden

Auch in Ungarn sollte nach dem zweiten Ölpreisschock die Importabhängigkeit der Energieversorgung nicht weiter steigen. Die wichtigsten energiepolitischen Ziele bestanden auf der Produktionsseite in der Ausweitung der Kohleförderung und in der Stabilisierung der Erdöl- und Erdgasgewinnung. Hierfür wurden beträchtliche Investitionsmittel gebunden. Während die ungarische Regierung im Zeitraum 1981 bis 1985 die Investitionen für die sozialistische Industrie drosselte - 1985 waren sie um 12 vH geringer als 1980 -, wurden im selben Zeitraum die Ausgaben für den Bergbau um 36 vH erhöht. Im Fünfjahrplan wurden 44 vH aller Investitionsmittel der Industrie für den Ausbau der Energiewirtschaft bestimmt. Die Alternative zum kostspieligen Ausbau der Energiebasis wurde von der ungarischen Wirtschaftspolitik verworfen. Die Verfechter dieser Alternativstrategie argumentierten, daß die Investitionsmittel besser für die Modernisierung exportträchtiger Energiezweige angelegt werden sollten. Damit könnten Devisen für den Import von Brennstoffen - insbesondere von Öl und Gas - erwirtschaftet werden. Diese Strategie - so wurde von der ungarischen Regierung entgegengehalten - sei jedoch mit einem doppelten Risiko verbunden und somit nicht akzeptabel: Zum einen könnten sich die Importbedingungen für Energieträger erneut dramatisch verschlechtern. Zum anderen würden sich in einer solchen Situation infolge der vermutlich ausgelösten Rezession gleichzeitig auch die Absatzbedingungen für ungarische Produkte am Weltmarkt reduzieren. Damit würden sich die Devisenaufwendungen erhöhen und die Einnahmen vermindern. Die Regierung erwartete also eine nochmalige Wiederholung jener Entwicklung, die in den beiden Ölkrisen bereits eingetreten war[3].

Ein weiteres Argument für eine Stabilisierung des inländischen Beitrags zur Energieversorgung kam hinzu: Der sich abzeichnende Ausbau der einheimischen Energiebasis würde voraussichtlich allenfalls ausreichen, um etwa die Hälfte des Energiebedarfs zu decken.

Die Beschaffung der Finanzierungsmittel für den restlichen Teil aber stellt die ungarische Exportwirtschaft schon vor erhebliche Probleme. Aus dieser Begründung wird deutlich, daß die Forcierung der Inlandsproduktion an Energieträgern nicht in erster Linie einer Autarkiepolitik, sondern der Einschätzung der außenwirtschaftlichen Leistungsfähigkeit der ungarischen Volkswirtschaft und der weltwirtschaftlichen Bedingungen entspricht.

Maßnahmen zur Stabilisierung der Kohleförderung wurden in Ungarn bereits Mitte der siebziger Jahre eingeleitet. So wurde im Fünfjahrplanzeitraum 1976 bis 1980 mit dem Ausbau von vier neuen Kohlegruben begonnen. Sie befinden sich in Nordungarn bei Márkushegy, Nagyegyháza, Mány und Lencsehegy. Diese Gruben sollen in erster Linie ein mit sowjetischer Beteiligung gebautes Wärmekraftwerk (Bicske) mit jährlich rd. 8 Mill. t Kohle versorgen. Bereits 1981 wurden die beiden ersten Gruben in Betrieb genommen. Der Aufschluß dieser Lagerstätten ist Teil eines 1975 beschlossenen sog. Eozän-Programms, das die Erkundung und Förderausweitung höherwertiger Braunkohlen im transdanubischen Revier (Tatabánya) zum Ziel hat. Im Rahmen dieses Programms hofft man, die Förderung von Kraftwerkskohle um rd. ein Drittel zu steigern. In zwei der neuen Gruben befinden sich unter der Kohle Bauxitlagerstätten. Sie sollen nach Beendigung des Kohlenabbaus erschlossen werden.

Ziel des sog. Lias (Steinkohle)-Programms ist die Verdoppelung der Kokskohleförderung auf rd. 1 Mill. t pro Jahr. Dies soll in erster Linie durch Vollmechanisierung der südungarischen Gruben im Gebiet von Komló und Pécs erreicht werden[4].

Hoffnungen auf eine Steigerung der Kohleförderung haben sich indes nicht erfüllt. 1985 lag die Fördermenge mit 24,0 Mill. t unter dem Ergebnis von 1980 (25,7 Mill. t). Für das nächste Planjahrfünft wurden die Ziele moderater gesetzt; die Förderung soll bis 1990 auf dem Niveau von 24 Mill. t gehalten werden; diese Menge sei zur Energieversorgung des Landes "unbedingt notwendig". Gleichzeitig wurden 1986 unter den neuen Energiepreisbedingungen die Förderpläne konkretisiert: Die Gewinnung von relativ teurer Tiefbaukohle soll von 17,4 Mill. t (1985) auf 15,3 Mill. t (1990) zurückgehen, während die Förderung von Tagebaukohle von 6,6 auf 8,7 Mill. t steigen soll. Gleichzeitig ist geplant, im Rahmen des Umstrukturierungsprogramms die 14 verlustreichsten der 36 Bergbaubetriebe stillzulegen[5]. Hohe Verluste machen derzeit vor allem aber die Bergwerke, die durch die Lias- und Eozän-Programme staatlich gefördert werden. Diese Programme wurden offenbar sehr mangelhaft vorbereitet. So sollen in den beiden neuen Kohlegruben von Markushegy und Nagyegyhaza die Karstwasservorkommen falsch eingeschätzt worden sein. Das Ergebnis:

Die Kosten für die Wasserbeseitigung sind fast ebenso hoch wie die für die Kohleförderung[6]. Stark gestiegen sind die Selbstkosten der Kohleförderung; in Tatabanya im Zeitraum 1981 bis 1985 um rd. 150 vH.

Trotz beträchtlicher Investitionen - die aber offenbar mangelhaft eingesetzt worden sind - muß auch in der zweiten Hälfte der achtziger Jahre mit einem Rückgang der Kohleförderung in Ungarn gerechnet werden. 1987 betrug die Kohleförderung nur noch 22,8 Mill. t.

Die Förderung von Erdöl stagniert in Ungarn seit 20 Jahren bei rd. 2 Mill. t. Steigerungsmöglichkeiten zeichnen sich derzeit nicht ab. Vielmehr muß es bereits als Erfolg bewertet werden, wenn dieses Förderniveau auch künftig beibehalten werden kann. Eine Voraussetzung hierfür ist die Erhöhung des Ausbeutungsgrads der Öllagerstätten durch Einpressung von Wasser und Gas. Etwa 40 vH des Öls werden derzeit mit Hilfe derartiger Sekundär-und Tertiärverfahren gefördert.

Geringfügig gesteigert werden konnte in den achtziger Jahren die Erdgasförderung; 1987 war sie mit 7,1 Mrd. m^3 um 1 Mrd. m^3 höher als 1980. Langfristig ist kein Wachstum mehr geplant. Der vorgesehene Verbrauchsanstieg kann nur über Importe gedeckt werden. Um eine größere Flexibilität beim Gaseinsatz zu erreichen, sollen die Speicherkapazitäten erweitert werden, die derzeit etwa 1 Mrd. m^3 betragen.

Insgesamt gelang es in Ungarn also nicht, die Brennstoffgewinnung in den achtziger Jahren zu stabilisieren. Vielmehr ging das Förderniveau leicht zurück. Damit verminderte sich auch der Eigenanteil an der Deckung des Primärenergieverbrauchs. Während er 1980 noch knapp 50 vH betrug, lag er 1987 nur noch bei gut 40 vH (vgl. Tab. 7.5.3).

Künftig kann bestenfalls mit einer Stagnation bei der inländischen Brennstofförderung gerechnet werden, wahrscheinlicher ist sogar - gemessen in Heizwerten - ein Rückgang. Damit wird der zu erwartende Verbrauchszuwachs vollständig durch Brennstoffeinfuhren und durch steigende Kernenergieproduktion gedeckt werden müssen.

3.2.6.3 Kernkraft statt Wasserkraft?

1987 wurde in Ungarn nach rd. zwölfjähriger Bauzeit mit der Inbetriebnahme des vierten Blocks der erste Bauabschnitt des Kernkraftwerks in Paks - etwa 100 km südlich von Budapest - fertiggesellt. Im selben Jahr erzeugte das Werk 37 vH der Stromproduktion, womit Ungarn den höchsten Kernenergieanteil von allen RGW-Staaten zu verzeichnen hatte. Das Atomkraftwerk ist mit vier in der UdSSR gebauten Druckwasserreaktoren vom Typ Novo-Voronez ausgestattet und verfügt damit über eine Gesamtleistung von 1 760 MW. Die ersten drei Reaktoren wurden 1983 (geplant 1979), 1984 und 1986 in Betrieb genommen. Die Baukosten werden mit 90 Mrd. Forint angegeben; dies entspricht etwa einem Drittel aller Investitionsaufwendungen in Ungarn im Jahre 1987[7].

Tabelle 27

Stromproduktion nach Kraftwerksarten in Ungarn

	1970	1975	1980	1985	1986	1987
			in Mrd. kWh			
Wärmekraftwerke	14,5	20,5	23,8	20,1	20,4	18,6
Wasserkraftwerke	0,1	0,2	0,1	0,2	0,2	0,2
Kernkraftwerke	0,0	0,0	0,0	6,5	7,4	11,0
Insgesamt	14,5	20,6	23,9	26,7	28,0	29,7
			Anteile in vH			
Wärmekraftwerke	99,4	99,2	99,5	75,2	72,9	62,5
Wasserkraftwerke	0,6	0,8	0,5	0,6	0,6	0,6
Kernkraftwerke	0,0	0,0	0,0	24,2	26,5	36,9
Insgesamt	100,0	100,0	100,0	100,0	100,0	100,0

Quelle: ECE, Annual Bulletin of Electric Energy Statistics.

In den nächsten Jahren soll der Ausbau der Kernenergie fortgeführt werden. So ist für 1994 und 1996 in Paks die Inbetriebnahme von zwei 1000 MW-Reaktoren vorgesehen, womit der Anteil der Kernenergie auf etwa 50 vH an der Stromproduktion steigen würde. Bis zum Jahr 2015 soll dieser Wert dann auf 75 vH erhöht werden. Neue Kernkraftwerke könnten ihren Standort an der Donau oder Theiß erhalten. Geprüft wird derzeit auch die Errichtung von kanadischen "Minikraftwerken", die in ungarischen Städten - genannt werden Debrecen, Szekszard und Szombathely - vor allem zur Wärmeerzeugung eingesetzt werden sollen[8].

Zu einem Politikum entwickelte sich der Bau des Wasserkraftwerks von Nagymaros an der Donau. Es ist Teil einer Donau-Staustufe zwischen Bratislava und dem Donauknie, zu dem auf tschechoslowakischer Seite das Wasserkraftwerk Gabcikovo gehört. Die Pläne sehen vor, daß die Stromproduktion der Wasserkraftwerke - Gabcikovo mit jährlich 2,65 Mrd. kWh (720 MW) und Nagymaros mit 0,95 Mrd. kWh (160 MW) - von beiden Ländern zur Hälfte genutzt wird. Für Ungarn würde dies einem Anteil von rd. 5 vH am Stromverbrauch bzw. der Einsparung von einem Heizöläquivalent von 0,7 Mill. t entsprechen. Der ungarische Bauanteil wird mit österreichischen Krediten finanziert und zum Teil von österreichischen Firmen ausgeführt. Die Rückzahlung der Kredite soll durch Stromlieferungen über einen Zeitraum von 20 Jahren von 1996 an erfolgen. Von den Kritikern des Projektes werden vor allem ökologische und ökonomische Argumente ins Feld geführt. Befürchet werden von ihnen vor allem nachhaltige Schäden für Flora und Fauna des Auengebietes an der Donau sowie für die Trinkwasserversorgung[9]. Außerdem sei der energetische Nutzen gering, denn schließlich müsse Ungarn über 20 Jahre zwei Drittel - das sind jährlich 1,2 Mrd. kWh - des ihm zustehenden Stroms an Österreich zur Rückzahlung der Bauleistungen liefern. Bis Mitte Mai 1989 hatten die Kraftwerksgegner bereits 125 000 Unterschriften zugunsten einer Volksabstimmung gesammelt. Im selben Monat verfügte die ungarische Regierung einen "vorübergehenden" Baustopp, woraufhin die CSSR und Österreich mit Schadensersatzforderungen reagierten. Nach den bis dahin geltenden Plänen sollte das Gesamtprojekt bis 1993 fertiggestellt sein. Die Investitionskosten beziffert Ungarn auf 54 Mrd. Ft, die CSSR mit 13,6 Mrd. Kcs, wovon Ungarn bisher rd. ein Viertel und die CSSR rd. zwei Drittel eingesetzt haben[10].

Wasserkraft spielt in Ungarn bisher nur eine sehr bescheidene Rolle. Von dem als technisch nutzbaren Potential angegebenen 1000 MW sind erst knapp 50 MW genutzt. Zurückgegangen ist in den achtziger Jahren die Bedeutung der Wärmekraftwerke; sie erzeugten 1987 rd. 20 vH weniger Strom als 1980. Priorität hat derzeit die Modernisierung der bestehenden Wärmekraftwerke, insbesondere der beiden großen Kraftwerke Dunamenti (1 870 MW) und Gagarin (800 MW). Hierfür sind im Fünfjahrplan 1986 bis 1990 rd. 20 Mrd. Forint vorgesehen. Die Struktur des Brennstoffeinsatzes in Wärmekraftwerken wurde in Ungarn zu Lasten von Erdgas verändert; zugenommen hat dagegen der Anteil von schwerem Heizöl und Braunkohle:

Abbildung 25

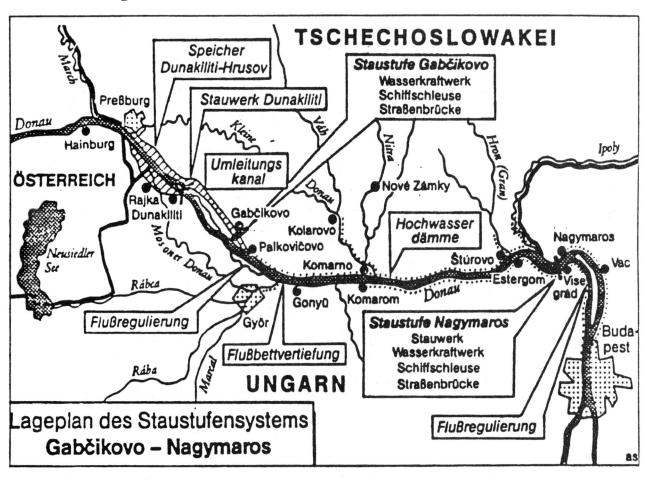

TSCHECHOSLOWAKEI

Speicher
Dunakiliti-Hrusov

Stauwerk Dunakiliti

Umleitungs
kanal

Staustufe Gabčikovo
Wasserkraftwerk
Schiffschleuse
Straßenbrücke

Preßburg

Donau

Hainburg

ÖSTERREICH

Rajka
Dunakiliti

Gabčikovo

Kolarovo

Palkovičovo

Komarno

Nové Zámky

Hochwasser
dämme

Nagymaros

Štúrovo

Vac

Estergom

Vise
grad

Neusiedler
See

Rábca

Flußregulierung

Gönyü

Komarom

Donau

Buda-
pest

Győr

Flußbettvertiefung

Staustufe Nagymaros
Stauwerk
Wasserkraftwerk
Schiffschleuse
Straßenbrücke

Rába

Marcal

UNGARN

Flußregulierung

Lageplan des Staustufensystems
Gabčikovo – Nagymaros

Tabelle 28

**Struktur des Brennstoffverbrauchs
in Wärmekraftwerken in Ungarn**

	1980	1987
	Anteile in vH	
Braunkohle[1]	44,3	46,4
Steinkohle	6,9	6,8
Heizöl	13,9	17,9
Erdgas	34,8	28,9

1) Einschließlich Lignitkohle.

Quelle: Hungarian Central Statistical Office: Statistical Yearbook 1987, S. 240.

Diese Strukturänderung ist insofern ungünstig, weil Ungarn gemäß einer Verpflichtung gegenüber der ECE bis 1993 die SO_2-Emissionen um 30 vH unter das Niveau von 1980 senken will.

Charakteristisch für den Stromverbrauch in Ungarn sind

- das im RGW-Vergleich geringe Verbrauchsniveau und
- der relativ starke Zuwachs in den achtziger Jahren.

In der Rangfolge der sechs kleineren RGW-Staaten stand Ungarn 1987 mit einem Stromverbrauch von 3 200 kWh je Einwohner an vierter Stelle und wurde nur noch von Polen und Rumänien unterboten (vgl. Tabelle 37). Dies ist vermutlich weniger Ausdruck einer sehr effizienten Stromnutzung als vielmehr eines geringen Gewichts stromintensiver Industriezweige. Die sehr stromintensive Aluminiumproduktion hat Ungarn zudem im Rahmen des Tonerde-Aluminium-Abkommens in die UdSSR verlagert. Die damit eingesparten Kraftwerkskapazitäten werden mit 400 MW angegeben[11].

Eine Spitzenstellung unter den kleineren RGW-Ländern nimmt Ungarn dagegen beim Wachstum des Stromverbrauchs ein. Im Zeitraum 1981 bis 1987 nahm der Brutto-Stromverbrauch im Jahresdurchschnitt um 3,7 vH zu. Bei den übrigen kleineren RGW-Staaten betrug der entsprechende Wert dagegen lediglich 2,5 vH.

Tabelle 29

Entwicklung und Struktur des Stromverbrauchs[1] in Ungarn

	1980	1987	1980	1987	1987
	in Mrd. kWh		Anteile in vH		Zunahme[2] in vH
Insgesamt	26,5	33,8	100	100	3,5
darunter:					
Industrie	14,7	16,6	55	49	1,8
Landwirtschaft	1,5	2,0	6	6	4,2
Transportwesen	1,5	1,8	6	5	2,6
Bevölkerung	5,0	8,1	19	24	7,1

1) Netto-Stromverbrauch.- 2) Im Jahresdurchschnitt 1987/80.

Quelle: Hungarian Central Statistical Office: Statistical Yearbook 1987, S. 234 f.

Aus der Entwicklung des Netto-Verbrauchs nach Sektoren geht hervor, daß der Stromverbrauch vor allem im privaten Sektor stark expandierte. Hierfür dürfte neben der zunehmenden Ausstattung der Haushalte mit elektrischen Geräten auch die wachsende Bedeutung der Schattenwirtschaft verantwortlich gewesen sein. Gebremst wurde das starke Wachstum im Stromverbrauch der Bevölkerung auch nicht durch deutliche Preissteigerungen, was man in Ungarn angesichts der Bemühungen um mehr indirekte Steuerung der Wirtschaft eigentlich hätte erwarten können. Für die privaten Haushalte stieg der Strompreis in den achtziger Jahren real nicht. Während nämlich die durchschnittlichen Monatsverdienste von 1981 bis 1987 nominal um 61 vH zunahmen, stieg der Strompreis lediglich um 40 vH.

3.2.6.4   Importabhängigkeit nimmt weiter zu

Ungarns Energiewirtschaft ist sehr stark auf Importe angewiesen. 1987 wurde weniger als die Hälfte des Primärenergieverbrauchs durch Einfuhren gedeckt. In den achtziger Jahren hat die Importabhängigkeit weiter zugenommen; lediglich zu Beginn des Jahrzehnts konnte dieser Trend vorübergehend gestoppt werden (vgl. Tabelle 7.5.3 und Abbildung 26). Auch

Abbildung 26

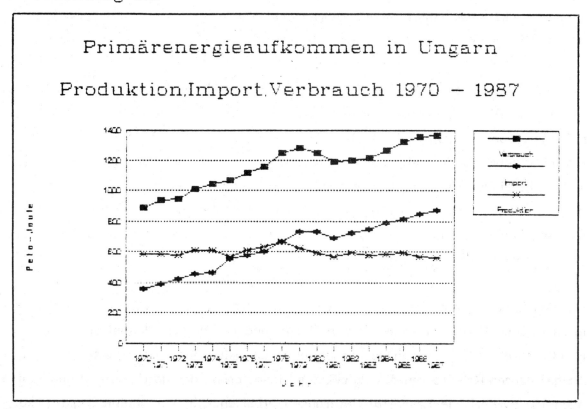

Abbildung 27

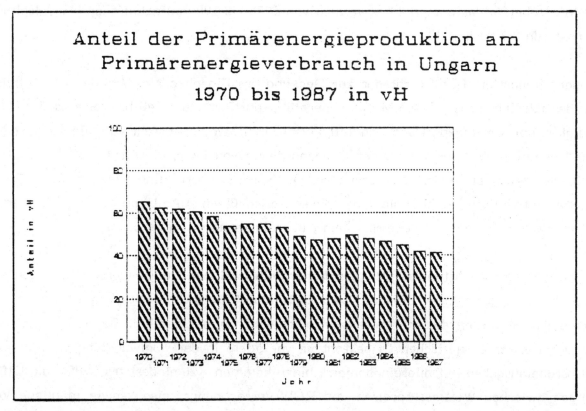

Ungarn bezieht seine Energieimporte fast ausschließlich aus der Sowjetunion, die damit nahezu die Hälfte des ungarischen Primärenergieverbrauchs deckt. Lediglich die Einfuhren an Steinkohle sind regional stärker diversifiziert.

Anfang der achtziger Jahre hat Ungarn die Mineralölimporte insgesamt nur um gut 1 Mill. t (gut 10 vH) gekürzt. Deutlicher war dagegen die Verminderung der Bezüge aus der Sowjetunion, die von rd. 10 Mill. t (1979) auf rd. 7 Mill. t (1983) zurückgingen. Dies entspricht mehr als der allgemeinen sowjetischen Exportkürzung von 10 vH (vgl. Abschnitt 2.3). Eingestellt wurden offenbar auch die Öleinfuhren, die Ungarn aus der UdSSR gegen frei konvertierbare Währung getätigt hat. Über die Höhe dieser Importe sind zwar keine Angaben veröffentlicht worden. Für 1979 läßt sich allerdings indirekt ein Schätzwert von etwa 1 Mill. t ermitteln[12].

Diese deutliche Kürzung der Ölimporte dürfte wesentlich dafür verantwortlich sein, daß Ungarn - neben Rumänien - das einzige RGW-Land ist, dessen Handelsbilanz gegenüber der UdSSR seit 1981 weitgehend ausgeglichen ist. Allerdings hatte auch Ungarn in den siebziger Jahren Kredite von der UdSSR zur Finanzierung der gestiegenen Importaufwendungen für sowjetische Brennstofflieferungen erhalten. Die Verschuldung gegenüber der UdSSR bezifferte der Vizepräsident des ungarischen Planungskomitees 1985 mit 0,5 bis 1 Mrd. Rubel[13], das entspricht etwa dem von 1975 bis 1980 aufgelaufenen Handelsbilanzdefizit von 0,7 Mrd. TRbl.

Ungarn importiert Erdöl nicht nur zur Deckung des Eigenbedarfs. Von den rd. 10 Mill. t werden jährlich rd. 1,5 bis 2,5 Mill. t Mineralöl exportiert. Zum Teil handelte es sich dabei lediglich um den Reexport von Rohöl (0,5 bis 1,5 Mill. t); die Ausfuhr von Mineralölprodukten bewegte sich zumeist in einer Größenordnung von knapp 1 Mill. t p.a. (vgl. Tabelle 7.4.3). Bewertet in Forint entsprachen die Exportwerte rd. einem Drittel der Einfuhrwerte; zeitweilig erreichten sie sogar einen wertmäßigen Anteil von gut 50 vH. Dies ist allerdings auch eine Folge der Preis- und Wechselkursunterschiede.

Damit hat Ungarn offenbar auch den Mineralölhandel zur Devisenbeschaffung genutzt. Hierfür wurde sowohl sowjetisches Öl als auch Importöl aus OPEC-Staaten eingesetzt. Der ökonomische Nutzen dieser Transaktionen ist sehr unterschiedlich. Beim Reexport von (verarbeitetem) sowjetischen Öl besteht er vor allem in der "Umwandlung von Verrechnungsrubelausgaben in Dollareinnahmen"; hinzu kommen - zumindest bis 1984 - die Differenzen zwischen Weltmarktpreisen und RGW-Verrechnungspreisen sowie mögliche Veredelungsmargen. Der Nutzen aus dem Reexport von OPEC-Öl ist schwer zu beurteilen, da er vermutlich auf Kompensations- und Spekulationsgeschäften beruht.

Tabelle 30

**Der Außenhandel Ungarns mit
Erdöl und Erdölprodukten**

	1975	1980	1981	1982	1983	1984	1985	1986	1987
				in Mrd. Forint					
Einfuhr	5,5	29,2	30,2	44,9	56,1	59,7	50,9	49,6	45,6
Ausfuhr	1,0	10,2	10,4	17,6	29,9	31,3	16,6	12,8	15,1
				Ausfuhr in vH der Einfuhr					
	18,2	34,9	34,4	39,2	53,3	52,4	30,7	25,8	33,1

Quelle: Hungarian Central Statistical Office: Statistical Yearbook.

Ungewöhnlich groß ist die Importabhängigkeit der ungarischen Elektrizitätswirtschaft. 1987 wurden rd. 31 vH des inländischen Brutto-Stromverbrauchs direkt importiert - vorwiegend aus der UdSSR. Wertet man den Strom aus Kernkraftwerken wegen der Abhängigkeit von Brennelementlieferungen aus der UdSSR als indirekten Import, so erhöht sich die Einfuhrquote sogar auf knapp 60 vH. Sowohl die direkte wie die indirekte Importabhängigkeit wird in den nächsten Jahren zunehmen, denn Ungarn hat sich am Bau eines sowjetischen Kernkraftwerks beteiligt und wird aus diesem Stromlieferungen erhalten (vgl. Abschnitt 2.2.4).

Seit 1968 gibt es zwischen Ungarn und Österreich einen Stromaustausch über eine zweisystemige 220 kV-Fernleitung zwischen Wien und Györ. Ungarn bezieht in den Monaten Mai bis September "Sommerstrom" und liefert von Oktober bis März "Winterstrom". Die vereinbarten Liefermengen betragen 0,25 Mrd. (Sommerstrom) bzw. 0,17 Mrd. kWh (Winterstrom). Darüber hinaus werden im kleineren Umfang Liefergeschäfte getätigt. Sollte es zum Bau des Wasserkraftwerkes von Nagymaros kommen, müßte eine neue Leitung für die vorgesehenen Stromlieferungen nach Österreich gebaut werden[14].

3.2.6.5   Geringe Einsparungen bei Substitution von Öl und Kohle durch Kernenergie

Ungarn veröffentlicht keine absoluten Angaben über den Primärenergieverbrauch. Lediglich für einzelne Energieträger enthält das Statistische Jahrbuch Daten. Publiziert werden nur die Zuwachsraten für den Energieverbrauch in der Volkswirtschaft. Sie stimmen nicht immer mit den hier aus den Angaben über Produktion und Außenhandel ermittelten Verbrauchsdaten überein[15].

Das Niveau vom Primärenergieverbrauch in Ungarn ist relativ niedrig. 1987 wurden je Einwohner nur rd. 130 GJ verbraucht, das waren 30 vH weniger als in der Bundesrepublik. Damit bildet Ungarn mit Rumänien das Schlußlicht im RGW-Vergleich. Allerdings kann auch dieses Ergebnis kaum als befriedigend angesehen werden, denn die gesamtwirtschaftliche Produktion je Einwohner dürfte in Ungarn um über 50 vH niedriger als in der Bundesrepublik sein.

Einen günstigen Einfluß auf den Energieverbrauch übt dessen Struktur aus. Feste Brennstoffe, für deren Transport und Umwandlung relativ viel Energie benötigt wird, hatten 1987 einen im RGW-Vergleich relativ geringen Anteil. Dagegen deckten Erdöl und Erdgas mit zusammen fast 60 vH einen relativ hohen Teil des Verbrauchs; mit 28 vH ist der Erdgasanteil besonders groß. Ein starkes Gewicht haben auch Primärstrom (Nettoimport plus Wasserkraft) und Kernenergie, auf die jeweils knapp 10 vH des Primärenergieverbrauchs entfallen (vgl. Abbildung 28).

Der Strukturwandel ist in den achtziger Jahren vor allem durch das starke Vordringen der Kernenergie gekennzeichnet. Ihr Anteilszuwachs um 9 vH-Punkte ging in etwa im gleichen Maße zu Lasten von Erdöl und Kohle. Die Zurückdrängung des Ölverbrauchs war ein wesentliches Ziel der Energiepolitik in den achtziger Jahren. 1987 wurden in Ungarn knapp 10 Mill. t Mineralöl verbraucht, das waren im Vergleich zum bisherigen Höchstwert von 1978 rd. 2,5 Mill. t weniger.

Die Entwicklung des Primärenergieverbrauchs (vgl. Abbildung 26) kann in drei Phasen eingeteilt werden:
-    starkes Wachstum (1971 bis 1979)
-    Verbrauchsrückgang (1980 bis 1983)
-    erneute Verbrauchszunahme (1984 bis 1987)

Abbildung 28

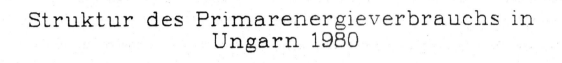

Struktur des Primarenergieverbrauchs in
Ungarn 1980

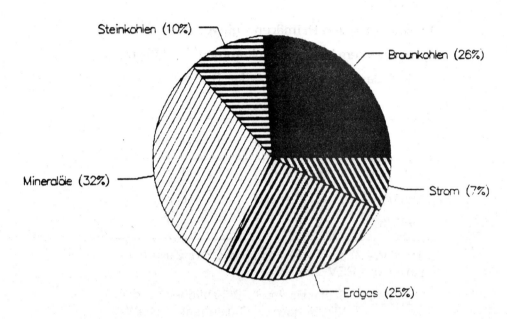

Ungarn 1987

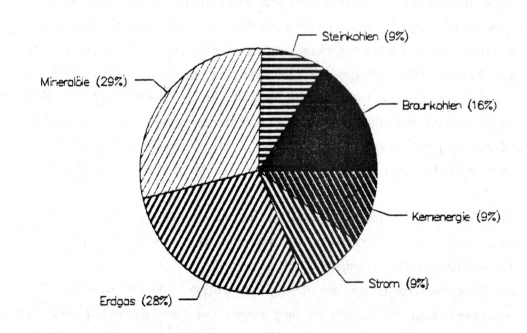

Damit bestätigt sich auch im Falle Ungarns, daß nachhaltige Einsparerfolge lediglich zu Beginn der achtziger Jahre erzielt werden konnten. Im Zeitraum von 1980 bis 1983 schwächte sich zwar auch das Wachstum des produzierten Nationaleinkommens stark ab - von 5,5 vH im Durchschnitt der Jahre von 1971 bis 1979 auf 1,1 vH p.a. Gleichzeitig ging aber der Primärenergieverbrauch um fast 1,5 vH im Jahresdurchschnitt zurück:

Tabelle 31

Entwicklung von Primärenergieverbrauch[1] und produziertem Nationaleinkommen[2] in Ungarn

Veränderungen im Jahresdurchschnitt in vH

	PEV	pNE	Elastizität[3]
1979/80	4,1	5,2	0,79
1983/79	-1,4	1,1	-1,27
1987/83	2,9	1,5	1,93

1) PEV.- 2) pNE.- 3) Verhältnis der Zuwachs-raten von PEV zu pNE.

Quellen: Statistische Jahrbücher der VR Ungarn. Datenbank RGW-Energie des DIW.

1979 wurde in Ungarn ein Energiekonzept entwickelt, dessen Schwergewicht bei der Energieeinsparung lag. Zu den damals eingeführten Maßnahmen zählten in erster Linie administrative Verbrauchsbeschränkungen. So wurden die Höchstgeschwindigkeiten für Autos auf 80 bzw. 100 km/h gesenkt, die Raumtemperatur in öffentlichen Gebäuden auf maximal $22^\circ C$ reduziert und die Reklameleuchtschriften nach 22.00 Uhr abgeschaltet[16]. Gleichzeitig wurden auch die Preise für Energieträger erhöht, um materielle Anreize zur Energieeinsparung zu gewähren. Durch das 1980 eingeführte kompetitive Preissystem wurden die Preise für Energierohstoffe den Importaufwendungen angeglichen.

Angesichts der verschärften Bedingungen wurde im Fünfjahrplan 1981 bis 1985 der Einsparung sowohl beim Verbrauch als auch bei den Brennstoffimporten ein größeres Gewicht beigemessen. Das Plangesetz sah u.a. vor:

- Das jährliche Wachstum des Energieverbrauchs ist auf maximal 2 vH, das der Stromproduktion auf 3,5 vH zu begrenzen. Zur Realisierung dieses Ziels muß das gesamtwirtschaftliche Wachstum gedrosselt werden[17].

\- Die Struktur des Energieverbrauchs soll zu Lasten von Erdöl verändert werden. Vor allem inländische Kohle und Kernenergie sollen künftig höhere Verbrauchsanteile decken.

Zur Durchsetzung von Energieeinsparung und -umstrukturierung wurde ein Investitionsförderprogramm verabschiedet. Hierfür wurden im Rahmen des 6. Fünfjahrplans (1981 bis 1985) Kredit- und Zuschußmittel in Höhe von 60 Mrd. Ft bereitgestellt. Diese Mittel wurden auch für entsprechende staatliche Großprojekte vergeben. Hierzu zählt der Ausbau des elektrifizierten Eisenbahnnetzes ebenso wie die Erweiterung des Erdgasnetzes für den Bevölkerungsbedarf. Auch für die Umstrukturierung und den Bau der Raffineriekapazitäten mußten Mittel bereitgestellt werden. Anlagen zur höheren Veredelung von Rohöl wurden in Százhalombatta, der größten Raffinerie, gebaut. Gleichzeitig mußten Stillegungen vorgenommen werden, denn die Kapazitäten in Höhe von 14,5 Mill. t wurden 1983 bei einem Durchsatz von 8,5 Mill. t nur zu 60 vH genutzt[18]. Insgesamt wurde der Anteil der für die Energiewirtschaft vorgesehenen Investitionen auf rd. 40 vH der gesamten Industrieinvestitionen erhöht[19].

Die Ziele konnten indes nur teilweise verwirklicht werden. Der Verbrauch von Kohle ging absolut leicht zurück und zum Ende des Planjahrfünfts stieg der Energieverbrauch wieder kräftig an. Die mit Abstand größten Zuwachsraten im Energieverbrauch hatten in Ungarn die privaten Haushalte zu verzeichnen. Im Zeitraum 1981 bis 1987 war die Zuwachsrate in diesem Sektor etwa viermal so hoch wie die für die gesamte Volkswirtschaft, womit sich der Anteil dieses Sektors am gesamten Energieverbrauch von 24 vH (1980) auf 29 vH erhöhte. Die hohe Wachstumsrate ist zum einen mit dem gestiegenen Ausstattungsgrad der Haushalte mit langlebigen Konsumgütern und Verbesserungen in der Wohnraumversorgung zu erklären. Sie ist aber auch auf ungenügende Anreize zur Einsparung zurückzuführen, denn die meisten Energiepreise für die privaten Haushalte stiegen in Ungarn deutlich langsamer als die Durchschnittseinkommen:

Tabelle 32

**Verbraucherpreise für Energieträger
in Ungarn**

Veränderung in vH

	1985/80	1988/85
Braunkohle	41,0	24,5
Briketts	22,3	13,1
Stadtgas	9,9	18,1
Strom 1)	2,8	25,3
Benzin		
Normal 2)	85,5	21,6
Super 3)	73,9	20,0
nachrichtlich: Veränderung der Durchschnittslöhne 4):		
	36,7	30,3

1) In Budapest. - 2) 86 Oktan. - 3) 92 Oktan. - 4) Im sozialistischen Sektor.

Quellen: Statistische Jahrbücher Ungarns.

Für die zweite Hälfte der achtziger Jahre wurden die Planvorgaben nochmals verschärft. Nunmehr sieht der Fünfjahrplan vor, daß

- der Primärenergieverbrauch im Jahresdurchschnitt um 1 vH und
- der Stromverbrauch um 3 vH

steigen dürfen. Dabei gehen die Planer davon aus, daß die auf das Nationaleinkommen bezogene Elastizität des Primärenergieverbrauchs im Durchschnitt der Jahre 1986 bis 1990 nur 0,4 beträgt. Folgt man den ungarischen Angaben für den Zeitraum 1986 bis 1988, so ist dieses Ziel sogar noch unterboten worden[20]. Der Primärenergieverbrauch stieg im Jahresdurchschnitt um 0,6 vH, das Nationaleinkommen um 1,6 vH; das entspricht einer Elastizität von 0,38. Der Dreijahreszeitraum ist allerdings noch zu kurz, um eine Antwort auf die Frage geben zu können, ob es sich hierbei um eine längerfristig stabile Entwicklung handelt. Insgesamt bleibt aber festzuhalten, daß das Energieverbrauchsniveau in Ungarn im RGW-Maßstab sehr niedrig ist und daß vor allem im produktiven Sektor beträchtliche Energieeinsparungen erreicht werden konnten.

3.3 Ergebnisse: Geringe Einsparungen und steigende Umweltbelastungen

Die Wirtschaftspolitik der RGW-Länder war zu Beginn der achtziger Jahre herausgefordert, auf die neue energiewirtschaftliche Lage zu reagieren. Diese "neue Lage" war vor allem durch folgende Entwicklung gekennzeichnet:

- Eine erneute Ölpreisexplosion am Weltmarkt. Damit war ein weiterer Preisanstieg für die Energieimporte aus der UdSSR für die nächsten fünf Jahre vorgegeben.

- Stagnation der sowjetischen Brennstofflieferungen in die RGW-Staaten in der ersten Hälfte der achtziger Jahre.

Die Verschlechterung der energiewirtschaftlichen Rahmenbedingungen traf zusammen mit einer Zuspitzung der Verschuldungssituation und einer deutlichen Verlangsamung des gesamtwirtschaftlichen Wachstums[1].

Alle RGW(6)-Länder sahen sich gezwungen, das Expansionstempo ihrer Brennstoffeinfuhren (Kohle, Mineralöl, Erdgas) drastisch zu reduzieren. Während diese (netto) in den siebziger Jahren (1980/70) im Jahresdurchschnitt um 13 vH zunahmen, stiegen sie im Zeitraum 1981 bis 1987 nur noch um 1 vH p.a.

Auch die Möglichkeiten zur Steigerung der Brennstoffgewinnung im Inland verschlechterten sich. Zwar bemühten sich alle RGW-Staaten durch überproportionale Zuweisung von Investitionsmitteln an die Brennstoff- und Energieindustrie die Inlandsproduktion anzukurbeln; rd. ein Drittel aller Investitionen für die Industrie wurden hierfür im Fünfjahrplanzeitraum 1981/85 eingesetzt (vgl. Tabelle 33).

Die Erfolge blieben aber bescheiden, denn während die Primärenergiegewinnung (ohne Kernstrom) im Zeitraum 1971 bis 1980 im Jahresdurchschnitt um 1,5 vH stieg, expandierte sie von 1981 bis 1987 um knapp 1 vH p.a. Nur in vier Ländern konnte ein Wachstum erzielt werden. Die höchste Steigerung gab es in der DDR, wo die Förderung 1987 das Niveau vom Jahr 1980 um knapp 20 vH überschritt. Niedriger fiel der Anstieg in Bulgarien (10 vH), Rumänien (7 vH) und Polen (4 vH) aus. In Ungarn (-4 vH) und in der CSSR (-2 vH) konnte dagegen ein weiterer Förderrückgang nicht verhindert werden.

Erhöht wurde vor allem die Gewinnung von Braunkohle; die Fördermenge in den RGW(6)-Ländern stieg um rd. 110 Mill. t auf 580 Mill. t. Die größten Steigerungen gab es hier in der DDR (50 Mill. t), in Polen (35 Mill. t) und in Rumänien (15 Mill. t). Die Politik der

Tabelle 33

**Die Bedeutung der Brennstoff- und Energieindustrien
in den RGW(6)-Ländern**

	Bulgarien	CSSR	DDR	Polen	Rumänien	Ungarn
	Anteil an der Industrie insgesamt					
Bruttoproduktion						
1971-1975	10,6	11,8	5,0	14,6	16,3	12,4
1976-1980	9,4	10,8	4,7	13,4	13,0	11,7
1981-1985	8,5	10,0	4,6	13,7	11,2	11,1
Beschäftigung						
1971-1975	5,8	8,2	6,4	11,1	5,6	9,4
1976-1980	5,6	8,4	6,5	11,0	5,0	8,9
1981-1985	5,9	8,7	6,9	13,1	5,2	9,7
Investitionen						
1971-1975	21,2	22,9	30,8	23,6	27,0	23,0
1976-1980	22,4	26,3	31,9	25,0	24,7	27,0
1981-1985	25,3	29,1	32,6	36,4	38,5	37,8

Quelle: Economic Commission for Europe: Economic Survey of Europe in 1987-1988. New York 1988, S. 236.

begrenzten Importsubstitution war mit beträchtlichen Umweltbelastungen verbunden. Dies gilt insbesondere für die DDR und für Polen; in diesen beiden Ländern ist der Verbrauchsanteil der Kohle mit über 70 vH bzw. fast 80 vH sehr hoch. Dies findet u.a. seine Entsprechung in hohen Emissionen von SO_2. In beiden Staaten werden hiervon jährlich rd. 5 Mill. t emittiert[2], das sind "Spitzenwerte" im internationalen Vergleich. Unter großem Kostenaufwand ist inzwischen in einigen RGW-Staaten damit begonnen worden, Kraftwerke mit Entschwefelungsanlagen nachzurüsten. Während sich von den traditionellen Kohleländern Polen, DDR und CSSR die beiden letztgenannten im Rahmen einer Konvention der Economic Commission for Europe (ECE) verpflichtet haben, ihre SO_2-Emissionen bis 1993 um 30 vH unter das Niveau von 1980 zu senken, hat Polen den Beitritt zu dieser Konvention ausdrücklich mit dem Hinweis abgelehnt, es könne die dafür erforderlichen finanziellen Mittel vorläufig nicht aufbringen. Insgesamt haben die RGW-Staaten die Chance nicht genutzt - bzw. nicht nutzen können - ihre Energiepolitik mit Innovationen im Umweltschutz zu verknüpfen. Damit werden die ökologischen Schäden infolge hoher Emissionen weiter zunehmen - ein Preis, der für die einseitige Ausrichtung auf die im Inland verfügbaren Energiequellen bezahlt werden muß.

Die weitere Steigerung der inländischen Brennstoffgewinnung entsprach vermutlich nicht primär einem Wunsch nach weitgehender Autarkie in der Energieversorgung. Vielmehr mußten die RGW-Länder davon ausgehen, daß sie nicht in der Lage sein werden, die Exportkraft ihrer Wirtschaft so zu steigern, daß sie die hohen und - so die Erwartungen zu Beginn der achtziger Jahre - weiter steigenden Aufwendungen für Importenergien werden finanzieren können.

Die Politik der Importsubstitution blieb nicht ohne Rückwirkungen auf den Ost-West-Handel. Die direkten Auswirkungen betrafen die Exportwarenstruktur der RGW-Länder. Folgt man der Statistik der OECD, dann stieg der Anteil der Energieträger an den Westexporten der RGW-Länder von 21 vH (1979) auf 28 vH (1984). Mit dem Ölpreisverfall ging er auf 17 vH (1987) zurück (vgl. Tabelle 34). Mit Ausnahme von Polen und der CSSR

Tabelle 34

Anteil von Energieträgern[1] und Mineralöl[2] an den Gesamtimporten der OECD-Länder aus den kleineren RGW-Ländern 1975 bis 1987

Angaben in vH

RGW-Länder	1975	1979	1980	1984	1985	1987
			Energieträger insgesamt			
Bulgarien	2,4	22,7	32,4	22,7	24,3	16,8
CSSR	13,3	12,1	17,2	14,8	15,8	11,1
DDR	6,0	9,6	20,5	26,5	26,6	11,0
Polen	37,9	27,1	24,7	30,1	28,3	18,0
Rumänien	22,9	35,9	38,9	45,6	43,0	33,1
Ungarn	2,0	5,6	6,4	12,3	12,6	8,4
RGW(6)	20,7	20,9	23,2	27,5	26,4	17,1
			Mineralöl			
Bulgarien	2,1	22,7	32,2	20,1	22,2	16,6
CSSR	4,3	5,9	10,4	8,6	9,2	6,6
DDR	4,9	8,0	18,8	24,1	24,3	9,0
Polen	2,8	4,8	5,0	5,4	4,7	3,0
Rumänien	22,6	35,9	38,9	45,5	42,7	33,1
Ungarn	1,8	5,1	5,6	11,4	11,1	7,8
RGW(6)	6,8	12,6	15,7	19,8	18,7	12,2

1) SITC - Teil 3. - 2) SITC-Abschnitt 33.

Quelle: Aussenhandels-Datenbank des DIW.

bestehen die Energieexporte fast ausschließlich aus Mineralöl. Nach Angaben der Internationalen Energieagentur erhöhten die RGW-Staaten die Exportmengen von 13 Mill. t (1979) auf 19 Mill. t (1987). Die RGW-Länder haben damit einen Teil ihrer Öleinsparungen nicht zu Importdrosselungen sondern zur Ausweitung des Westexports genutzt. Während der Ölverbrauch 1987 um 20 Mill. t geringer war als 1979, wurden die Importe nur um 9 Mill. t gekürzt. Rohöl aus der UdSSR oder OPEC-Staaten wurde in den Raffinerien weiter verarbeitet; damit brauchten die Kapazitäten nicht den Strukturänderungen angepaßt zu werden. Die Ölprodukte konnten gegen konvertierbare Währung am Weltmarkt verkauft werden. Damit wurden erneut Strukturen konserviert und die Wettbewerbsschwäche der eigenen traditionellen Exportprodukte verdeckt. Allerdings half dies einigen RGW-Ländern, insbesondere der DDR, ihre Zahlungsprobleme zu überwinden.

Die indirekten Rückwirkungen auf den Westhandel resultieren aus den hohen Investitionsaufwendungen für die Ausweitung bzw. Stabilisierung der Brennstofförderung im Inland. Diese Mittel fehlten für die dringend erforderliche Modernisierung in anderen, exportintensiven Zweigen. Auch damit wurden in den RGW-Staaten veraltete Strukturen zementiert; dies wiederum führte u.a. zu Marktanteilsverlusten gegenüber Schwellenländern im OECD-Bereich.

Die Veränderungen in der Energieverbrauchsstruktur vollzogen sich weitgehend plangemäß: Die Bedeutung des Mineralöls ging nach dem Aufschwung in den siebziger Jahren von 1980 an zurück. 1987 entsprachen die in den kleineren RGW-Staaten verbrauchten rd. 80 Mill. t Mineralöl einem Anteil in der Primärenergiebilanz von 19 vH. Gesenkt wurde damit der Ölverbrauch gegenüber 1979 um 20 Mill. t (vgl. Tabellen 6.4.3 und 6.5.2). Der Anteilsrückgang um 5 vH-Punkte wurde durch überdurchschnittliche Steigerungen des Verbrauchs von Erdgas, Kernenergie und Kohle ausgeglichen.

Neben den Strukturänderungen zielte die Energiepolitik der RGW-Länder vor allem auf die Einsparung von Energie durch Senkung des spezifischen Energieverbrauchs. Auch für den Energiebereich galt nunmehr, daß die Phase des extensiven Wachstums vorüber war und nur durch intensivere Ressourcennutzung Produktionssteigerungen zu erreichen sind.

Der empirische Befund zeigt, daß es den kleineren RGW-Ländern nur in sehr geringem Maße gelungen ist, das Intensivierungsziel zu erreichen. Zwar war das Wachstum des Primärenergieverbrauchs in den achtziger Jahren mit 1 vH p.a. deutlich geringer als in der Dekade zuvor (3,4 vH). Nur zum Teil ist aber die Wachstumsverlangsamung auf eine

Verbesserung der Energieeffizienz zurückzuführen. Vor allem in Polen, Rumänien und Bulgarien wurden Einsparungen durch Kontingentierungen im privaten, kommunalen und produzierenden Bereich erzwungen. Dieses Zwangssparen war auch mitverantwortlich für die deutliche Verlangsamung im Wirtschaftswachstum: Im Durchschnitt der Jahre 1981 bis 1987 war der Zuwachs des produzierten Nationaleinkommens mit 2,7 vH nur noch etwa halb so hoch wie in den siebziger Jahren (5,8 vH).

Tabelle 35

Entwicklung von Primärenergieverbrauch (PEV) und produziertem Nationaleinkommen (pNE) in den RGW(6)-Ländern 1971 bis 1987

- Zunahme im Jahresdurchschnitt in vH -

	PEV	pNE	Elastizität[1]
1971 - 1980	3,4	5,8	0,59
1981 - 1987	1,0	2,7	0,37
1981 - 1983	-0,3	0,6	-0,50
1984 - 1987	1,9	4,2	0,45

1) Verhältnis der Wachstumsraten von PEV und NE.

Quellen: Economic Commission for Europe: Economic Survey of Europe 1988-1989. New York 1989, S. 325. - Datenbank RGW-Energie des DIW.

Die Elastizität des Primärenergieverbrauchs konnte allerdings verbessert werden. Während im Zeitraum 1971 bis 1980 ein Wachstum des Nationaleinkommens um 1 vH statistisch mit einem Anstieg des Primärenergieverbrauchs um 0,6 vH verbunden war, ging dieser Wert in Durchschnitt der Jahre 1981 bis 1987 auf 0,4 vH zurück.

Allerdings zeigt eine genauere Betrachtung, daß die Verbesserungen in der gesamtwirtschaftlichen Energieeffizienz nur von relativ kurzer Dauer waren, denn für den Zeitraum 1984 bis 1987 ergibt sich bereits wieder ein Elastizitätswert von 0,5. Dies bestätigt die These, daß die Energieeinsparungen nicht primär durch Verbesserungen in der produktspezifischen Energieeffizienz erreicht wurden. Vielmehr mußten zu Beginn der achtziger Jahre die RGW-Staaten mit einem kaum expandierenden Energieangebot auskommen. Dies führte vor allem zur Beseitigung der größten Verschwendungspotentiale, aber auch zu Engpässen in der Versorgung. Die für die Jahre 1981 bis 1983 zu konstatierende Stagnation im Wirtschaftswachstum ist auch auf die relative Energieverknappung zurückzuführen. Dies dürfte die RGW-Länder veranlaßt haben, ihre Energieimporte (netto und ohne Kernenergie) nach einer Stagnations- bzw. Schrumpfungsphase (1981 bis 1984) wieder kräftiger zu steigern.

Auf ein noch immer sehr hohes Verbrauchsniveau weist die Kennziffer "Primärenergieverbrauch" je Einwohner hin. Sie wird hilfsweise als Indikator verwendet, weil ein Bezug auf das Bruttosozialprodukt aufgrund der unterschiedlichen Konzepte in Ost und West und das Fehlen von realistischen Wechselkursen nicht sinnvoll ist. Vergleicht man die Werte für die RGW-Länder mit denen für die Bundesrepublik, so wird ein hohes Maß an Energieverschwendung deutlich: Im RGW-Durchschnitt ist das Verbrauchsniveau noch um 5 vH höher, obwohl die gesamtwirtschaftliche Produktion je Einwohner noch nicht einmal die Hälfte des Wertes für die Bundesrepublik erreichen dürfte (vgl. Tabelle 36).

Tabelle 36

**Primärenergieverbrauch je Einwohner in den RGW-Ländern
und in der Bundesrepublik Deutschland 1987**

	Giga-Joule	BRD = 100
Bulgarien	162	87
CSSR	207	111
DDR	232	125
Polen	147	79
Rumänien	124	67
Ungarn	128	69
RGW(6)	163	88
UdSSR	208	112
RGW(7)	195	105
Bundesrepublik Deutschland	186	100

Quelle: Datenbank RGW-Energie des DIW.

Die insgesamt unbefriedigenden Ergebnisse bei den Bemühungen um Senkung des spezifischen Energieverbrauchs sind vor allem auf folgende Gründe zurückzuführen:

- Die Energiepolitik konzentrierte sich im wesentlichen auf den Einsatz direkter Einsparmaßnahmen. Ökonomische Hebel zur indirekten Förderung eines Einsparinteresses wurden kaum eingesetzt. Vielmehr nahm die Subventionierung der Energiepreise grundsätzlich weiter zu.

- Die allgemein festzustellende Innovationsträgheit in den RGW-Ländern hat den Einsatz energiesparender Neuerungen auf der Produktions- und auf der Produktenseite behindert. Der Modernisierungsspielraum war zudem stark eingeengt, weil die Investitionen insgesamt zurückgefahren wurden und die Westimporte wegen der hohen Auslandsverschuldung eingeschränkt werden mußten[3].

- Strukturveränderungen zugunsten weniger energieintensiver Sektoren wurden kaum vorgenommen. Stattdessen erhöhten alle RGW-Staaten bei absolut sinkendem Gesamtvolumen den Investitionsanteil der Energie- und Brennstoffindustrie.

- Die Politik der partiellen Importsubstitution hat zu einer Renaissance der Braunkohle geführt und den ohnehin sehr hohen Kohleanteil (1987: 57 vH) stabilisiert. Transport und Umwandlung von festen Brennstoffen erfordern aber im Vergleich zum Einsatz von Öl einen höheren Energieaufwand.

- Der Anpassungsdruck kam für die kleineren RGW-Länder erst relativ spät. Während die westlichen Industrieländer bereits nach dem Ölpreisschock ihre Einsparmaßnahmen forcierten, konnten die RGW-Länder ihre Brennstoffimporte aus der UdSSR bis 1980 zu relativ günstigen Preisen noch kräftig erhöhen.

Insgesamt zeigt die Entwicklung der Energiewirtschaft in den kleineren RGW-Staaten, daß (1) die politischen Führungen auf die weltwirtschaftlichen Strukturveränderungen mit einer innovations- und risikoarmen Strategie reagierten und daß (2) der angestrebte Übergang vom extensiven zum intensiven Wachstum nicht befriedigend gelungen ist. Dies gilt unabhängig von den jeweiligen Wirtschaftssystemen dieser Länder. Ungarn, das stärker mit indirekten Lenkungsmechanismen die Wirtschaft steuert als z.B. die DDR oder Rumänien, konnte im Vergleich zu diesen beiden Ländern insgesamt keine besseren Einsparergebnisse erreichen. Mit dieser Feststellung sind allerdings die indirekten Steuerungsmittel nicht diskreditiert, sondern es wird lediglich auch hier der inkonsequente Einsatz dieser Instrumente deutlich.

Tabelle 37

Stromverbrauch je Einwohner in ausgewählten Ländern 1)

Land	1980 kWh	1987	1980 Bulgarien = 100	1987
Bundesrepublik Deutschland	5450	6220	153	128
DDR	4876	5787	137	120
Frankreich	4303	5447	121	113
Tschechoslowakei	4013	4891	113	101
Bulgarien	3564	4841	100	100
Rumänien	2656	...	75	...
Italien	2900	3192	81	66
Polen	2802	3155	79	65
Ungarn	2483	3181	70	66
Jugoslawien	2275	2885	64	60
Spanien	2451	2884	69	60
Griechenland	2104	2599	59	54
Türkei	472	707	13	15

1) Nettoproduktion.
Quelle: Annual Bulletin of Electric Energy Statistics for
        Europe 1987.

Abbildung 29

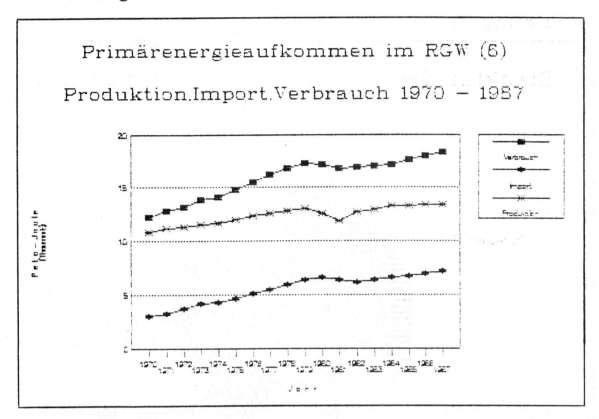

Abbildung 30

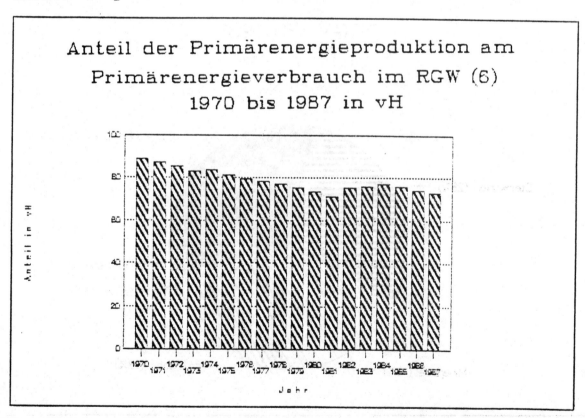

Abbildung 31

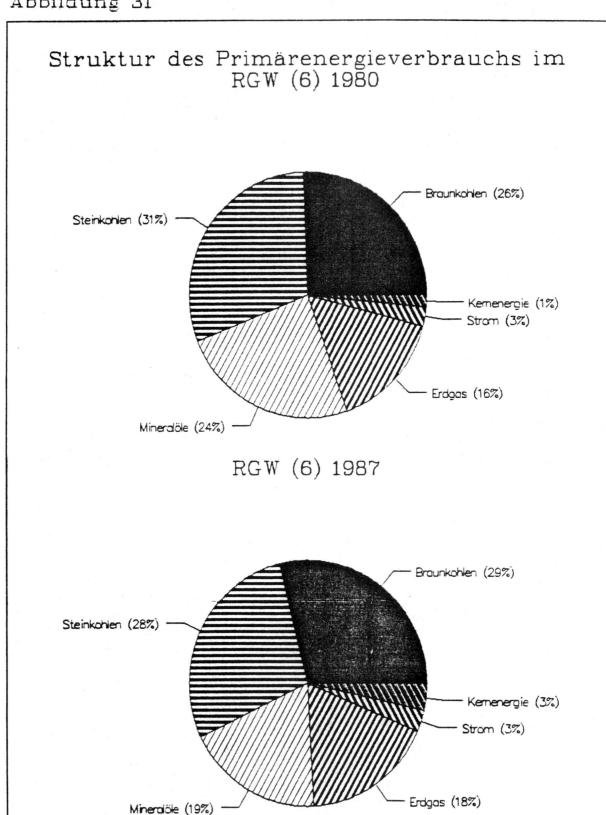

Struktur des Primärenergieverbrauchs im
RGW (6) 1980

Braunkohlen (26%)

Steinkohlen (31%)

Kernenergie (1%)

Strom (3%)

Erdgas (16%)

Mineralöle (24%)

RGW (6) 1987

Braunkohlen (29%)

Steinkohlen (28%)

Kernenergie (3%)

Strom (3%)

Erdgas (18%)

Mineralöle (19%)

Anteil der Inlandsproduktion am Primärenergieverbrauch der
kleineren RGW-Länder 1973, 1980 und 1987 in vH

	Bulgarien	CSSR	DDR	Polen	Rumänien	Ungarn
1973	27.6	72.8	71.0	110.2	97.9	60.6
1980	21.5	65.7	67.2	98.0	80.5	47.4
1987	21.5	61.6	73.7	96.0	81.4	41.5

Zunahme der Primärenergieproduktion in den kleineren RGW-Ländern
1974 bis 1980 und 1981 bis 1987 im Jahresdurchschnitt in vH

	Bulgarien	CSSR	DDR	Polen	Rumänien	Ungarn
1980/73	1.3	1.2	0.6	1.8	1.6	-0.6
1987/80	1.4	-0.3	2.5	0.6	1.0	-0.6

Anteil von Mineralöl am Primärenergieverbrauch der kleineren
RGW-Länder 1973, 1980 und 1987 in vH

	Bulgarien	CSSR	DDR	Polen	Rumänien	Ungarn
1973	54.2	24.0	17.6	13.6	27.9	34.0
1980	47.9	25.7	18.0	15.6	28.7	34.9
1987	38.5	20.8	13.0	13.0	19.5	29.0

Anteil von Kernenergie am Primärenergieverbrauch der kleineren
RGW-Länder 1973, 1980 und 1987 in vH

	Bulgarien	CSSR	DDR	Polen	Rumänien	Ungarn
1973	0.0	0.1	0.1	0.0	0.0	0.0
1980	5.4	1.7	3.3	0.0	0.0	0.0
1987	10.0	7.5	2.9	0.0	0.0	9.5

Anteil von Braun- und Steinkohle am Primärenergieverbrauch der
kleineren RGW-Länder 1973, 1980 und 1987 in vH

	Bulgarien	CSSR	DDR	Polen	Rumänien	Ungarn
1973	37.8	68.3	78.4	80.0	20.7	43.2
1980	28.9	61.2	69.7	76.3	19.8	30.1
1987	31.4	56.8	73.7	78.1	24.9	24.7

Anteil von Erdgas am Primärenergieverbrauch der kleineren
RGW-Länder 1973, 1980 und 1987 in vH

	Bulgarien	CSSR	DDR	Polen	Rumänien	Ungarn
1973	0.8	4.5	3.4	6.5	49.0	17.3
1980	11.0	8.9	8.5	7.6	45.7	27.2
1987	14.6	12.3	9.4	8.2	49.7	27.9

Veränderung des Primärenergieverbrauchs der kleineren
RGW-Staaten im Jahresdurchschnitt in vH

	Bulgarien	CSSR	DDR	Polen	Rumänien	Ungarn
1980/73	4.9	2.7	1.4	3.5	4.4	3.0
1987/80	1.3	0.7	1.1	0.9	0.8	1.3
1983/80	0.2	-0.4	-0.5	-0.5	0.3	-0.8
1987/83	2.2	1.5	2.4	1.9	1.2	2.9

Primärenergieverbrauch je Einwohner in den kleineren
RGW-Staaten und in der Bundesrepublik Deutschland

	Bulgarien	CSSR	DDR	Polen	Rumänien	Ungarn	BRD
in GJ/Einwohner								
1973	109	175	191	122	95	97	178
1980	150	201	213	148	121	116	186
1987	162	207	232	147	124	128	186
Bundesrepublik Deutschland = 100								
1973	61.2	98.3	107.3	68.5	53.4	54.5	100.0
1980	80.6	108.1	114.5	79.6	65.1	62.4	100.0
1987	87.1	111.3	124.7	79.0	66.7	68.8	100.0

4. Perspektiven: Kernenergie statt Einsparung?

4.1 Gesamtwirtschaftliche Perspektiven

Die künftige Entwicklung der Energiewirtschaft in den RGW-Ländern wird wesentlich von den gesamtwirtschaftlichen Perspektiven bestimmt. Hierzu zählen sowohl die zu erwartenden Tendenzen in Wachstum und Struktur der Volkswirtschaften als auch die Entwicklung der Wirtschaftsordnungen.

Zur Mitte des Jahres 1989 ist die politische und wirtschaftliche Lage im RGW durch erhebliche Unsicherheiten geprägt. In der UdSSR, in Polen und Ungarn haben sich Veränderungen vollzogen, die zum Teil als revolutionär gekennzeichnet werden können. In den anderen RGW-Staaten herrscht Attentismus (CSSR, Bulgarien) oder offene Ablehnung dieser Reformpolitik (DDR, Rumänien).

Weitgehend parallel hierzu verlaufen die Einstellungsunterschiede der politischen Führungen zu Veränderungen im Wirtschaftssystem. Lediglich in Ungarn und Polen soll die Leistungsfähigkeit der Wirtschaft durch weitgehende Dezentralisierung der Entscheidungsbefugnisse verbessert werden; marktwirtschaftliche Elemente sollen ausgeweitet, das staatliche Eigentum zurückgedrängt werden.

Verschieden ist auch die Wirtschaftslage in den kleineren RGW-Ländern. Die Reformbestrebungen in Ungarn und Polen haben bisher nicht zu einer nachhaltigen Verbesserung der Leistungskraft geführt. Die Verschuldung beider Länder ist hoch, der Lebensstandard der Bevölkerung hat noch nicht wieder das Anfang der achtziger Jahre erreichte Niveau überschritten. Hohe Inflationsraten haben das Vertrauen in wirtschaftliche Stabilität nachhaltig erschüttert. Die Furcht vor Arbeitsplatzverlust führt zudem in weiten Kreisen der Bevölkerung zu einer skeptischen Bewertung der Wirtschaftsreformprogramme.

In den anderen RGW-Staaten ist die wirtschaftliche Lage stabiler. Die Verschuldung hält sich, mit Ausnahme von Bulgarien, in Größenordnungen, die keinen Anlaß zur Besorgnis bieten. Die Preissteigerungen bewegen sich in relativ engen Grenzen; Arbeitsplätze sind nicht gefährdet. Dies wird allerdings erkauft mit einer geringen Leistungsmotivation. Sozialpolitische Alternativpositionen zur Politik der westlichen Industrieländer - wie geringe Einkommensunterschiede oder Sicherheit des Arbeitsplatzes - wurden immer mehr zu Hemmfaktoren für den Strukturwandel.

Das Tempo von Innovation und strukturellem Wandel ist in allen RGW-Staaten bisher zu langsam gewesen, um im Wettbewerb mit den westlichen Industriestaaten aufholen zu können. Vielmehr hat sich der Abstand im Lebensstandard noch vergrößert, und die internationale Konkurrenzfähigkeit der Exportprodukte ist - sogar im Vergleich zu einigen Schwellenländern - schlechter geworden. Die Positionsverluste im Aufholwettbewerb gegenüber den westlichen Industriestaaten haben aber auch dazu geführt, daß Umweltschutzinvestitionen vernachlässigt worden sind und sich hier ein beträchtlicher Nachholbedarf aufgestaut hat.

Die RGW-Länder werden auch künftig ein möglichst hohes Wirtschaftswachstum anstreben. Ein weiteres Zurückfallen gegenüber westlichen Industrieländern würde den - ohnehin schon großen - politischen Legitimationsdruck erhöhen, der gegenwärtig auf allen RGW-Staaten lastet. Dies gilt sowohl für die Länder, die die Wachstumsschwäche mit systemimmanenten Veränderungen überwinden wollen, als auch für diejenigen, die grundlegende Korrekturen an ihrem System anstreben. So ist z.B. von Seiten der DDR erklärt worden, daß auch künftig ein Wachstum des Nationaleinkommens von 4 vH jährlich erforderlich sei, um die gesteckten wirtschafts- und gesellschaftspolitischen Ziele verwirklichen zu können.

Die Chancen für eine Realisierung der hohen Wachstumsziele sind vor dem Hintergrund der schwierigen Ausgangslagen für alle RGW-Länder nicht sehr günstig zu beurteilen. Die Phase des extensiven Wachstums ist vorüber; Produktionssteigerungen können fast nur noch durch intensivere Nutzung des Arbeitskräftepotentials und der Rohstoffe erreicht werden. Der Spielraum für eine überdurchschnittliche Ausweitung des Westhandels - wie dies vor allem von Ungarn und Polen angestrebt wird - ist angesichts der Verschuldung und der geringen internationalen Konkurrenzfähigkeit des Industriewarenangebots eng begrenzt. Die Integration im RGW befindet sich in einer Krise, so daß von dieser Seite kaum Wachstumsimpulse erwartet werden können. Eine vorübergehende Entlastung bringen lediglich die Verbesserungen der Terms of Trade im Handel mit der UdSSR infolge der - verzögert - sinkenden Energiepreise.

Stark abhängig ist die künftige ökonomische Entwicklung von Veränderungen der Wirtschaftssysteme. Aus heutiger Sicht sind die Chancen groß, daß sich in Polen und Ungarn die Kräfte durchsetzen, die nach den politischen Reformen auch die Wirtschaftsreformen konsequent durchführen werden. Allerdings werden die Umstellungsprobleme noch für längere Zeit andauern.

Auch in den Ländern, in denen die politischen Führungen am System der zentralen Planung grundsätzlich festhalten wollen, kann kaum mit einer nachhaltigen Wachstumsbeschleunigung gerechnet werden, denn es ist wenig wahrscheinlich, daß die chronischen Innovationsschwierigkeiten und strukturellen Beharrungstendenzen überwunden werden können. In allen RGW-Staaten wird zudem das rein quantitative Wachstum durch den großen Nachholbedarf an Umweltschutzinvestitionen beeinträchtigt werden müssen.

Vor diesem Hintergrund ist nicht damit zu rechnen, daß die RGW-Länder in den nächsten Jahren wieder die hohen Wachstumsraten der siebziger Jahre (6 vH) erreichen werden. Wahrscheinlicher erscheint, daß das produzierte Nationaleinkommen in den neunziger Jahren im Bereich von 2,5 bis 3,5 vH im Jahresdurchschnitt expandieren wird.

4.2   Energiewirtschaftliche Perspektiven

Langfristig streben die RGW-Länder die Verwirklichung folgender energiewirtschaftlicher Ziele an:

- Stärkere Verminderung des spezifischen Energieverbrauchs der Volkswirtschaft;

- überproportionalen Einsatz von nichtfossilen Energieträgern, insbesondere von Kernenergie für die Strom- und Wärmeversorgung;

- Partielle Substitution von Erdöl, vor allem durch Erdgas und z.T. durch Kohle.

Angesichts des relativ hohen Energieverbrauchs ist das Einsparpotential in den RGW-Ländern beträchtlich. Seine Nutzung ist auch mit erheblichen wirtschaftlichen Vorteilen verbunden, denn der Aufwand für die Einsparung einer Energieeinheit ist deutlich geringer als der für eine entsprechende Steigerung der Produktion.

Für die kleineren RGW-Staaten wird der Druck zur konsequenteren Durchsetzung von Energiesparmaßnahmen in den nächsten Jahren zunehmen, da die Möglichkeiten zur Steigerung der Inlandsförderung immer schlechter werden. Zum einen werden die Reserven an fossilen Brennstoffen geringer; zum anderen steigt der Gewinnungsaufwand infolge sich verschlechternder geologischer Abbaubedingungen stark an. Dies könnte, unterstützt durch Veränderungen im Wirtschaftssystem, die Umlenkung von Investitionsmitteln zugunsten von Einsparmaßnahmen fördern. Ob die zu erwartende Mittelumlenkung auch zu den gewünschten Effekten führen wird, hängt im wesentlichen von den Fortschritten bei den

Bemühungen um die Steigerung der Gesamteffizienz der Wirtschaft ab. Nur wenn es gelingt, das Gesamtsystem effizienter zu gestalten, können nachhaltige Erfolge bei der Energieeinsparung erwartet werden. Vor allem Ungarn und Polen bemühen sich derzeit, die Leistungsfähigkeit ihrer Wirtschaft durch Reformmaßnahmen zu verbessern. Für die Durchsetzung dieser Politik ist aber eine längere Übergangsphase erforderlich, in der kaum ein stabiler Aufschwung zu erwarten ist. Insofern kann auf mittlere Frist zwar mit Verbesserungen, aber nicht mit einem drastischen Sinken des spezifischen Energieverbrauchs gerechnet werden.

Für die einzelnen Energieträger zeichnen sich folgende Entwicklungsperspektiven ab:

Die Möglichkeiten für ein weiteres Wachstum des Verbrauchs von Kohle sind sehr eng begrenzt. Die traditionellen Kohleförderländer Polen, DDR und CSSR stoßen immer mehr an die Grenzen ihrer Expansionsmöglichkeiten. Aus ökologischen und ökonomischen Gründen soll die Fördermenge in der DDR und in der CSSR in den nächsten Jahren zurückgehen. In Polen kann lediglich mit einem Wachstum bei der Braunkohlegewinnung gerechnet werden. Die Steinkohlenexporte sollen bis zum Jahr 2000 ganz eingestellt werden. Mit einem Anstieg des Importbedarfs an Steinkohle ist bei den übrigen RGW-Ländern zu rechnen. Da dieser kaum von der UdSSR vollständig gedeckt werden kann, werden einige RGW-Staaten vermutlich verstärkt als Nachfrager außerhalb des RGW auftreten.

Der Einsatz von Mineralöl wird voraussichtlich wieder zunehmen. Der gesunkene Ölpreis hat bereits dazu geführt, daß die kleineren RGW-Länder ihren Ölverbrauch nicht weiter eingeschränkt haben. Der Ölanteil am Primärenergieverbrauch ist in diesen Ländern mit knapp 20 vH ohnehin gering. Bedarfssteigerungen sind mit wachsender Motorisierung zu erwarten. Hier ist allerdings damit zu rechnen, daß ein Teil der steigenden Fahrleistung durch sinkende Verbrauchswerte kompensiert wird. Nachfrageimpulse gibt es möglicherweise von Seiten der chemischen Industrie. So hat das Wirtschaftskabinett in Polen im Sommer 1989 beschlossen, die Rohölverarbeitung bis zum Jahr 2005 auf 35 Mill. t zu verdoppeln, um damit vor allem den Bedarf an Kunststoffen und Pflanzenschutzmitteln decken zu können[4]. Inwieweit diese Pläne auch finanzierbar sind, ist allerdings fraglich. Angesichts der sowjetischen Pläne, die Ölförderung nicht mehr nennenswert zu steigern[5], kann ein Verbrauchszuwachs im wesentlichen nur durch Importe aus Regionen außerhalb des RGW gedeckt werden. Möglichkeiten für eine Steigerung des Ölaufkommens ergeben sich allerdings auch aus einer Kürzung der Mineralölexporte der kleineren RGW-Staaten. Hierbei handelt es sich zumeist um Veredelungsgeschäfte. Nach Angaben der Internationalen Energieagentur (IEA) importierten die OECD-Länder 1988 aus den RGW(6)-Staaten Erdöl und Erdölprodukte in einem Gesamtumfang von 19,1 Mill. t, davon waren 1,4 Mill. t Rohöl[6]. Diese "Ölquelle" dürfte sich am ehesten mobilisieren lassen, da lediglich die Gewinnmargen aus der Veredelung durch zusätzliche Exporte von anderen Waren kompensiert werden müßten.

Von den fossilen Brennstoffen wird Erdgas auch künftig die größten Steigerungsraten erzielen. Allerdings wird sich das Wachstum abschwächen. Die kleineren RGW-Länder können die Erdgasförderung kaum noch erhöhen. In der Sowjetunion steigt der Aufwand für die Erschließung neuer Erdgasfelder stark an, da sich diese vor allem in den klimatisch sehr ungünstigen Regionen im Norden West-Sibiriens befinden. Der Export von Erdgas wird in der UdSSR in zunehmendem Maße kritisch beurteilt. Zwar sind bei diesem Energieträger die Liefermöglichkeiten der Sowjetunion noch am günstigsten. Die UdSSR wird aber vermutlich die Steigerung der Exporte weiterhin von Beteiligungen der RGW-Länder an der Erschließung ihrer Lagerstätten abhängig machen. Der dafür zu erbringende Aufwand an Arbeitskräften und Material wurde aber bereits von Ungarn als zu hoch angesehen. Wegen der Leitungsgebundenheit von Erdgas ist aber kaum mit Importen aus Drittländern zu rechnen.

Die Expansionsaussichten für Wasserkraft sind relativ ungünstig. Zwar gibt es in den kleineren RGW-Staaten Bemühungen, das hydroenergetische Potential stärker zu nutzen. Wie das Beispiel von Gabcikovo/Nagymaros aber zeigt, wird der Bau von Wasserkraftwerken aus ökologischen und ökonomischen Gründen zunehmend kritisiert. Angesichts des hohen Investitionsbedarfs für dringend notwendige Modernisierungen außerhalb der Grundstoffindustrien ist damit zu rechnen, daß Wasserkraftwerksprojekte aufgegeben oder in die Zukunft verschoben werden.

Alternativen Energiequellen wird gegenwärtig in den RGW-Staaten allenfalls eine Ergänzungsfunktion zugebilligt. Sie könnten aus heutiger Sicht im Jahr 2000 etwa 1 bis 2 vH des Primärenergieverbrauchs decken. Zwar wird in allen RGW-Ländern angesichts der CO_2-Emissionsprobleme die Notwendigkeit einer stärkeren Nutzung betont. Die Realisierungschancen werden jedoch angesichts der relativen Kostenrelationen auf absehbare Zeit als ungünstig angesehen.

Hoffnungsträger für die künftige Energieversorgung der kleineren RGW-Länder ist derzeit die Kernenergie. Im November 1986 vereinbarten die RGW-Länder ein gemeinsames Kernkraftwerksprogramm bis zum Jahr 2000. Danach soll allein in diesen Staaten die Leistung der Kernkraftwerke auf 50 000 MW erhöht werden (Ist Mitte 1989: rd. 10 000 MW); im Durchschnitt sollen sie dann 30 bis 40 vH der Stromproduktion decken[7]. Den Planungen in diesen Ländern liegt die Annahme zugrunde, daß der Stromverbrauch auch künftig überdurchschnittlich zunehmen wird - um 3 vH im Jahresdurchschnitt bis zum Jahr 2000. Vor allem in Bulgarien, der CSSR, Ungarn und in der DDR gibt es sehr ehrgeizige Ausbaupläne für Kernenergie. Bis zum Jahre 2005 sollen hier insgesamt mehr als die Hälfte der Elektrizitätsgewinnung aus Kernkraftwerken stammen. In der Nutzung der Atomenergie sehen die RGW-Länder auch eine Möglichkeit, die Probleme der Schadstoffemissionen lösen zu können.

Kernenergie soll langfristig auch zur Wärmeversorgung von Industrie und Haushalten eingesetzt werden. Neben der z.T. bereits praktizierten Wärmeauskopplung ist auch der Bau von Kernheizwerken vorgesehen. Von der UdSSR ist bereits für die kleineren RGW-Staaten ein Prototyp mit einer Leistung von 300 MW entwickelt worden.

Die termingerechte Verwirklichung der Kernenergiepläne ist allerdings nicht zu erwarten. Bereits vor dem Unglück von Tschernobyl klafften deutliche Lücken zwischen Plan und Ist. So sah ein 1977 unterzeichnetes Generalabkommen vor, die Kernkraftwerksleistung in den kleineren RGW-Ländern (einschl. Kuba) bis 1990 auf 37 000 MW zu erhöhen. Dieses Ziel wurde inzwischen aufgegeben; es wäre selbst ohne die durch das Unglück von Tschernobyl ausgelösten Verzögerungen nicht annähernd erreicht worden.

Nach Tschernobyl haben die UdSSR und die kleineren RGW-Länder zwar offiziell erklärt, daß sie am forcierten Ausbau der Kernenergie festhalten wollen. Die Überprüfung und Überarbeitung der Sicherheitstechnik, Kapazitätsengpässe beim Reaktorbau und Kostensteigerungen haben die chronischen Probleme in diesem Sektor eher noch verschärft. Künftig muß zudem mit einer abnehmenden Akzeptanz der Kernenergie gerechnet werden; entsprechende Proteste können sich in den RGW-Staaten auch immer stärker artikulieren. Die Kernenergieprogramme stehen damit auf einer sehr unsicheren Basis. Vor diesem Hintergrund dürfte die Einschätzung des tschechoslowakischen Ministerpräsidenten Strougal, wonach die für das Jahr 2000 geplanten Kapazitätserweiterungen nur etwa zur Hälfte verwirklicht werden können, wohl realistisch sein[8].

Aus der Sicht der RGW-Staaten gibt es derzeit allerdings kaum eine realistische Alternative zur Kernenergie: Die Stromversorgung ist überall sehr angespannt, in einigen

Ländern müssen sogar Verbrauchsbeschränkungen vorgenommen werden. Die Luftverschmutzung ist zudem - vor allem in der DDR, der CSSR und in Polen - besorgniserregend hoch. Die Chancen für eine spürbare Senkung des spezifischen Energieverbrauchs bleiben dagegen systembedingt gering. Vor diesem Hintergrund kann das von niemandem zu bestreitende Restrisiko der zivilen Kernenergienutzung durch eine intensivere Ost-West-Kooperation gemindert werden. Bestehende Hindernisse auf dem Gebiet der Technologietransferpolitik (CoCom!) müßten beseitigt werden, denn eine restriktive Politik in diesem Bereich entspricht nicht den Sicherheitsinteressen des Westens.

Es wäre aber auch zu wünschen, daß im RGW noch stärker Konsequenzen aus der Erkenntnis gezogen werden, daß die dort existierende Energieverschwendung mit immer größeren Gefahren für die Umwelt verbunden ist. Eine Forcierung der Einsparpolitik -auch unter Verwendung westlicher Technologie - ist daher dringend geboten. Wenn es nicht gelingt, hier auf längere Frist einen Durchbruch zu erzielen, dann wird auch weiterhin der überhöhte spezifische Energieverbrauch ein wesentlicher Hemmfaktor für das gesamtwirtschaftliche Wachstum bleiben.

5   Zusammenfassung

Ziel dieser Studie ist es, die energiepolitischen Reaktionen der kleineren europäischen Mitgliedstaaten des Rates für gegenseitige Wirtschaftshilfe (RGW) auf die drastischen Veränderungen der Ölpreise, insbesondere auf den zweiten Ölpreisschock von 1979, zu analysieren. Eine wesentliche Voraussetzung hierfür sind Informationen über Niveau, Entwicklung und Struktur des Primärenergieverbrauchs. Daten hierüber werden von den RGW-Ländern nur sehr unvollständig veröffentlicht. Daher bestand ein großer Teil der Arbeiten in der Erstellung von Primärenergiebilanzen. Für alle RGW-Staaten wurde für den Zeitraum von 1970 bis 1987 das Aufkommen von Primärenergie nach Energieträgern (Braunkohle, Steinkohle, Mineralöl, Erdgas, Kernenergie, Primärstrom) und deren Herkunft (Gewinnung, Import bzw. Export) ermittelt bzw. geschätzt. Die Daten sind auf Disketten gespeichert und bilden den wesentlichen Teil einer "Datenbank RGW-Energie des DIW".

Auf den ersten Ölpreisschock von 1973 haben die RGW-Staaten kaum mit energiepolitischen Maßnahmen reagiert. Dies war möglich, weil in diesen Ländern eine weitgehend autarke Energieversorgung betrieben wird. Sind Importe erforderlich, so stammen sie fast ausschließlich aus der UdSSR. Diese steigerte bis 1980 ihre Energieexporte in die kleineren RGW-Staaten mengenmäßig; die Preise wurden erst mit deutlicher Verzögerung der Weltmarktentwicklung angepaßt.

Auf den zweiten Ölpreisschock mußten die RGW-Staaten reagieren. Die Terms of Trade gegenüber der UdSSR hatten sich verschlechtert, eine Fortsetzung dieses Trends war zu erwarten. Außerdem konnte nicht mehr mit steigenden Brennstofflieferungen aus der UdSSR gerechnet werden. Die energiepolitischen Reaktionen auf diese neue Lage waren in allen RGW-Staaten weitgehend identisch. Angestrebt wurde insbesondere:

- die Substitution von Öl, vor allem durch Kohle und Kernenergie;
- die maximale Nutzung der eigenen Brennstoffressourcen;
- die Durchsetzung von Energieeinsparungen.

Diese Ziele konnten nur zum Teil verwirklicht werden. Der Ölverbrauch ging in allen RGW-Staaten in den achtziger Jahren absolut und relativ zurück, im wesentlichen durch die Umstellung von Öl- auf Kohlefeuerung. Einige RGW-Länder, insbesondere die DDR, haben das auf dem Binnenmarkt eingesparte Öl gegen dringend benötigte Devisen in westliche Länder verkauft. Zugenommen hat in der CSSR, Ungarn und Bulgarien der Kernenergieanteil; er beträgt hier zwischen 7 und 10 vH. Die Ausweitung der eigenen

Brennstofförderung gelang nur in Bulgarien und in der DDR, allerdings unter großem Investitionsaufwand. Dieser war auch in den anderen Staaten allein schon zur Aufrechterhaltung des Produktionsniveaus erforderlich, denn überall führten schlechter werdende geologische Abbaubedingungen zu Kostensteigerungen. In Kauf genommen wurden bei der Ausweitung der Kohleförderung beträchtliche ökologische Kosten. Dies gilt insbesondere für die DDR, die - obwohl bereits größter Braunkohlenproduzent der Welt - die Förderung in den achtziger Jahren um rd. ein Fünftel erhöht hat. Sie ist derzeit der mit Abstand größte Emittent von SO_2 in Mitteleuropa und wird in den nächsten Jahren beträchtliche Mittel für nachsorgenden Umweltschutz ausgeben müssen.

Die billigste Energiequelle ist im RGW die Energieeinsparung, denn die Kosten für Sparmaßnahmen sind (noch) deutlich geringer als die für die Ausweitung des Energieaufkommens. Der empirische Befund zeigt indes, daß diese Quelle nur unzureichend genutzt werden konnte. Das Erfolgs- bzw. Mißerfolgsmuster war für alle Länder weitgehend identisch: Im Zeitraum 1980/81 bis 1983 konnten beachtliche Einsparerfolge erzielt werden, z.T. ging der Primärenergieverbrauch sogar absolut zurück. Danach waren dann wieder deutliche Zuwachsraten zu verzeichnen. Offenbar gelang es lediglich, zunächst die sog. Reserven des ersten Zugriffs zu erschließen. Energieeinsparungen wurden dabei vor allem durch administrative Maßnahmen durchgesetzt (z.B. Senkung von Raumtemperaturen, Verminderung von Beleuchtung, Kürzung von Kontingenten). Die Entwicklung von material- und energiesparenden Produktionsverfahren und Produkten konnte ebensowenig auf breiter Front durchgesetzt werden wie der Strukturwandel in der Industrie zu Lasten der energieintensiven Zweige (z.B. Metallurgie, Chemie).

Hierfür lassen sich vor allem folgende Gründe anführen:

- Die Wirtschaftssysteme der RGW-Länder begünstigen eine Tendenz zur Energieverschwendung auf betrieblicher und zentraler Ebene. Auf betrieblicher Ebene gibt es kaum Anreize zur Durchsetzung von Sparmaßnahmen. Vielmehr sind die Betriebsleitungen grundsätzlich an erhöhten Energiezuweisungen interessiert, um sich mit Reserven gegen plötzliche Lieferausfälle abzusichern. Auf zentraler Ebene können sich die Gruppen stärker artikulieren und durchsetzen, die an einer Ausweitung der Energieproduktion interessiert sind (z.B. Brennstoffindustrien, Metallurgie, Chemie).

- Die Zusammenarbeit im RGW konzentriert sich auf Projekte, die eine Erweiterung der Energieproduktion zum Ziel haben. Für eine Kooperation im Bereich der Energieeinsparung fehlt es an elementaren Voraussetzungen, wie z.B. der Existenz ökonomisch begründeter Wechselkurse.

- Die Verschuldungskrise zu Beginn der achtziger Jahre engte den energiepolitischen Handlungsspielraum der RGW-Länder ein. Statt vermehrt Maschinen aus westlichen Ländern zur Modernisierung und für den strukturellen Wandel zu importieren, hatten Grundstoffimporte zur Aufrechterhaltung der laufenden Produktion Priorität.

Die Reaktion der RGW-Länder auf die weltweite Energieverteuerung war somit kaum problemadäquat. Zwar konnte der Ölverbrauch vermindert werden. Die Inlandsproduktion an festen Brennstoffen wurde stabilisiert bzw. erhöht. Vor allem die Ausweitung der Kernenergie steigerte die Importabhängigkeit der Energieversorgung. Zu einer nachhaltigen Verminderung des hohen Energieverbrauchsniveaus kam es indes nicht.

Das unzureichende Tempo bei Innovation und Strukturwandel hatte auch negative Rückwirkungen auf den Ost-West-Handel. Statt in die Modernisierung von exportträchtigen Industriezweigen zu investieren, flossen die knappen Mittel verstärkt in die Energieproduktion. Zudem wurden Raffineriekapazitäten erhalten, um Erdöl für den Westexport zu veredeln. Damit wurden die Wettbewerbsschwächen der eigenen Industrie verdeckt - eine Strategie, die sich spätestens nach dem Ölpreisverfall von 1986 als verhängnisvoll erwies.

Die Energiepolitik der kleineren RGW-Staaten wird in den neunziger Jahren vor schwierigen Problemen stehen. Künftig kann der Verbrauchszuwachs nur durch Importsteigerungen gedeckt werden; die Möglichkeiten zur Ausweitung der Inlandsproduktion sind erschöpft. Eine Steigerung der Brennstoffeinfuhren aus der Sowjetunion stößt - bei Bezahlung in Verrechnungseinheiten - auf Lieferprobleme. Ansonsten engt die chronische Devisenknappheit die Expansionsmöglichkeiten stark ein. Als einziger Ausweg erscheint den Energiepolitikern im RGW derzeit die beträchtliche Ausweitung der Kernkraftwerkskapazitäten und eine nachhaltige Mobilisierung des Einsparpotentials.

Beide Strategien sind mit beträchtlichen Risiken verbunden. Im Falle der Kernenergie sind dies vor allem die Kostensteigerungen und die weltweit abnehmende Akzeptanz. Im Falle der Energieeinsparung hat sich gezeigt, daß sowohl die RGW-Staaten mit stark zentralistischer Planung als auch die mit mehr marktwirtschaftlicher Orientierung über Anfangserfolge kaum hinausgekommen sind. Einsparungen setzen eine nachhaltige Effizienzverbesserung der Wirtschaftssysteme voraus. Derzeit gibt es dafür keine Anzeichen. Während einige RGW-Staaten keine drastischen Reformen anstreben, werden die anderen für die Verwirklichung ihrer Reformpläne eine längere Übergangsperiode benötigen. Eine durch überhöhten Verbrauch bedingte Energieknappheit dürfte daher in den neunziger Jahren die Wachstumsmöglichkeiten der kleineren RGW-Länder einengen.

Fußnoten zu Kapitel 2

1   Vgl. Deutsches Institut für Wirtschaftsforschung (Hrsg.): Handbuch DDR-Wirtschaft. Hamburg 1985, S. 337 ff.

2   Vgl. Rede des Premierministers der rumänischen Regierung auf der 44. Ratstagung des RGW. Neuer Weg vom 9. Juli 1988. Neues Deutschland vom 19. November 1988.

3   Zu Einzelheiten vgl. Lothar Rüster (Hrsg.): Internationale ökonomische Organisationen der RGW-Länder.

4   Vgl. Budapester Rundschau, Nr. 43/1987. Tillmann: 25 Jahre Zentrale Dispatcherverwaltung der Vereinigten Energiesysteme der Mitgliedsländer des RGW. In: Energietechnik, Heft 12/1988, S. 476.

5   Vgl. Stromwirtschaft im RGW: Trotz Kapazitätserweiterung bleibt Versorgung angespannt. Bearb.: Jochen Bethkenhagen. In: Wochenbericht des DIW, Nr. 36/1988.

6   Vgl. Jörg Holthöfer und Petra Wachs: Zusammenarbeit der Mitgliedsländer des RGW zur Deckung ihres Bedarfs an Energie und Rohstoffen. In: Wirtschaftswissenschaft, Nr. 10/1980, S. 1178 f.

7   Vgl. Kommuniqué über die 42. Tagung des RGW. Neues Deutschland vom 6. November 1986. Vgl. Isvestija vom 5. November 1986. Vgl. Die Kernenergiepolitik der RGW-Länder. Bearb.: Jochen Bethkenhagen. In: Wochenbericht des DIW, Nr. 25/1986.

8   Vgl. Kommuniqué über die 37. Ratstagung des RGW. Neues Deutschland vom 21. Oktober 1983.

9   Vgl. Kommuniqué über die 40. Ratstagung des RGW. Neues Deutschland vom 29./30. Juni 1985. Jewgeni Gawrilow und Jewgeni Smirnow: Prioritäten der Zusammenarbeit der Mitgliedsländer des RGW im Zeichen der Beschlüsse der Wirtschaftsberatung auf höchster Ebene. In: Außenhandel UdSSR, Heft 2/1986, S. 4.

10   Vgl. z.B. die Reden von Premierminister Dascalescu auf der 42., 43. und 44. Tagung des RGW. In: Neuer Weg vom 6. November 1986, 16. Oktober 1987 und 9. Juli 1988.

11   Vgl. Jewgeni Gawrilow und Jewgeni Smirnow, a.a.O., S. 3.

12   Vgl. Manfred Engert und Heinz Stephan (Hrsg.): Lexikon RGW. Leipzig 1981, S. 7.

13   Vgl. Georgi Arakeljan: Gemeinsamer Bau von Gasindustrieobjekten. In: Außenhandel UdSSR, Nr. 1/1987, S. 14.

14   Vgl. Kommuniqué über die 35. Tagung des RGW. Neues Deutschland vom 7. Juli 1981. Laszlo Csaba: Joint Investments and Mutual Advantages in the CMEA - Retrospection and Prognosis. In: Soviet Studies. April 1985, S. 240. Pawel Bagudin: Erfolgreiche Realisierung des Plans der Integrationsmaßnahmen der RGW-Länder. In: Sowjetischer Export, Heft 6/1982, S. 16 ff. Ders.: Der abgestimmte Plan mehrseitiger Integrationsmaßnahmen der RGW-Länder für die Jahre 1981-1985, seine Realisierung und Verbindung mit dem gegenseitigen Handel. In: Außenhandel UdSSR, Heft 1/1983, S. 5 ff.

15   Vgl. Pawel Bagudin: Die Zusammenarbeit der RGW-Länder in der Investitionstätig-
keit und der Außenhandel. In: Außenhandel UdSSR, Heft 8/1982, S. 5.

16   Vgl. Tillmann, a.a.O., S. 475.

17   Vgl. Georgi Arakeljan: Gemeinsamer Bau von Gasindustrieobjekten. In: Außenhandel
UdSSR, Heft 1/1987, S. 15.

18   Ders., a.a.O., S. 15.

19   Rd. 55 000 Arbeitskräfte, davon rd. 15 000 aus der DDR, wurden zum Bau der
Erdgasleitungen und anderer Einrichtungen in die UdSSR entsandt. Vgl. DDR-Report,
Nr. 11-12/1987, S. 664 und Neues Deutschland vom 4. November 1987.

20   Vgl. Georgi Arakeljan, a.a.O., S. 14.

21   Vgl. Kalman Pecsi: The Future of Socialist Integration. New York 1981. Zitiert nach
RFE, Background Report, No. 258 vom 10. Dezember 1982, S. 5.

22   Vgl. Ivan Lipovocz: Das Patt und seine Lösung. In: Budapester Rundschau,
Nr. 10/1988.

23   Vgl. Andras Köves: Eine neue Situation im Handel Ungarns mit den RGW-Ländern:
Was ist zu tun? In: Europäische Rundschau, Nr. 3/1988, S. 119.

24   Vgl. Juri Schirjajew: 40 Jahre RGW. Errungenschaften und Probleme. In: Sowjetischer Export, Nr. 1/1989, S. 3.

25   Vgl. Isvestija vom 20. Oktober 1983.

26   Vgl. Erklärung über die Hauptrichtlinie der weiteren Entwicklung und Vertiefung der
ökonomischen und wissenschaftlich-technischen Zusammenarbeit der Mitgliedsländer
des RGW. In: Neues Deutschland vom 16./17. Juni 1984.

27   Vgl. Langfristiges Programm zur Entwicklung der Zusammenarbeit zwischen der
UdSSR und der DDR auf dem Gebiet der Wissenschaft, Technik und Produktion bis
zum Jahr 2000. In: Neues Deutschland vom 8. Oktober 1984. Nikolai Baturin: Langfristiges Programm der Zusammenarbeit zwischen der UdSSR und der DDR. In:
Außenhandel der UdSSR, Nr. 4/1985, S. 21.

28   Vgl. Andras Köves: Intra-CMEA-Trade: Old Problems and New Dilemmas. In: The
Economist Intelligence Unit (Ed.): Eastern Europe and the USSR. London 1988, S. 25.

29   In der diplomatischen Sprache von Kommuniques wurde dies auf der 44. Ratstagung
folgendermaßen ausgedrückt: "Zugleich wurde auf der Tagung festgestellt, daß das
ökonomische Zusammenwirken der Mitgliedsländer des RGW noch nicht den erforderlichen Einfluß auf die Erhöhung der Effektivität ihrer Volkswirtschaft ausübt. Mit
unzureichendem Tempo entwickelt sich die Spezialisierung und Kooperation der
Produktion, das Wachstum des gegenseitigen Handels hat sich verlangsamt, in einer
Reihe von Ländern nahmen die äußeren Verbindlichkeiten zu. Die Lösung der
sozialökonomischen Aufgaben der Mitgliedsländer des RGW verlangt, die potentiel-
len Möglichkeiten der ökonomischen Zusammenarbeit noch besser zu nutzen und an
die Vertiefung der internationalen sozialistischen Arbeitsteilung effektiver, auf neue
Weise heranzugehen". Vgl. Neues Deutschland vom 8. Juli 1988. Journalistisch

ausgedrückt liest sich dies so: "Es war einmal eine sozialistische Integration ...".
Überschrift in der Budapester Rundschau, Nr. 21/1988, S. 8.

30   Vgl. Sowjetische Energiewirtschaft: Hohes Wachstum bei Produktion und Export.
      Bearb.: Jochen Bethkenhagen. In: Wochenbericht des DIW, Nr. 42/1987. 1987 betrug
      der Anteil der UdSSR am Erdgasverbrauch in der Bundesrepublik und in Frankreich
      jeweils rd. 30 vH, in Italien 24 vH, in Österreich 73 vH und in Finnland 83 vH.

31   Vgl. Jochen Bethkenhagen: Außenwirtschaftliche Interessen und Nichtverbreitungs-
      politik der UdSSR. In: Jochen Bethkenhagen, Doris Cornelsen u.a.: DDR und
      Osteuropa. Wirtschaftssystem, Wirtschaftspolitik, Lebensstandard. Ein Handbuch.
      Opladen 1981, S. 277 ff.

32   Damit wurde das sog. Bukarester Prinzip, wonach die Preise jeweils für die Laufzeit
      der langfristigen Handelsabkommen - d.h. für einen Fünfjahreszeitraum - konstant
      bleiben sollen, modifiziert. Dieses Prinzip galt von 1958 bis 1974. Für 1975 hatten
      einige Länder eine Sonderregelung vereinbart (Dreijahresdurchschnitt).
      Zu den Prinzipien und Methoden der RGW-Preisbildung im Intrablockhandel vgl.
      Gerhard Brendel, Hans-Joachim Dubrowsky, Kurt Schickram: Ware - Geld -
      Beziehungen zwischen den RGW-Ländern. Berlin 1983, S. 87 ff.

33   Erdgaslieferungen im Umfang von rd. 1,5 Mrd. cbm p.a. erhielt Rumänien von
      1979/80 an zwar zu den im RGW allgemein geltenden Verrechnungspreisen. Bei den
      Lieferungen handelt es sich aber um die Tilgung eines Kredits, den Rumänien der
      UdSSR für die Erschließung des Erdgasfeldes Orenburg in konvertibler Währung
      gewährt hatte. Daß es darüber hinaus keine Lieferungen gab, spricht dafür, daß die
      UdSSR auch auf dem Erdgassektor nicht bereit ist, Rumänien zu Verrechnungsprei-
      sen zu beliefern.

34   Für den Zeitraum 1986 bis 1990 sollen Jahreslieferungen von 5 bis 6 Mill. t
      festgelegt worden sein. Vgl. Financial Times vom 29. April 1987.

35   Vgl. Neuer Weg (Bukarest) vom 6. November 1986.

Fußnoten zu Kapitel 3.1

1   Vgl. Aus dem Bericht des Politbüros an die 11. Tagung des Zentralkomitees der SED.
      Berichterstatter Erich Honecker. In: Neues Deutschland vom 14. Dezember 1979.

2   Das von den kleineren RGW-Ländern in ihren Fünfjahrplänen vorgesehene Wachstum
      für das produzierte Nationaleinkommen entsprach mit rd. 3,5 vH im Jahresdurch-
      schnitt etwa dem im Zeitraum 1976 bis 1980 erreichten Wert von 3,9 vH. Vgl.
      Jochen Bethkenhagen, Maria Lodahl, Heinrich Machowski und Maria Elisabeth
      Ruban: Problematische Planziele der RGW-Länder. In: Wochenbericht des DIW,
      Nr. 25/1981.

Fußnoten zu Kapitel 3.2.1

1   Vgl. Jochen Bethkenhagen: Bergbau und Energiewirtschaft. In: Klaus-Detlev Grot-
      husen (Hsrg.): Südosteuropa-Handbuch, Band VI, Bulgarien (in Vorbereitung).

2   Zu Einzelheiten vgl. Jiri Elman: Uhelny prumysl v BLR. In: Uhli, Nr. 1/1985, S. 35 ff. W. Tilmann: Der Braunkohlenbergbau in Bulgarien. In: Braunkohle, Heft 6/7, 1984. Bundesanstalt für Geowissenschaften und Rohstoffe: COMECON. Rohstoffwirtschaftlicher Überblick. Hannvoer 1979 (Rohstoffwirtschaftliche Länderberichte. Bd. XXII), S. 151 ff.

3   Vgl. H. Harke, E. Rosenkranz und E. Mücke: Geographie ausgewählter RGW-Länder. Gotha 1983, S. 120.

4   Vgl. Durzaven Vestnik vom 1. November 1985, S. 10 und The Times vom 26. November 1985.

5   Diese Entwicklung ist bei der Umrechnung der gesamten Braunkohlenfördermenge in Heizwerteinheiten berücksichtigt worden. Von 1970 bis 1979 wurde ein durchschnittlicher Heizwert von 1 890 kcal/kg und von 1980 an ein Wert von 1 750 kcal/kg (SKE-Faktoren von 0,27 bzw. 0,25) angenommen (vgl. Tabelle 1.6).

6   Nikolai Todoriev: Erwartet uns eine neue Energiekrise? In: Bulgarien. Juli/August 1987, S. 6.

7   Vgl. Wolfgang Höpken: Energiepolitik und Energieprobleme in Bulgarien. In: Südosteuropa, Heft 2-3/1988, S. 89.

8   Vgl. Rabotnicesko Delo vom 16. September 1985. Ilse Grosser: Bulgarien - Krise in Energie- und Landwirtschaft bremst Wirtschaftswachstum. In: Klaus Bolz (Hrsg.): Die wirtschaftliche Entwicklung in den sozialistischen Ländern Osteuropas zur Jahreswende 1985/86. Hamburg 1986, S. 20.

9   Rabotnicesko Delo vom 21. Februar 1985, 22. Februar 1985 und 25. Februar 1985.

10 Rabotnicesko Delo vom 15. August 1986.

11 Vgl. Jochen Bethkenhagen: Kernkraft kommt im RGW erst langsam voran. In: Energiewirtschaftliche Tagesfragen, Heft 10/1987, S. 798 ff. Derselbe: Nuclear Power in the USSR and Eastern Europe, Post Chernobyl. In: The Economist Intelligence Unit (Hrsg.): Eastern Europe and the USSR. London 1988, S. 27 ff.

12 Vgl. Nikolai Todoriev, a.a.O., S. 6.

13 Störfälle traten bereits im Kernkraftwerk von Kosloduj auf. Eingeräumt wurde von Nikolaj Todoriev, daß 1982 ein Ventilschaden zum Austritt von Radioaktivität im Kraftwerksraum geführt habe; ein weiterer Zwischenfall ereignete sich 1986, als 7 km vom Kernkraftwerk entfernt ein Wärmekanal einstürzte. Todoriev erklärte, daß keine Gefahr für die Bevölkerung bestanden habe; er verwies ferner darauf, daß im Kernkraftwerk nach dem Erdbeben von 1977 keine Schäden beobachtet worden seien. Vgl. Nikoai Todoriev, a.a.O., S. 6.

14 Vgl. VWD-Montan vom 19. Juni 1989.

15 Von 1977 an werden von der bulgarischen Statistik Angaben über die Ein- und Ausfuhren von Öl nicht mehr ausgewiesen. Bulgarien soll etwa 3 bis 5 Mill. t Rohöl pro Jahr aus Libyen, Iran, Irak und Algerien beziehen, die nach Verarbeitung zu Mineralölprodukten oder direkt in westliche Länder exportiert werden. Vgl. Finan-

cial Times vom 7. September 1984. Vermutlich sind diese Importe für Reexporte in der bulgarischen Statistik nicht enthalten.

Fußnoten zu Kapitel 3.2.2

1   Vgl. Miroslav Dopita, Vaclav Havlene und Jiri Pesek: Loziska fosilnich paliv. Praha 1985, S. 149 ff.

2   Vgl. Vlastimil Ehrenberger: Der tschechoslowakische Kohlenbergbau. In: Glückauf, Nr. 8/1983, S. 363.

3   Vgl. Manfred Hagelücken: Der Braunkohlenbergbau in Europa. In: Braunkohle, Heft 10/1988, S. 334.

4   Zu Einzelheiten vgl. Jochen Bethkenhagen und Maria Lodahl: SO_2-Emissionen in der CSSR 1982. Beiträge zur Strukturforschung des DIW (in Vorbereitung).

5   Vgl. R. Cizek und V. Hrdlicka: Development Trends of Czechoslovak Energetics in the Period of 1970-2000. Paper presented on the 13th Congress of the World Energy Conference. Cannes 1986, S. 2.

6   Vgl. Statistisches Bundesamt (Hrsg.): Länderbericht Tschechoslowakei 1988, S. 53.

7   Vgl. VWD-Montan vom 30. Juli 1987.

8   Vgl. The Economist Intelligence Unit (Ed.): Energy. USSR and Eastern Europe. London 1986, S. 27.

9   Vgl. R. Cizek und V. Hrdlicka, a.a.O., S. 10.

10   Dieselben, a.a.O., S. 9.

11   Vgl. M. Kubin, J. Kichler und S. Malik: Erfahrungen der CSSR bei der Verbrennung niederkalorischer Brennstoffe in der Wirbelschicht. In: Energietechnik, Nr. 5/1984, S. 192.

12   Vgl. Jochen Bethkenhagen und Maria Lodahl, a.a.O.

13   So wurden Firmen aus der Bundesrepublik u.a. mit dem Bau von Rauchgasentschwe-felungsanlagen für die Braunkohlenkraftwerke Pocerady (200 MW-Block) und Pru-nerov beauftragt. Außerdem wurde der CSSR für das Werk im grenznahen Tisova eine zuvor in Bayern installierte Anlage - sie arbeitet nach dem "Trocken-Additiv-Verfahren" - kostenlos zur Verfügung gestellt. Vgl. Elektrizitätswirtschaft, Heft 26/1988 und Süddeutsche Zeitung vom 21. Dezember 1988.

14   Vgl. M. Drahny: Die komplexe Entwicklung der Kernenergetik in der CSSR. In: Kernenergie, Heft 1/1987, S. 1 ff. Stanislav Havel: Die Kernenergetik und ihre Perspektiven. In: Revue obchodu, Heft 2/1987, S. 73 ff.

15   Vgl. R. Cizek und V. Hrdlicka, a.a.O., S. 13.

16   Vgl. Jochen Bethkenhagen: Nuclear Power in the USSR and Eastern Europe, Post-Chernobyl. In: The Economist Intelligence Unit, a.a.O., S. 27 ff. Die Kernenergie-politik der RGW-Länder. Bearb.: Jochen Bethkenhagen. In: Wochenbericht des DIW, Nr. 25/1986.

17   Vgl. Rude pravo vom 4. November 1986.

18   Die ungarische Regierung hat den Bau des Wasserkraftwerks von Nagymaros im Mai 1989 zunächst "vorübergehend" gestoppt. Vgl. Frankfurter Rundschau vom 16. Mai 1989.

19   Vgl. Nachrichten für den Außenhandel vom 26. März 1987.

20   Vgl. Rude pravo vom 17. Dezember 1985.

21   Vgl. Dieses Bezugsrecht gilt für 20 Jahre mit einer Verlängerungsoption für weitere 10 Jahre. Vgl. R. Cizek und V. Hrdlicka, a.a.O., S. 15.

22   Vgl. Hubert Gabrisch: Die Elektrizitäts- und Brennstoffwirtschaft im RGW-Raum unter besonderer Berücksichtigung des Energieverkehrs mit Österreich. Forschungs-berichte des Wiener Instituts für internationale Wirtschaftsvergleiche. Nr. 142/1988, S. 37.

23   Vgl. Süddeutsche Zeitung vom 21. Dezember 1988.

24   Vgl. Miroslav Fiser und Vladimir Rain: Änderungen in der Brennstoff-Energie-Bilanz der CSSR und vorausgesetzte Entwicklung bis 1990. In: Tschechoslowakische Wirt-schaftsrundschau, Nr. 2/1987, S. 51.

25   Folgende jahresdurchschnittliche Einsparmengen waren geplant: 1972 bis 1975: 4,6 Mill. t SKE; 1976 bis 1980: 10,2 Mill. t SKE. Erreicht wurden 6,8 und 13,3 Mill. t SKE. Vgl. Miroslav Fiser und Vladimir Rain, a.a.O., S. 49.

26   Dieselben, a.a.O., S. 50.

Fußnoten zu Kapitel 3.2.3

1   Bei diesen Vorräten ist das Verhältnis von Abraum zu Kohle nicht größer als 10 : 1. Derzeit beträgt es rd. 5 : 1. Vgl. Wilhelm Riesner und Werner Sieber: Wirtschaftliche Energieanwendung. Leipzig 1985 (3. Auflage), S. 25.

2   Vgl. Herbert Krug und Wolfgang Naundorf (Hrsg.): Braunkohlenbrikettierung. Band 1. Leipzig 1984, S. 30. Das Volk vom 26. Januar 1988. Presse-Informationen des Ministerrats der DDR vom 20. Mai 1988. Martin Weisheim und Jörg Matthies: Zur ökonomischen Effektivität von Energieeinsparungen. In: Wirtschaftswissenschaft, Nr. 12/1987, S. 1798. Willi Riesner: Rationelle Energieanwendung. Leipzig 1984 (3. Auflage), S. 23.

3   Vgl. Wolfgang Stinglwagner: Wenig Chancen für alternative Energiegewinnung. Zur Nutzung nichtfossiler und nichtnuklearer Energiequellen in der DDR. In: Deutschland Archiv, Nr. 12/1985, S. 1 320 ff.

4   Vgl. Neues Deutschland vom 21. Januar 1988. Informationsbüro West. 174. Tages-
      dienst (11. November 1988).

5   Vgl. Deutsche Bauernzeitung. Nr. 30/1988. Neues Deutschland vom 21. Mai 1988.

6   Vgl. Willi Riesner, a.a.O., S. 54.

7   Vgl. Neues Deutschland vom 14. Oktober 1980.

8   Vgl. Claus Pakull: Investitionen heißt zugleich neue Erkenntnisse in die Praxis
      einführen. In: Presse-Informationen, Nr. 3/1989, S. 2.

9   Vgl. Wolfgang Heinrichs: Wirtschaftswachstum und langfristige Deckung des Ener-
      giebedarfs (reproduktionstheoretische Probleme). In: Wirtschaftswissenschaft,
      Heft 10/1982, S. 1453.

10   Vgl. Harri Bernstein: Stabile Versorgung bedingt zuverlässigen Transport. In: Presse-
      Informationen, Nr. 97/1988, S. 2.

11   In der Bundesrepublik waren es auf einer 2,5fachen Fläche 3 Mill. t. Vgl. Jochen
      Bethkenhagen, Rainer Hopf, Manfred Melzer, Cord Schwartau und Doris Cornelsen
      (Projektleitung): SO_2- und NO_x-Emissionen in der DDR 1982. Beiträge zur Struktur-
      forschung des DIW, Heft 102/1988, S. 500.

12   Derzeit werden jährlich rd. 60 Mill. M von den beiden Braunkohlekombinaten der
      DDR, Senftenberg und Bitterfeld, aufgewendet. Vgl. Presse-Informationen, Nr. 106
      vom 9. September 1988, S. 6; Wilhelm Riesner und Werner Sieber, a.a.O., S. 25;
      Peter Gerlach u.a.: Effektive Gewinnung von Braunkohle und Rohstoffen durch
      leistungsfähige Tagebautechnologien und Ausrüstungen. In: Energietechnik,
      Heft 1/1987, S. 10.

13   Vgl. Dietmar Ufer: Beiträge des Instituts für Energetik zur langfristigen Planung der
      Energiewirtschaft. In: Energieanwendung, Heft 5/1988, S. 162 f.

14   Vgl. Emissionen von SO_2 aus Braunkohlekraftwerken in der DDR. In: Wochenbericht
      des DIW, Nr. 11/1987.

15   1988 wurden insgesamt 15 Rauchgasentschwefelungsanlagen in Betrieb genommen,
      allerdings fast ausschließlich in kleinen und mittleren Heizwerken. Vgl. Neues
      Deutschland vom 15. Dezember 1988.

16   Vgl. Interview Erich Honeckers für "Dagens Nyheter". In: Neues Deutschland vom
      25. Juni 1986.

17   Vgl. Dietmar Ufer, a.a.O., S. 163. Zu einer ähnlichen Einschätzung kommt auch ein
      anderer Mitarbeiter des Instituts für Energetik in einer Langfristprognose des
      Energiebedarfs. Seiner Auffassung nach wird der Elektroenergiebedarf weit über-
      durchschnittlich steigen (u.a. für Raumheizung und Elektroantrieb für Fahrzeuge!).
      Dieser Bedarf kann nur durch den Einsatz von Kernenergie gedeckt werden, dessen
      Aufkommen vom Jahr 2000 bis 2030 sich um das 3,5fache erhöhen soll, während das
      gesamte Primärenergieaufkommen (für energetische Nutzung) nur um das 1,15fache
      steigen könnte. Vgl. G. Gerisch: Anforderungen an die langfristig effektive Gestal-
      tung der Energiewirtschaft (Ergebnisse einer vorausschauenden Analyse bis 2030). In:
      Kernenergie, Heft 3/1988, S. 81 ff.

Das Institut für Energetik, Leipzig, gehört zum Kombinat Kernkraftwerke "Bruno Leuschner", womit der Verdacht genährt wird, daß dieses Institut als "Kernenergielobby" agiert bzw. daß dort zumindest die Vorbehalte gegen den Einsatz von Kernenergie einen relativ geringen Stellenwert haben.

18   Vgl. Gunter Schramm und Wolfgang Hahn: Entwicklungstendenzen bei Dampfturbinen für Kraftwerke und Einsatzperspektiven in der DDR. In: Energietechnik, Heft 12/1985, S. 442.

19   Vgl. Die Lage der DDR-Wirtschaft zur Jahreswende 1988/89. Bearb.: Doris Cornelsen. In: Wochenbericht des DIW, Nr. 5/1989.

20   Bis zur Veröffentlichung der sowjetischen Exportmengen in die DDR war allgemein angenommen worden, daß die DDR von 1982 an nur 17,1 Mill. t Erdöl p.a. aus der UdSSR erhielt. Daraus errechnete sich ein Verrechnungspreis, der eher einem Dreijahresdurchschnitt entsprach. Vgl. Maria Haendcke-Hoppe: DDR-Außenhandel im Zeichen schrumpfender Westimporte. In: Deutschland Archiv, Heft 10/1983, S. 1066 ff. Jochen Bethkenhagen: Erdöl und Erdgas im Ost-West-Handel. In: Vierteljahrshefte des DIW, Nr. 4/1983, S. 348 f.

21   Vgl. Bruno Mach: Rationelle Energieanwendung und umfassende intensiverweiterte Reproduktion in der DDR. In: Energieanwendung, Heft 1/1989, S. 4. Im Zeitraum 1981 bis 1985 betrug der Kostenvorsprung von Energiesparmaßnahmen sogar 30 bis 50 vH. Vgl. Mit der Energie sparsam wirtschaften. In: Technische Gemeinschaft, Heft 12/1988, S. 3.

22   Vgl. Bundesministerium für innerdeutsche Beziehungen (Hrsg.): Materialien zum Bericht zur Lage der Nation im geteilten Deutschland 1987. Bonn 1987, S. 480.

23   Vgl. Klaus Steinitz: Intensiv erweiterte Reproduktion und Entwicklung der Produktionsstruktur. In: Wirtschaftswissenschaft, Heft 8/1985, S. 1129.

24   Vgl. Autorenkollektiv: Rationelle Energieanwendung und Energiesubstitution in der Deutschen Demokratischen Republik. In: Energietechnik, Heft 1/1987, S. 19.

25   Vgl. Günter Mittag: Die Arbeit der Partei zur Verwirklichung der vom XI. Parteitag der SED beschlossenen ökomischen Strategie. Berlin 1987, S. 63.

26   Vgl. Bruno Mach: Rationelle Energieanwendung und umfassende intensiv erweiterte Reproduktion in der DDR. In: Energieanwendung, Heft 1/1989, S. 4.

27   Vgl. hierzu auch Jochen Bethkenhagen: The GDR's Energy Policy and its Implications for the Intensification Drive. In: Studies in Comparative Communism, No. 1 (Spring)/1987, S. 55 ff. Ministerium für Innerdeutsche Beziehungen (Hrsg.), a.a.O., S. 411 f.

28   Die Aussagefähigkeit dieser Daten ist nicht unbestritten. Ufer weist darauf hin, daß die auf das Nationaleinkommen bezogenene Senkungsraten der Primärenergieintensität nicht mit der Entwicklung der Mehrzahl der auf Naturalkennziffern bezogenen spezifischen Energieverbräuche korrelieren. Vgl. Dietmar Ufer, a.a.O., S. 162.

29   Heinrich Ziergiebel: Rationelle Energieanwendung - Hauptquelle zur Deckung des wachsenden Energiebedarfs. In: Energieanwendung, Heft 6/1986, S. 199.

30   Dietmar Ufer, a.a.O., S. 163.

31   Vgl. Joachim Bathe und Klaus Koch: Erfordernisse und Tendenzen effektiver Reproduktionsstrategien für Elektroenergieerzeugungsanlagen. In: Energietechnik, Heft 1/1989, S. 1 ff.

Fußnoten zu Kapitel 3.2.4

1   Vgl. Jan Paszkiewicz: Stand und Perspektiven der wirtschaftlichen und technischen Entwicklung der Kohleindustrie in der VR Polen. In: Glückauf, Nr. 21/1981, S. 1443.

2   Vgl. VWD-Montan vom 14. Februar 1985.

3   Vgl. Tribüne vom 28. August 1985.

4   Vgl. Jan Paszkiewicz, a.a.O., S. 1444.

5   Vgl. Braunkohle, Heft 4/1984, S. 105.

6   Vgl. Bundesstelle für Außenhandelsinformationen (Hrsg.): Polen - Energiewirtschaft 1986, Köln 1988, S. 14.

7   Vgl. Braunkohle, Heft 5/1983, S. 153.

8   Vgl. Jan Paszkiewicz, a.a.O., S. 1444. Manfred Hagelüken: Der Braunkohlenbergbau in Europa. In: Braunkohle, Heft 10/1988, S. 324.

9   Vgl. Erdöl und Kohle, Heft 2/1985, S. 93.

10   Vgl. Wochenpost, Nr. 13/1983, S. 10.

11   Vgl. VWD-Montan vom 2. Januar 1987 und vom 15. Februar 1988.

12   Vgl., Esso AG (Hrsg.): Oeldorado 1988. In: Horizont, Nr. 3/1987.

13   Vgl. Statistisches Jahrbuch der VR Polen 1988, S. 223 und S. 224.

14   Vgl. polnische Außenhandelskammer, a.a.O., S. 161 f. Tribüne vom 28. August 1985.

15   Vgl. J. Paszkiewicz, a.a.O., S. 1445. Manfred Hagelüken: Der Braunkohlenbergbau in Europa, a.a.O., S. 335 f.

16   Vgl. VWD-Montan vom 14. Februar 1985.

17   Vgl. Neues Deutschland vom 18. Dezember 1986.

18   Vgl. VWD-Montan vom 27. Mai 1987.

19   Vgl. Council for Mutual Economic Assistance (Hrsg.): Nuclear Power in the CMEA Member Countries. Moscow 1988, S. 12.

20   Vgl. VWD-Montan vom 11. November 1986.

21 Vgl. Frankfurter Allgemeine Zeitung vom 13. Januar 1987.

22 Vgl. Bundesstelle für Außenhandelsinformationen (Hrsg.): Polen. Energiewirtschaft 1986, S. 17.

23 Vgl. Radio Polonia am 9. Dezember 1987. Dokumentiert in: Rias-Monitor Dienst vom 9. Dezember 1987.

24 Vgl. Süddeutsche Zeitung vom 13. Januar 1989.

25 Vgl. Council for Mutual Economic Assistance (Hrsg.), a.a.O., S. 12 und S. 22. Polnische Außenhandelskammer: Polen viertgrößter Steinkohlelieferant. In: Industrie- und Handelskammer zu Lübeck (Hrsg.): Energiewirtschaftliche Perspektiven. Ostsee-Jahrbuch 1986. Lübeck 1986, S. 162 und S. 165.

26 Vgl. Neues Deutschland vom 13. Januar 1989.

27 Vgl. Polnische Außenhandelskammer, a.a.O., S. 164.

28 Dieselbe, a.a.O., S. 164.

29 Vgl. Statistisches Jahrbuch der VR Polen. Hier wurden 1988 erstmals für ausgewählte Jahre Angaben über den Primärenergieverbrauch insgesamt in Joule veröffentlicht. Sie weichen z.T. um 2 vH von den früheren Angaben in SKE ab.
In den Daten des DIW sind lediglich die Bestandsveränderungen für Steinkohle enthalten. Da über die Veränderungen bei den anderen Energieträgern keine gesonderten Daten veröffentlicht werden, blieben sie unberücksichtigt. Dies kann zu Abweichungen gegenüber den offiziellen Daten führen.

30 Vgl. Bundesstelle für Außenhandelsinformationen (Hrsg.): Polen. Energiewirtschaft 1986, a.a.O., S. 3. Derartige Berechnungen können allerdings wegen der Wechselkursproblematik nur grobe Anhaltspunkte vermitteln.

31 Vgl. Bundesstelle für Außenhandelsinformationen (Hrsg.): Polen. Energiewirtschaft 1985, S. 9.

32 Vgl. Polnische Außenhandelskammer, a.a.O., S. 160.

Fußnoten zu Kapitel 3.2.5

1 Vgl. Esso AG (Hrsg.): Oeldorado 1988.

2 Vgl. I.M. Matley: The Geographical Basis of Romania. In: Klaus-Detlev Grothusen (Hrsg.): Südosteuropa-Handbuch. Band II. Göttingen 1977, S. 245. Statistisches Bundesamt (Hrsg.): Statistik des Auslandes. Länderbericht Rumänien 1986. Stuttgart und Mainz 1986, S. 50 f.

3 Vgl. Neuer Weg (Bukarest) vom 2. September 1988.

4 Vgl. Erdöl im Schwarzen Meer. In: Rumänischer Außenhandel, Nr. 4/1987, S. 9 f.

5   Neben Methangas gewinnt Rumänien auch noch Erdölgas. Beide zusammen werden hier unter Erdgas subsumiert.

6   Vgl. Bundesanstalt für Geowissenschaften und Rohstoffe, a.a.O., S. 137.

7   Vgl. Manfred Hagelüken: Braunkohle ist weiterhin ein Primärenergieträger mit Zukunft. In: Glückauf, Nr. 6/1983, S. 270. Manfred Hagelüken: Der Braunkohlenbergbau in Europa. In: Braunkohle, Heft 10/1988, S. 339.

8   Vgl. Neuer Weg (Bukarest) vom 26. Juli 1983.

9   Vgl. Neuer Weg (Bukarest) vom 9. September 1984 und vom 28. Juni 1986.

10   Vgl. Neuer Weg (Bukarest) vom 9. September 1984.

11   Vgl. Berliner Zeitung vom 25. Januar 1989.

12   Vgl. Neuer Weg (Bukarest) vom 3. Juli 1981.

13   Vgl. Neuer Weg (Bukarest) vom 8. Februar 1987.

14   Vgl. Neuer Weg (Bukarest) vom 13. Oktober 1988.

15   Vgl. Neuer Weg (Bukarest) vom 20. Februar 1987.

16   Vgl. Financial Times vom 26. März 1986.

17   Vgl. Neuer Weg (Bukarest) vom 12. November 1987.

Fußnoten zu Kapitel 3.2.6

1   Vgl. Außenwirtschaft, Nr. 12 vom 23. März 1988. Bálint Balkay: Die Energiewirtschaft Ungarns. Forschungsberichte des Wiener Instituts für internationale Wirtschaftsvergleiche. Nr. 69. Wien 1981. Neues Deutschland vom 21. April 1988. Jochen Bethkenhagen: Bergbau und Energiewirtschaft. In: Klaus-Detlev Grothusen (Hrsg.): Ungarn. Südosteuropa-Handbuch, Band V. Göttingen 1987, S. 317 ff.

2   Vgl. Budapester Rundschau, Nr. 20/1988.

3   Vgl. Staatssekretär Laszlo Kapolyi: Energiepolitische Perspektiven. In: Budapester Rundschau vom 10. Januar 1983.

4   Vgl. M. Schnitzler: Der Kohlenbergbau Ungarns. In: Glückauf, Nr. 1/1981, S. 27 ff.

5   Vgl. Hungaropress, Nr. 19/1986, S. 4; Neues Deutschland vom 28. Mai 1987 und VWD-Montan vom 8. Oktober 1987.

6   Vgl. Budapester Rundschau, Nr. 8/1988.

7   Vgl. Nachrichten für den Außenhandel vom 30. Dezember 1987.

8   Vgl. Budapester Rundschau, Nr. 35/1988.

9   Vgl. Frankfurter Rundschau vom 16. Mai 1989.

10   Vgl. Horizont, Nr. 1/1989.

11   Vgl. G. Vajda: Die Energiesituation und ihre Zukunft in Ungarn. In: Marketing in Ungarn, Nr. 2/1981, S. 22.

12   Vgl. Sandor Richter: Hungary's Foreign Trade with CMEA Partners in Convertible Currency. In: Acta Oeconomica, Nr. 3-4/1980, S. 332 ff.

13   Vgl. Neue Zürcher Zeitung vom 20. Juli 1985.

14   Vgl. Ungarn und Österreich sind seit 20 Jahren Partner in der Elektrizitätswirtschaft. In: Ost-West-Journal, Nr. 3-4/1988, S. 41,

15   Dies gilt auch für die Daten, die von der ECE veröffentlich werden. So errechnet sich aus diesen Angaben für 1984 ein Rückgang des Primärenergieverbrauchs um 4,6 vH, während das Statistische Jahrbuch Ungarns einen Zuwachs von 3,7 vH ausweist (DIW: + 4,2 vH). In einem Aufsatz wurden Daten über den Primärenergieverbrauch Ungarns in den Jahren 1970 und 1975 bis 1983 veröffentlicht. Sie weichen von unseren Schätzwerten um 1 bis 2 vH ab (1981/82: 5 vH). Vgl. Gyula Czipper: Rationalisierung des Energieverbrauchs in der Ungarischen Volksrepublik. In: Energieanwendung, Heft 2/1985, S. 47.
Bei den Schätzwerten wurden die Heizwerte für Kohle 1975 und 1980, für Erdgasimporte 1980 geändert. Damit werden die Zuwachsraten in diesen Jahren gegenüber dem Vorjahr unterzeichnet.

16   Vgl. Budapester Rundschau vom 11. Februar 1980.

17   Zu diesem Problem erklärte der damalige Präsident des OAAH: "Das Wachstum muß nicht deshalb gebremst werden, weil in größeren Mengen keine Energieimporte gesichert werden könnten, sondern weil wir nicht in der Lage sind, diese Importe zu finanzieren". Bela Csikós-Nagy: Aktuelle Fragen der Energiewirtschaft in Ungarn. In: Marketing in Ungarn, Nr. 1/1981, S. 17.

18   Vgl. Budapester Rundschau vom 11. April 1983.

19   Vgl. The Hungarian Economy, Nr. 3/1989.

20   Vgl. Statistisches Taschenbuch Ungarns 1988.

Fußnoten zu Kapitel 3.3 und 4

1   Das produzierte Nationaleinkommen der kleineren RGW-Länder stieg in der ersten Hälfte der siebziger Jahre im Jahresdurchschnitt um 7,8 vH; in der zweiten Hälfte wurde nur noch eine halb so hohe Steigerungsrate erreicht. Vgl. Problematische Planziele der RGW-Länder. Bearb.: Jochen Bethkenhagen, Maria Lodahl, Heinrich Machowski, Maria Elisabeth Ruban. In: Wochenbericht des DIW, Nr. 25/1981.

2   Vgl. Statistisches Jahrbuch der DDR 1988, S. 153. Jochen Bethkenhagen, Rainer Hopf, Manfred Melzer, Cord Schwartau und Doris Cornelsen (Projektleitung): SO_2-

und NO$_x$-Emissionen in der DDR 1982. Beiträge zur Strukturforschung des DIW, Heft 102/1988, S. 500. Council for Mutual Economic Assistance: Nuclear Power in the CMEA Member Countries. Moscow 1988, S. 12.

3   Im Zeitraum 1981 bis 1985 gingen die Bruttoinvestitionen der RGW(6)-Länder insgesamt um 1,6 vH im Jahresdurchschnitt zurück. Vgl. Economic Commission for Europe: Economic Survey of Europe in 1988 - 1989. New York 1989, S. 115. Die Westimporte waren 1985 um 8 vH geringer als 1980. Vgl. Ost-West-Handel stagniert weiter. Bearb.: Heinrich Machowski. In: Wochenbericht des DIW, Nr. 44/88.

4   Vgl. Trybuna Ludu vom 22. August 1989.

5   Dies ergibt sich aus dem langfristigen Energieprogramm der UdSSR bis zum Jahr 2000. Vgl. Jochen Bethkenhagen und Hermann Clement: Die sowjetische Energie-und Rohstoffwirtschaft in den 80er Jahre. Oldenbourg 1985, S. 145 ff.

6   Vgl. IEA: Monthly Oil and Gas Statistics of OECD Countries. Paris 1989.

7   Vgl. Council for Mutual Economic Assistance, a.a.O., S. 3.

8   Vgl. Rude pravo vom 4. November 1986.

1.1.
Primärenergiegewinnung Bulgariens nach Energieträgern
von 1970 bis 1987

Jahr	Braun-kohlen	Stein-kohlen	Erdöl	Erdgas	Wasser-kraft	Ins-gesamt
	Mill. t	Mill. t	Mill. t	Mrd. m3	Mrd. KWh	P J
1970	28.9	0.4	0.3	0.5	2.2	291
1971	26.6	0.4	0.3	0.3	2.2	267
1972	26.9	0.4	0.2	0.2	2.1	262
1973	26.5	0.4	0.2	0.2	2.6	261
1974	24.0	0.3	0.1	0.2	2.1	232
1975	27.5	0.3	0.1	0.1	2.5	261
1976	25.2	0.3	0.1	0.0	3.0	245
1977	24.9	0.3	0.1	0.0	3.5	249
1978	25.5	0.3	0.1	0.0	2.9	246
1979	28.0	0.3	0.3	0.1	3.3	280
1980	29.9	0.3	0.3	0.2	3.7	285
1981	29.0	0.2	0.3	0.1	3.6	276
1982	32.0	0.2	0.3	0.1	3.0	289
1983	32.1	0.2	0.3	0.1	3.5	295
1984	32.1	0.2	0.3	0.0	3.3	291
1985	30.7	0.2	0.3	0.0	2.2	267
1986	35.0	0.2	0.3	0.0	2.3	299
1987	36.6	0.2	0.3	0.0	2.5	313
		in P J				
1970	228	7	14	17	25	291
1971	211	7	13	12	25	267
1972	213	7	10	8	25	262
1973	209	6	8	8	30	261
1974	190	5	6	6	24	232
1975	218	6	5	4	29	261
1976	199	5	5	1	35	245
1977	197	5	5	0	41	249
1978	202	5	4	1	34	246
1979	221	5	11	5	39	280
1980	219	5	11	7	44	285
1981	212	4	12	5	42	276
1982	234	4	12	3	36	289
1983	236	4	12	2	41	295
1984	235	4	11	2	38	291
1985	225	4	11	1	26	267
1986	257	4	11	1	27	299
1987	268	3	11	1	30	313

Quelle: Datenbank RGW-Energie des DIW.

1.2.1.
Einfuhr Bulgariens von Energieträgern
von 1970 bis 1987

Jahr	Braun-kohlen	Stein-kohlen	davon: Stein-kohle	Stein-kohlen koks	Rohöl/ Mineral-öl	Erdgas	Strom	Kern-energie	Ins-gesamt
	Mill. t	Mill. t	Mill. t	Mill. t	Mill. t	Mrd. m3	Mrd. KWh	Mrd. KWh	P J
1970	0.0	5.5	5.0	0.5	8.6	0.0	0.2	0.0	489
1971	0.0	6.4	6.0	0.4	10.1	⁻0.0	0.4	0.0	575
1972	0.0	6.2	5.8	0.4	10.6	0.0	1.1	0.0	602
1973	0.0	6.3	5.9	0.4	12.1	0.0	3.3	0.0	689
1974	0.0	6.6	6.2	0.4	12.8	0.3	3.5	0.9	750
1975	0.0	6.7	6.4	0.4	12.3	1.2	4.1	2.6	791
1976	0.0	6.5	6.2	0.3	12.8	2.2	4.0	5.0	870
1977	0.0	6.6	6.3	0.4	13.6	2.8	4.1	5.9	936
1978	0.0	6.5	6.2	0.3	14.5	2.9	4.6	5.9	985
1979	0.0	6.7	6.4	0.3	14.9	3.0	4.6	6.2	1011
1980	0.0	7.2	6.7	0.4	14.9	4.0	4.9	6.2	1059
1981	0.0	7.5	7.1	0.4	14.0	4.5	4.7	9.1	1079
1982	0.0	7.7	7.2	0.5	12.6	4.8	5.5	11.0	1068
1983	0.0	7.6	7.1	0.5	12.6	4.9	5.3	12.0	1079
1984	0.0	7.7	7.2	0.5	12.6	5.5	5.9	13.3	1126
1985	0.0	8.7	8.1	0.7	12.8	5.5	7.5	13.1	1171
1986	0.0	7.8	7.3	0.5	12.8	5.8	5.4	12.1	1124
1987	0.0	8.1	7.9	0.2	13.1	6.1	5.2	12.4	1154
				in P J					
1970	0.0	127.1	114.2	12.9	359.3	0.0	2.7	0.0	489
1971	0.0	147.2	137.3	9.9	423.2	0.0	4.2	0.0	575
1972	0.0	142.9	131.9	11.0	446.1	0.0	13.1	0.0	602
1973	0.0	146.1	135.7	10.4	505.1	0.0	38.3	0.0	689
1974	0.0	151.8	141.8	9.9	535.6	10.7	41.4	10.9	750
1975	0.0	155.8	145.8	9.9	515.9	41.3	47.7	29.9	791
1976	0.0	150.6	141.5	9.1	536.0	77.7	47.0	58.5	870
1977	0.0	152.9	142.9	10.0	568.4	97.7	48.2	69.0	936
1978	0.0	150.4	141.8	8.6	609.5	101.1	54.3	69.3	985
1979	0.0	154.9	145.3	9.6	624.5	104.6	54.2	72.5	1011
1980	0.0	165.8	153.4	12.4	624.5	139.5	57.1	72.3	1059
1981	0.0	172.5	161.2	11.3	586.7	156.9	55.5	106.9	1079
1982	0.0	178.7	165.2	13.4	528.1	168.5	64.0	129.0	1068
1983	0.0	176.0	162.0	14.0	528.1	171.8	62.3	140.7	1079
1984	0.0	179.7	164.6	15.1	528.1	193.1	68.8	155.9	1126
1985	0.0	202.6	184.1	18.5	536.4	190.2	87.3	153.9	1171
1986	0.0	181.0	167.0	14.1	536.4	201.6	63.6	141.5	1124
1987	0.0	186.2	180.6	5.7	549.3	211.7	61.0	145.8	1154

Quelle: Datenbank RGW-Energie des DIW.

1.2.2.
Einfuhr Bulgariens von Energieträgern aus der UdSSR
von 1970 bis 1987

Jahr	Stein-kohle	Stein-kohlen-koks	Mineral-öle	dar.: Erdöl	Erdgas	Strom	Kern-energie	Ins-gesamt
	Mill. t	Mill. t	Mill. t	Mill. t	Mrd. m3	Mrd. KWh	Mrd. KWh	P J
1970	5.0	0.2	7.1	4.8	0.0	0.2	0.0	417.7
1971	6.0	0.2	8.0	5.8	0.0	0.3	0.0	480.9
1972	5.7	0.3	7.9	6.4	0.0	1.0	0.0	484.1
1973	5.7	0.3	9.3	7.5	0.0	3.0	0.0	563.8
1974	5.8	0.3	10.9	9.0	0.3	3.3	0.9	656.0
1975	5.9	0.3	11.6	9.9	1.7	4.0	2.6	745.2
1976	6.0	0.3	11.9	10.0	2.2	3.9	5.0	825.6
1977	5.6	0.3	12.5	10.8	2.8	4.0	5.9	876.4
1978	5.0	0.2	13.1	11.3	2.9	4.5	5.9	892.7
1979	5.6	0.3	13.9	12.0	3.0	4.5	6.2	945.1
1980	5.4	0.3	13.9	12.2	4.0	4.5	6.2	980.4
1981	5.8	0.3	14.0	12.3	4.5	4.5	9.1	1044.1
1982	6.2	0.3	12.6	11.2	4.8	4.5	11.0	1027.0
1983	6.3	0.2	12.6	11.2	4.9	4.5	12.0	1042.9
1984	6.3	0.2	12.6	11.2	5.5	4.5	13.3	1079.4
1985	6.4	0.2	12.8	11.3	5.5	4.5	13.1	1085.3
1986	7.0	0.2	13.1	11.7	5.7	5.0	12.1	1113.0
1987	6.8	0.2	12.9	11.6	6.1	4.5	12.4	1113.6
in P J								
1970	114.2	5.8	295.5	199.4	0.0	2.3	0.0	417.7
1971	136.7	6.8	333.6	243.1	0.0	3.8	0.0	480.9
1972	130.3	9.4	333.1	266.8	0.0	11.2	0.0	484.1
1973	130.3	8.2	390.7	314.9	0.0	34.7	0.0	563.8
1974	132.2	8.2	454.9	377.6	10.7	39.0	10.9	656.0
1975	134.9	7.9	484.2	413.3	41.3	47.0	29.9	745.2
1976	138.1	7.9	497.4	420.0	77.7	45.9	58.5	825.6
1977	127.9	8.7	525.9	454.7	97.7	47.2	69.0	876.4
1978	113.5	6.8	549.1	473.7	101.1	52.8	69.3	892.7
1979	127.5	7.3	580.5	502.9	104.6	52.8	72.5	945.1
1980	123.9	9.4	582.5	511.3	139.5	52.8	72.3	980.4
1981	132.1	8.7	586.7	515.5	156.9	52.8	106.9	1044.1
1982	141.7	7.0	528.1	469.4	168.5	52.8	129.0	1027.0
1983	144.0	5.6	528.1	469.4	171.8	52.8	140.7	1042.9
1984	144.0	5.6	528.1	469.4	193.1	52.8	155.9	1079.4
1985	146.3	5.6	536.4	473.6	190.2	52.8	153.9	1085.3
1986	160.0	5.6	549.3	489.0	198.1	58.6	141.5	1113.0
1987	155.6	5.6	542.2	484.6	211.7	52.8	145.8	1113.6

Quelle: Datenbank RGW-Energie des DIW.

1.3.
Ausfuhr Bulgariens von Energieträgern
von 1970 bis 1987

Jahr	Stein-kohle	öl-produkte 1)	Strom	Ins-gesamt
	Mill. t	Mill. t	Mrd. KWh	P J
1970	0.0	0.3	0.3	14.7
1971	0.0	0.1	0.1	4.5
1972	0.0	0.1	0.2	4.4
1973	0.1	0.0	0.0	3.8
1974	0.1	0.0	0.0	1.6
1975	0.0	0.0	0.4	4.1
1976	0.0	0.0	0.5	5.6
1977	0.0	0.0	0.7	8.2
1978	0.2	0.0	0.7	12.8
1979	0.0	0.0	0.9	10.4
1980	0.2	0.0	1.0	16.9
1981	0.0	0.0	1.3	15.0
1982	0.2	0.0	2.7	37.4
1983	0.2	0.0	2.8	38.8
1984	0.3	0.0	3.3	45.6
1985	0.5	0.1	3.0	50.9
1986	0.3	0.0	1.5	24.2
1987	0.0	0.0	0.8	9.6
		in P J		
1970	0.0	11.0	3.7	14.7
1971	0.0	3.0	1.5	4.5
1972	0.0	2.6	1.8	4.4
1973	3.4	0.0	0.4	3.8
1974	1.6	0.0	0.0	1.6
1975	0.0	0.0	4.1	4.1
1976	0.0	0.0	5.6	5.6
1977	0.0	0.0	8.2	8.2
1978	4.2	0.0	8.6	12.8
1979	0.3	0.0	10.1	10.4
1980	5.6	0.0	11.3	16.9
1981	0.3	0.0	14.7	15.0
1982	5.6	0.0	31.8	37.4
1983	5.1	0.8	32.9	38.8
1984	6.6	0.0	39.1	45.6
1985	12.1	4.2	34.7	50.9
1986	7.0	0.0	17.2	24.2
1987	0.0	0.0	9.6	9.6

1) Erdöl und Erdölprodukte.
Quelle: Datenbank RGW-Energie des DIW.

1.4.1.
Aufkommen von Braunkohlen in Bulgarien
von 1970 bis 1987

Jahr	Förderung	Einfuhr	Ausfuhr	Bestands- veränderungen	Inlands- verbrauch
			Mill. t		
1970	28.85	0.00	0.00	0.00	28.85
1971	26.62	0.00	0.00	0.00	26.62
1972	26.89	0.00	0.00	0.00	26.89
1973	26.46	0.00	0.00	0.00	26.46
1974	24.00	0.00	0.00	0.00	24.00
1975	27.52	0.00	0.00	0.00	27.52
1976	25.18	0.00	0.00	0.00	25.18
1977	24.89	0.00	0.00	0.00	24.89
1978	25.53	0.00	0.00	0.00	25.53
1979	27.96	0.00	0.00	0.00	27.96
1980	29.95	0.00	0.00	0.00	29.95
1981	29.00	0.00	0.00	0.00	29.00
1982	31.97	0.00	0.00	0.00	31.97
1983	32.15	0.00	0.00	0.00	32.15
1984	32.14	0.00	0.00	0.00	32.14
1985	30.66	0.00	0.00	0.00	30.66
1986	35.02	0.00	0.00	0.00	35.02
1987	36.58	0.00	0.00	0.00	36.58
			in PJ 1)		
1970	228.3	0.0	0.0	0.0	228.3
1971	210.6	0.0	0.0	0.0	210.6
1972	212.8	0.0	0.0	0.0	212.8
1973	209.4	0.0	0.0	0.0	209.4
1974	189.9	0.0	0.0	0.0	189.9
1975	217.7	0.0	0.0	0.0	217.7
1976	199.3	0.0	0.0	0.0	199.3
1977	196.9	0.0	0.0	0.0	196.9
1978	202.0	0.0	0.0	0.0	202.0
1979	221.2	0.0	0.0	0.0	221.2
1980	219.4	0.0	0.0	0.0	219.4
1981	212.5	0.0	0.0	0.0	212.5
1982	234.3	0.0	0.0	0.0	234.3
1983	235.5	0.0	0.0	0.0	235.5
1984	235.5	0.0	0.0	0.0	235.5
1985	224.6	0.0	0.0	0.0	224.6
1986	256.6	0.0	0.0	0.0	256.6
1987	268.0	0.0	0.0	0.0	268.0

1) Heizwerte in MJ/t: 1970 bis 1979: 7913;
   1980 bis 1988: 7327.
Quelle: Datenbank RGW-Energie des DIW.

1.4.2.
Aufkommen von Steinkohlen in Bulgarien
von 1970 bis 1987

Jahr	Gewinn- ung	Einfuhr Stein- kohle	Einfuhr Stein- kohlen- koks	Ausfuhr	Be- stands- verände- rung	Inlands- ver- brauch 1)
			Mill. t			
1970	0.40	4.99	0.47	0.00	0.00	5.86
1971	0.39	6.01	0.36	0.00	0.00	6.75
1972	0.38	5.77	0.40	0.00	0.00	6.55
1973	0.35	5.94	0.38	0.15	0.00	6.51
1974	0.31	6.21	0.36	0.07	0.00	6.80
1975	0.33	6.38	0.36	0.00	0.00	7.07
1976	0.30	6.19	0.33	0.00	0.00	6.81
1977	0.29	6.25	0.36	0.00	0.00	6.90
1978	0.27	6.20	0.31	0.18	0.00	6.60
1979	0.27	6.36	0.35	0.01	0.00	6.96
1980	0.27	6.71	0.45	0.25	0.00	7.18
1981	0.25	7.05	0.41	0.01	0.00	7.69
1982	0.24	7.23	0.48	0.25	0.00	7.71
1983	0.24	7.09	0.50	0.22	0.00	7.61
1984	0.22	7.20	0.54	0.29	0.00	7.68
1985	0.22	8.05	0.66	0.53	0.00	8.41
1986	0.21	7.30	0.51	0.31	0.00	7.71
1987	0.20	7.90	0.20	0.00	0.00	8.30
			in P J 2)			
1970	6.9	114.2	12.9	0.0	0.0	134.0
1971	6.7	137.3	9.9	0.0	0.0	154.0
1972	6.6	131.9	11.0	0.0	0.0	149.5
1973	6.1	135.7	10.4	3.4	0.0	148.8
1974	5.3	141.8	9.9	1.6	0.0	155.4
1975	5.7	145.8	9.9	0.0	0.0	161.5
1976	5.1	141.5	9.1	0.0	0.0	155.7
1977	5.0	142.9	10.0	0.0	0.0	157.9
1978	4.7	141.8	8.6	4.2	0.0	150.9
1979	4.7	145.3	9.6	0.3	0.0	159.4
1980	4.6	153.4	12.4	5.6	0.0	164.8
1981	4.3	161.2	11.3	0.3	0.0	176.5
1982	4.2	165.2	13.4	5.6	0.0	177.2
1983	4.2	162.0	14.0	5.1	0.0	175.1
1984	3.9	164.6	15.1	6.6	0.0	177.0
1985	3.9	184.1	18.5	12.1	0.0	194.4
1986	3.6	167.0	14.1	7.0	0.0	177.6
1987	3.4	180.6	5.7	0.0	0.0	189.7

1) Steinkohle, Steinkohlenkoks.
2) Heizwerte in MJ/t: Gewinnung: 17291; Einfuhr
Steinkohle: 22860; Einfuhr Steinkohlenkoks 27842;
Ausfuhr 22860.
Quelle: Datenbank RGW-Energie des DIW.

Aufkommen von Mineralöl und Erdgas in Bulgarien
von 1970 bis 1987

Jahr	Mineralöl						Erdgas		
	Gewinn-ung	Einfuhr Erdöl	Einfuhr Erdöl-produkte	Ausfuhr Erdöl	Ausfuhr Erdöl-produkte	Inlands-verbrauch	Gewinn-ung	Ein-fuhr	Inlands-verbrauch
				Mill. t				Mrd. m 3	
1970	0.3	5.7	2.9	0.1	0.2	8.6	0.5	0.0	0.5
1971	0.3	7.5	2.6	0.0	0.1	10.3	0.3	0.0	0.3
1972	0.2	8.3	2.4	0.0	0.1	10.8	0.2	0.0	0.2
1973	0.2	9.7	2.4	0.0	0.0	12.2	0.2	0.0	0.2
1974	0.1	10.6	2.2	0.0	0.0	12.9	0.2	0.3	0.5
1975	0.1	10.5	1.9	0.0	0.0	12.4	0.1	1.2	1.3
1976	0.1	10.8	2.0	0.0	0.0	12.9	0.0	2.2	2.2
1977	0.1	11.8	1.8	0.0	0.0	13.7	0.0	2.8	2.8
1978	0.1	12.6	1.9	0.0	0.0	14.6	0.0	2.9	2.9
1979	0.3	13.0	1.9	0.0	0.0	15.2	0.1	3.0	3.1
1980	0.3	13.2	1.7	0.0	0.0	15.2	0.2	4.0	4.2
1981	0.3	12.3	1.7	0.0	0.0	14.3	0.1	4.5	4.6
1982	0.3	11.2	1.4	0.0	0.0	12.9	0.1	4.8	4.9
1983	0.3	11.2	1.4	0.0	0.0	12.9	0.1	4.9	5.0
1984	0.3	11.2	1.4	0.0	0.0	12.9	0.0	5.5	5.5
1985	0.3	11.3	1.5	0.0	0.1	13.0	0.0	5.5	5.5
1986	0.3	11.3	1.5	0.0	0.0	13.1	0.0	5.8	5.8
1987	0.3	11.7	1.4	0.0	0.0	13.4	0.0	6.1	6.1
				in P J					
1970	13.7	238.7	120.5	4.5	6.5	362.0	16.7	0.0	16.7
1971	12.5	316.3	106.9	0.0	3.0	432.7	11.5	0.0	11.5
1972	10.2	347.0	99.1	0.0	2.6	453.7	7.8	0.0	7.8
1973	7.8	404.5	100.6	0.0	0.0	512.9	7.8	0.0	7.8
1974	5.9	445.5	90.1	0.0	0.0	541.5	6.3	10.7	17.0
1975	5.0	438.3	77.5	0.0	0.0	520.9	3.9	41.3	45.2
1976	4.8	454.3	81.7	0.0	0.0	540.8	1.3	77.7	79.0
1977	5.3	493.0	75.4	0.0	0.0	573.7	0.4	97.7	98.1
1978	4.1	529.9	79.6	0.0	0.0	613.6	1.1	101.1	102.2
1979	10.7	544.8	79.6	0.0	0.0	635.1	4.8	104.6	109.4
1980	10.7	553.2	71.2	0.0	0.0	635.1	6.7	139.5	146.2
1981	12.3	515.5	71.2	0.0	0.0	599.0	4.8	156.9	161.8
1982	12.3	469.4	58.7	0.0	0.0	540.4	2.8	168.5	171.4
1983	12.3	469.4	58.7	0.0	0.8	539.6	2.0	171.8	173.8
1984	11.5	469.4	58.7	0.0	0.0	539.6	1.7	193.1	194.8
1985	11.5	473.6	62.9	0.0	4.2	543.7	0.7	190.2	190.9
1986	11.5	473.6	62.9	0.0	0.0	547.9	0.6	201.6	202.2
1987	11.5	489.0	60.2	0.0	0.0	560.8	0.6	211.7	212.3

Quelle: Datenbank RGW-Energie des DIW.

1.4.4.
Aufkommen von Primärenergie in Bulgarien
von 1970 bis 1987

Jahr	Förderung	Einfuhr	Ausfuhr	Bestands- verän- derungen 1)	Inlands- ver- brauch
			in P J		
1970	291	489	15	0	765
1971	267	575	4	0	837
1972	262	602	4	0	860
1973	261	689	4	0	947
1974	232	750	2	0	981
1975	261	791	4	0	1047
1976	245	870	6	0	1109
1977	249	936	8	0	1177
1978	246	985	13	0	1218
1979	280	1011	10	0	1281
1980	285	1059	17	0	1327
1981	276	1079	15	0	1340
1982	289	1068	37	0	1320
1983	295	1079	39	0	1335
1984	291	1126	46	0	1371
1985	267	1171	51	0	1387
1986	299	1124	24	0	1399
1987	313	1154	10	0	1458
			Anteile in vH		
1970	38.0	63.9	1.9	0.0	100
1971	31.9	68.7	0.5	0.0	100
1972	30.5	70.0	0.5	0.0	100
1973	27.6	72.8	0.4	0.0	100
1974	23.7	76.5	0.2	0.0	100
1975	24.9	75.5	0.4	0.0	100
1976	22.1	78.4	0.5	0.0	100
1977	21.2	79.5	0.7	0.0	100
1978	20.2	80.9	1.1	0.0	100
1979	21.9	79.0	0.8	0.0	100
1980	21.5	79.8	1.3	0.0	100
1981	20.6	80.5	1.1	0.0	100
1982	21.9	80.9	2.8	0.0	100
1983	22.1	80.8	2.9	0.0	100
1984	21.2	82.2	3.3	0.0	100
1985	19.3	84.5	3.7	0.0	100
1986	21.4	80.3	1.7	0.0	100
1987	21.5	79.2	0.7	0.0	100

1) Bzw. statistische Differenzen.
Quelle: Datenbank RGW-Energie des DIW.

1.5.1.
Primärenergieverbrauch in Bulgarien nach Energieträgern
von 1970 bis 1987

Jahr	Braun- kohlen 1)	Stein- kohlen 2)	Mineral- öle	Erdgas	Strom 3)	Kern- energie	Ins- gesamt
	Mill. t			Mrd. m3	Mrd. KWh		P J
1970	28.9	5.9	8.6	0.5	2.1	0.0	765.2
1971	26.6	6.8	10.3	0.3	2.4	0.0	837.0
1972	26.9	6.5	10.8	0.2	3.1	0.0	859.6
1973	26.5	6.5	12.2	0.2	5.8	0.0	946.8
1974	24.0	6.8	12.9	0.5	5.6	0.9	980.5
1975	27.5	7.1	12.4	1.3	6.2	2.6	1047.5
1976	25.2	6.8	12.9	2.3	6.5	5.0	1109.3
1977	24.9	6.9	13.7	2.8	6.9	5.9	1176.8
1978	25.5	6.6	14.6	2.9	6.8	5.9	1217.9
1979	28.0	7.0	15.2	3.1	7.1	6.2	1280.5
1980	29.9	7.2	15.2	4.2	7.6	6.2	1327.2
1981	29.0	7.7	14.3	4.6	7.1	9.1	1339.9
1982	32.0	7.7	12.9	4.9	5.8	11.0	1320.1
1983	32.1	7.6	12.9	5.0	6.0	12.0	1334.6
1984	32.1	7.7	12.9	5.6	5.8	13.3	1370.7
1985	30.7	8.4	13.0	5.5	6.7	13.1	1386.6
1986	35.0	7.7	13.1	5.8	6.3	12.1	1399.4
1987	36.6	8.3	13.4	6.1	6.9	12.4	1457.6
	in P J						
1970	228.3	134.0	362.0	16.7	24.3	0.0	765.2
1971	210.6	154.0	432.7	11.5	28.2	0.0	837.0
1972	212.8	149.5	453.7	7.8	35.9	0.0	859.6
1973	209.4	148.8	512.9	7.8	68.0	0.0	946.8
1974	189.9	155.4	541.5	17.0	65.8	10.9	980.5
1975	217.7	161.4	520.9	45.2	72.3	29.9	1047.5
1976	199.3	155.7	540.8	79.0	76.0	58.5	1109.3
1977	196.9	157.9	573.7	98.0	81.3	69.0	1176.8
1978	202.0	150.9	613.6	102.3	79.8	69.3	1217.9
1979	221.2	159.4	635.1	109.4	82.9	72.5	1280.5
1980	219.4	164.8	635.1	146.2	89.4	72.3	1327.2
1981	212.5	176.5	599.0	161.8	83.2	106.9	1339.9
1982	234.3	177.2	540.4	171.4	67.9	129.0	1320.1
1983	235.5	175.1	539.5	173.8	69.9	140.7	1334.6
1984	235.5	177.0	539.6	194.7	68.0	155.9	1370.7
1985	224.6	194.4	543.7	191.0	78.9	153.9	1386.6
1986	256.6	177.6	547.9	202.2	73.7	141.5	1399.4
1987	268.0	189.7	560.8	212.3	81.1	145.8	1457.6

1) Braunkohle, Braunkohlenbriketts.
2) Steinkohle, Steinkohlenkoks.
3) Wasserkraft, Außenhandelssaldo.
Quelle: Datenbank RGW-Energie des DIW.

1.5.2.
Struktur des Primärenergieverbrauchs in Bulgarien
nach Energieträgern von 1970 bis 1987

Jahr	Braun-kohlen 1)	Stein-kohlen 2)	Mineral-öle	Erdgas	Strom 3)	Kern-energie	Ins-gesamt
			Anteile in vH				
1970	29.8	17.5	47.3	2.2	3.2	0.0	100
1971	25.2	18.4	51.7	1.4	3.4	0.0	100
1972	24.8	17.4	52.8	0.9	4.2	0.0	100
1973	22.1	15.7	54.2	0.8	7.2	0.0	100
1974	19.4	15.9	55.2	1.7	6.7	1.1	100
1975	20.8	15.4	49.7	4.3	6.9	2.9	100
1976	18.0	14.0	48.7	7.1	6.9	5.3	100
1977	16.7	13.4	48.8	8.3	6.9	5.9	100
1978	16.6	12.4	50.4	8.4	6.6	5.7	100
1979	17.3	12.4	49.6	8.5	6.5	5.7	100
1980	16.5	12.4	47.9	11.0	6.7	5.4	100
1981	15.9	13.2	44.7	12.1	6.2	8.0	100
1982	17.7	13.4	40.9	13.0	5.1	9.8	100
1983	17.6	13.1	40.4	13.0	5.2	10.5	100
1984	17.2	12.9	39.4	14.2	5.0	11.4	100
1985	16.2	14.0	39.2	13.8	5.7	11.1	100
1986	18.3	12.7	39.2	14.4	5.3	10.1	100
1987	18.4	13.0	38.5	14.6	5.6	10.0	100

1) Braunkohle, Braunkohlenbriketts.
2) Steinkohle, Steinkohlenkoks.
3) Wasserkraft, Außenhandelssaldo.
Quelle: Datenbank RGW-Energie des DIW.

1.5.3.
Primärenergieverbrauch in Bulgarien und seine Deckung durch
Eigenaufkommen und Importe aus der UdSSR von 1970 bis 1987

Jahr	Braun- kohlen	Stein- kohlen	Mineral- öle	Erdgas	Primär- strom	Ins- gesamt
	Anteil der Gewinnung im Inland in vH					
1970	100.0	5.1	3.8	100.0	103.7	38.0
1971	100.0	4.4	2.9	100.0	90.1	31.9
1972	100.0	4.4	2.2	100.0	68.5	30.5
1973	100.0	4.1	1.5	100.0	44.3	27.6
1974	100.0	3.5	1.1	37.1	31.8	23.6
1975	100.0	3.5	1.0	8.6	28.1	24.9
1976	100.0	3.3	0.9	1.6	25.7	22.1
1977	100.0	3.2	0.9	0.4	25.8	21.2
1978	100.0	3.1	0.7	1.1	22.9	20.2
1979	100.0	2.9	1.7	4.4	25.0	21.9
1980	100.0	2.8	1.7	4.6	26.9	21.5
1981	100.0	2.4	2.1	3.0	22.3	20.6
1982	100.0	2.4	2.3	1.6	18.1	21.9
1983	100.0	2.4	2.3	1.2	19.3	22.1
1984	100.0	2.2	2.1	0.9	17.1	21.2
1985	100.0	2.0	2.1	0.4	11.3	19.2
1986	100.0	2.0	2.1	0.3	12.7	21.4
1987	100.0	1.8	2.1	0.3	13.1	21.5
	Anteil der Importe aus der UdSSR in vH					
1970	0.0	89.6	81.6	0.0	9.5	54.6
1971	0.0	93.2	77.1	0.0	13.5	57.5
1972	0.0	93.4	73.4	0.0	31.2	56.3
1973	0.0	93.1	76.2	0.0	51.0	59.5
1974	0.0	90.3	84.0	62.9	65.1	66.9
1975	0.0	88.5	93.0	91.4	75.2	71.1
1976	0.0	93.8	92.0	98.4	77.6	74.4
1977	0.0	86.5	91.7	99.7	72.5	74.5
1978	0.0	79.7	89.5	98.8	81.9	73.3
1979	0.0	84.6	91.4	95.6	80.6	73.8
1980	0.0	80.9	91.7	95.4	77.4	73.9
1981	0.0	79.8	97.9	97.0	84.0	77.9
1982	0.0	83.9	97.7	98.3	92.3	77.8
1983	0.0	85.4	97.9	98.8	91.9	78.1
1984	0.0	84.5	97.9	99.2	93.2	78.7
1985	0.0	78.1	98.7	99.6	88.8	78.3
1986	0.0	93.2	100.3	98.0	93.0	79.5
1987	0.0	85.0	96.7	99.7	87.5	76.4

Quelle: Datenbank RGW-Energie des DIW.

1.5.4.
Entwicklung von Primärenergieverbrauch und produziertem
Nationaleinkommen in Bulgarien von 1970 bis 1987

| Jahr | Veränderung gegenüber dem Vorjahr in vH | | Primär-energie-verbrauch in GJ je Einwohner |
	Primärenergie-verbrauch	National-einkommen	
1970	4.5	7.1	90
1971	9.4	6.9	98
1972	2.7	7.7	100
1973	10.1	8.1	110
1974	3.6	7.6	113
1975	6.8	8.8	120
1976	5.9	6.5	127
1977	6.1	6.3	134
1978	3.5	5.6	138
1979	5.1	6.6	145
1980	3.6	5.7	150
1981	1.0	5.0	151
1982	-1.5	4.2	148
1983	1.1	3.0	149
1984	2.7	4.6	153
1985	1.2	1.8	155
1986	0.9	5.3	156
1987	4.2	5.1	162

Quellen: Datenbank RGW-Energie des DIW;
Statistisches Jahrbuch Bulgariens.

1.6.
Heizwerte der Energieträger und Faktoren für die
Umrechnung von spezifischen Mengeneinheiten in
Wärmeeinheiten zur Energiebilanz Bulgariens

Energieträger	Zeitraum	Gewinnung	Import	Export
		kJ/kg		
Braunkohle	1970-1979	7913	−	−
	1980-1987	7327	−	−
Steinkohle	1970-1987	17291	22860	22860
Steinkohlenkoks	1970-1987	−	27842	27842
Rohöl	1970-1987	41031	41910	41910
Mineralöl	1970-1987	−	41910	41910
Erdgas	1970-1987	35169	34876	−
Primärstrom	1970-1987	11723	11723	11723
		kcal/kg		
Braunkohle	1970-1979	1890	−	−
	1980-1987	1750	−	−
Steinkohle	1970-1987	4129	5459	5459
Steinkohlenkoks	1970-1987	−	6649	6649
Rohöl	1970-1987	9798	10008	10008
Mineralöl	1970-1987	−	10008	10008
Erdgas	1970-1987	8398	8328	−
Primärstrom	1970-1987	2799	2799	2799
		SKE-Faktor		
Braunkohle	1970-1979	0.27	−	−
	1980-1987	0.25	−	−
Steinkohle	1970-1987	0.59	0.78	0.78
Steinkohlenkoks	1970-1987	−	0.95	0.95
Rohöl	1970-1987	1.40	1.43	1.43
Mineralöl	1970-1987	−	1.43	1.43
Erdgas	1970-1987	1.20	1.19	−
Primärstrom	1970-1987	0.40	0.40	0.40

Quelle: Datenbank RGW-Energie des DIW.

2.1.
Primärenergiegewinnung der CSSR nach Energieträgern
von 1970 bis 1987

Jahr	Braun- kohlen	Stein- kohlen	Erdöl	Erdgas	Wasser- kraft	Ins- gesamt
	Mill. t	Mill. t	Mill. t	Mrd. m3	Mrd. KWh	P J
1970	81.3	28.2	0.2	1.2	3.7	1896.3
1971	84.2	28.8	0.2	1.2	2.7	1939.8
1972	84.9	27.9	0.2	1.2	2.8	1929.1
1973	81.2	27.8	0.2	1.0	2.4	1864.4
1974	82.2	28.0	0.1	1.0	4.0	1897.8
1975	86.3	28.1	0.1	0.9	3.8	1954.5
1976	89.5	28.3	0.1	1.0	3.3	1946.1
1977	93.2	28.0	0.1	1.0	4.4	2002.3
1978	94.9	28.3	0.1	1.1	4.1	2033.4
1979	96.2	28.5	0.1	0.9	4.2	2046.2
1980	94.9	28.2	0.1	0.6	4.8	2021.0
1981	95.3	27.5	0.1	0.7	4.2	1949.3
1982	97.1	27.5	0.1	0.7	3.7	1965.4
1983	100.5	26.9	0.1	0.6	3.9	1996.4
1984	102.9	26.4	0.1	0.8	3.3	2013.2
1985	100.8	26.2	0.1	0.7	4.3	1994.7
1986	100.4	25.7	0.1	0.7	4.0	1973.5
1987	100.4	25.7	0.2	0.7	4.7	1984.6
			in P J			
1970	1143.6	661.1	8.3	40.2	43.0	1896.3
1971	1183.9	675.7	8.0	40.8	31.5	1939.8
1972	1194.7	654.7	7.8	38.9	32.9	1929.1
1973	1142.9	651.3	7.0	34.8	28.4	1864.4
1974	1155.8	655.8	6.1	32.6	47.4	1897.8
1975	1213.6	659.3	5.8	31.0	44.7	1954.5
1976	1206.1	662.7	5.4	32.8	39.0	1946.1
1977	1256.9	655.6	5.0	33.4	51.3	2002.3
1978	1279.1	663.4	4.8	38.2	47.9	2033.4
1979	1297.0	667.3	4.5	28.4	49.0	2046.2
1980	1279.2	661.2	3.8	20.9	55.8	2021.0
1981	1228.7	645.1	3.7	22.1	49.8	1949.3
1982	1252.1	643.9	3.7	21.9	43.9	1965.4
1983	1295.6	631.0	3.8	20.5	45.5	1996.4
1984	1326.3	619.5	3.7	25.3	38.3	2013.2
1985	1299.4	615.1	5.0	24.2	51.0	1994.7
1986	1294.5	601.6	5.8	24.8	46.8	1973.5
1987	1294.7	603.4	6.2	24.8	55.6	1984.6

Quelle: Datenbank RGW-Energie des DIW.

2.2.1.
Einfuhr der CSSR von Energieträgern
von 1970 bis 1987

Jahr	Braun- kohlen	Stein- kohlen	davon: Stein- kohle	Stein- kohlen koks	Rohöl/ Mineral- öl	Erdgas	Strom	Kern- energie	Ins- gesamt
	Mill. t	Mill. t	Mill. t	Mill. t	Mill. t	Mrd. m3	Mrd. KWh	Mrd. KWh	P J
1970	1.0	4.5	4.5	0.0	10.9	1.4	4.0	0.0	663
1971	0.9	5.6	5.5	0.1	12.5	1.7	5.1	0.0	777
1972	0.7	5.6	5.5	0.1	13.6	2.0	4.6	0.0	828
1973	0.6	5.3	5.3	0.0	15.4	2.4	5.3	0.2	923
1974	0.5	5.3	5.2	0.1	16.0	3.3	5.4	0.5	980
1975	0.5	5.3	5.2	0.1	16.9	3.8	4.7	0.2	1023
1976	0.5	5.2	5.2	0.0	18.2	4.6	4.5	0.4	1105
1977	0.3	5.7	5.6	0.1	19.5	5.2	3.2	0.1	1172
1978	0.5	5.6	5.6	0.0	19.7	5.7	4.3	0.0	1209
1979	0.5	5.5	5.5	0.0	19.9	7.3	4.7	2.1	1298
1980	0.4	5.1	5.1	0.0	20.1	8.3	3.4	4.5	1311
1981	0.6	4.4	4.4	0.0	19.4	8.6	3.2	5.1	1278
1982	0.7	5.0	5.0	0.0	18.1	9.0	3.1	5.8	1259
1983	0.7	5.0	5.0	0.0	17.9	9.3	3.5	6.2	1265
1984	0.7	4.6	4.6	0.0	18.0	10.5	4.8	7.2	1326
1985	0.7	4.7	4.7	0.0	17.7	10.8	7.6	10.9	1402
1986	0.7	4.5	4.5	0.0	18.0	11.6	4.5	16.6	1464
1987	0.7	4.5	4.5	0.0	18.3	12.2	4.5	20.6	1544
					in P J				
1970	9.1	103.9	103.5	0.4	456.2	47.3	46.6	0.0	663
1971	7.6	127.6	125.5	2.1	523.9	57.9	59.8	0.0	777
1972	6.1	128.4	126.5	1.9	571.3	68.3	53.5	0.4	828
1973	5.1	121.7	121.1	0.6	647.1	83.2	62.7	2.7	923
1974	4.8	121.5	118.1	3.4	670.7	113.6	63.9	5.7	980
1975	4.6	120.5	118.6	1.9	708.4	133.3	54.5	2.2	1023
1976	4.0	119.8	119.1	0.7	762.6	161.4	52.2	5.2	1105
1977	2.8	130.0	128.5	1.5	819.0	180.4	37.9	1.3	1172
1978	4.1	128.8	127.8	1.0	824.6	200.4	50.4	0.2	1209
1979	4.2	125.6	125.6	0.0	832.2	256.2	54.7	25.2	1298
1980	3.9	117.0	117.0	0.0	843.6	254.0	39.6	53.0	1311
1981	5.0	101.5	101.1	0.4	812.0	261.2	37.8	60.2	1278
1982	5.7	113.8	113.8	0.0	760.1	275.3	35.8	68.5	1259
1983	5.9	115.3	114.9	0.4	748.2	282.7	40.5	72.1	1265
1984	6.2	104.4	104.4	0.0	753.5	320.7	55.9	84.9	1326
1985	6.5	107.1	107.1	0.0	741.8	329.7	88.6	128.0	1402
1986	6.2	102.9	102.9	0.0	754.4	353.2	52.8	194.7	1464
1987	6.2	102.9	102.9	0.0	767.0	373.0	52.8	241.8	1544

Quelle: Datenbank RGW-Energie des DIW.

2.2.2.
Einfuhr der CSSR von Energieträgern aus der UdSSR
von 1970 bis 1987

Jahr	Braun-kohle	Stein-kohle	Stein-kohlen-koks	Mineral-öle	dar.: Erdöl	Erdgas	Strom	Kern-energie	Ins-gesamt
	Mill. t	Mill. t	Mill. t	Mill. t	Mill. t	Mrd. m3	Mrd. KWh	Mrd. KWh	P J
1970	0.0	2.7	0.0	10.5	9.4	1.3	1.2	0.0	561.8
1971	0.1	2.9	0.1	11.7	10.7	1.6	1.2	0.0	629.4
1972	0.0	2.9	0.1	12.9	11.9	1.9	1.1	0.0	687.5
1973	0.0	2.7	0.0	14.3	13.1	2.4	1.0	0.2	759.5
1974	0.0	2.8	0.1	14.8	14.3	3.2	1.1	0.5	817.9
1975	0.0	2.8	0.1	16.0	15.5	3.7	1.1	0.2	879.5
1976	0.0	2.9	0.0	17.2	16.3	4.3	1.8	0.4	964.3
1977	0.0	2.8	0.1	17.9	17.0	5.2	1.0	0.1	1008.3
1978	0.0	2.8	0.0	18.6	17.7	5.7	1.3	0.0	1058.1
1979	0.0	2.8	0.0	19.3	18.5	7.3	1.6	2.1	1172.5
1980	0.0	2.3	0.0	19.5	18.8	8.3	2.2	4.5	1203.9
1981	0.0	2.6	0.0	18.5	17.8	8.6	2.2	5.1	1182.0
1982	0.0	2.8	0.0	16.6	16.4	9.0	2.2	5.8	1129.4
1983	0.0	3.3	0.0	16.6	16.4	9.3	2.4	6.2	1154.1
1984	0.0	3.1	0.0	16.6	16.4	10.5	2.7	7.2	1203.2
1985	0.0	3.3	0.0	16.4	16.2	10.8	4.9	10.9	1275.7
1986	0.0	3.1	0.0	17.3	16.9	10.2	1.9	16.6	1321.9
1987	0.0	3.1	0.0	17.4	17.0	10.6	3.7	20.6	1407.1
				in P J					
1970	0.0	61.5	0.4	438.6	395.7	46.8	14.5	0.0	561.8
1971	1.0	66.6	2.1	488.5	447.1	57.2	14.0	0.0	629.4
1972	0.1	66.0	1.9	539.2	499.0	67.6	12.7	0.0	687.5
1973	0.0	61.2	0.6	601.0	548.2	82.4	11.6	2.7	759.5
1974	0.0	62.9	2.0	621.8	598.9	112.7	12.8	5.7	817.9
1975	0.0	64.4	1.9	669.1	649.7	128.8	13.1	2.2	879.5
1976	0.0	66.1	0.7	722.2	683.8	149.5	20.6	5.2	964.3
1977	0.0	64.6	1.5	749.0	711.3	180.2	11.6	1.3	1008.3
1978	0.0	64.5	1.0	777.9	742.3	199.7	14.7	0.2	1058.1
1979	0.0	64.2	0.0	808.2	776.8	256.2	18.8	25.2	1172.5
1980	0.0	53.0	0.0	818.2	788.0	253.8	25.8	53.0	1203.9
1981	0.0	60.4	0.0	774.5	744.3	261.2	25.8	60.2	1182.0
1982	0.0	63.1	0.0	697.0	688.7	275.0	25.8	68.5	1129.4
1983	0.0	75.4	0.0	695.7	687.3	282.7	28.1	72.1	1154.1
1984	0.0	71.2	0.0	695.7	687.3	319.8	31.7	84.9	1203.2
1985	0.0	74.3	0.0	687.3	678.9	329.1	57.0	128.0	1275.7
1986	0.0	70.5	0.0	723.6	708.3	310.8	22.3	194.7	1321.9
1987	0.0	70.0	0.0	727.5	712.1	324.6	43.4	241.8	1407.1

Quelle: Datenbank RGW-Energie des DIW.

2.3.
Ausfuhr der CSSR von Energieträgern
von 1970 bis 1987

Jahr	Braun-kohle	Stein-kohle	Stein-kohlen-koks	öl-produkte 1)	Erdgas	Strom	Ins-gesamt
	Mill. t	Mill. t	Mill. t	Mill. t	Mrd. m 3	Mrd. KWh	P J
1970	1.3	3.0	2.5	0.8	0.1	0.6	200.4
1971	1.2	3.5	2.3	0.9	0.1	0.6	214.5
1972	1.3	3.3	2.4	1.0	0.1	1.0	220.7
1973	1.3	3.5	2.6	0.9	0.1	1.0	225.9
1974	1.4	3.7	2.5	0.5	0.0	0.9	208.6
1975	1.7	3.7	2.3	0.7	0.0	0.6	212.7
1976	1.6	3.8	2.1	0.9	0.1	0.3	212.4
1977	1.7	3.3	2.0	1.3	0.1	0.8	221.7
1978	1.5	3.7	2.0	0.8	0.1	0.9	212.6
1979	1.6	4.0	1.9	0.7	0.1	1.1	212.7
1980	2.2	3.7	1.5	1.7	0.0	1.7	247.8
1981	2.5	3.1	1.3	1.2	0.0	1.1	205.4
1982	2.7	2.8	1.4	1.4	0.3	1.1	218.6
1983	2.7	2.8	1.2	1.6	0.3	1.3	225.8
1984	2.6	2.7	1.3	1.1	0.0	1.8	201.6
1985	2.8	2.7	1.2	1.5	0.0	2.5	223.6
1986	2.7	2.5	1.0	2.2	0.3	2.2	250.2
1987	2.7	2.5	1.0	2.5	0.0	2.2	250.2
			in P J				
1970	17.6	69.6	69.6	33.9	3.0	6.7	200.4
1971	17.3	81.1	65.2	39.4	4.3	7.1	214.5
1972	17.7	77.6	67.3	42.7	4.1	11.3	220.7
1973	17.8	81.6	71.6	39.8	3.4	11.7	225.9
1974	19.6	87.1	70.1	20.5	1.3	10.0	208.6
1975	23.7	86.0	64.0	30.9	1.3	6.8	212.7
1976	21.7	88.4	58.6	38.2	2.1	3.4	212.4
1977	22.3	77.6	56.5	54.0	2.0	9.3	221.7
1978	20.4	87.8	55.4	35.4	3.0	10.6	212.6
1979	22.2	92.8	52.7	30.1	2.3	12.5	212.7
1980	29.1	87.4	40.7	69.2	1.4	20.0	247.8
1981	32.6	72.0	35.2	51.5	1.0	13.1	205.4
1982	34.9	66.2	38.2	57.5	8.5	13.4	218.6
1983	34.5	66.2	34.7	66.7	8.6	15.0	225.8
1984	34.1	62.6	36.5	46.5	0.8	21.0	201.6
1985	36.5	62.7	32.2	62.8	0.0	29.3	223.6
1986	34.8	59.5	27.9	91.2	10.6	26.1	250.2
1987	34.8	58.6	27.8	103.2	0.0	25.8	250.2

1) Erdöl und Erdölprodukte.
Quelle: Datenbank RGW-Energie des DIW.

2.4.1.
Aufkommen von Braunkohlen in der CSSR
von 1970 bis 1987

Jahr	Förderung	Einfuhr	Ausfuhr	Bestands-veränderungen	Inlands-verbrauch
			Mill. t		
1970	81.30	1.04	1.25	0.00	81.09
1971	84.16	0.87	1.23	0.00	83.80
1972	84.93	0.69	1.26	0.00	84.37
1973	81.25	0.58	1.27	0.00	80.56
1974	82.17	0.55	1.39	0.00	81.32
1975	86.27	0.52	1.68	0.00	85.11
1976	89.47	0.45	1.61	0.00	88.32
1977	93.24	0.32	1.65	0.00	91.90
1978	94.88	0.47	1.52	0.00	93.83
1979	96.21	0.48	1.65	0.00	95.04
1980	94.89	0.44	2.16	-1.56	91.61
1981	95.28	0.57	2.53	1.09	94.41
1982	97.10	0.65	2.71	-0.31	94.73
1983	100.47	0.68	2.68	0.47	98.93
1984	102.86	0.71	2.64	-0.39	100.53
1985	100.77	0.74	2.83	0.00	98.68
1986	100.39	0.70	2.70	-0.70	97.69
1987	100.40	0.70	2.70	-4.19	94.21
			in P J 1)		
1970	1143.6	9.1	17.6	0.0	1135.2
1971	1183.9	7.6	17.3	0.0	1174.2
1972	1194.7	6.1	17.7	0.0	1183.2
1973	1142.9	5.1	17.8	0.0	1130.2
1974	1155.8	4.8	19.6	0.0	1141.0
1975	1213.6	4.6	23.7	0.0	1194.5
1976	1206.1	4.0	21.7	0.0	1188.4
1977	1256.9	2.8	22.3	0.0	1237.4
1978	1279.1	4.1	20.4	0.0	1262.7
1979	1297.0	4.2	22.2	0.0	1279.0
1980	1279.2	3.9	29.1	-21.0	1232.9
1981	1228.7	5.0	32.6	14.0	1215.1
1982	1252.1	5.7	34.9	-4.0	1218.8
1983	1295.6	5.9	34.5	6.0	1273.0
1984	1326.3	6.2	34.1	-5.0	1293.5
1985	1299.4	6.5	36.5	0.0	1269.4
1986	1294.5	6.2	34.8	-9.0	1256.8
1987	1294.7	6.2	34.8	-54.0	1212.0

1) Heizwerte in MJ/t: Gewinnung: 1970-1975: 14067;
   1976-1980: 13481; 1981-1988: 12895; Einfuhr:
   8792; Ausfuhr: wie Gewinnung.
Quelle: Datenbank RGW-Energie des DIW.

2.4.2.
Aufkommen von Steinkohlen in der CSSR
von 1970 bis 1987

Jahr	Gewinn-ung	Einfuhr Stein-kohle	Einfuhr Stein-kohlen-koks	Ausfuhr Stein-kohle	Ausfuhr Stein-kohlen-koks	Be-stands-verände-rung	Inlands-ver-brauch 1)
			Mill. t				
1970	28.20	4.53	0.02	2.97	2.50	0.00	27.27
1971	28.82	5.49	0.08	3.46	2.34	0.00	28.58
1972	27.93	5.54	0.07	3.31	2.42	0.00	27.80
1973	27.78	5.30	0.02	3.48	2.57	0.00	27.05
1974	27.97	5.17	0.12	3.72	2.52	0.00	27.03
1975	28.12	5.19	0.07	3.67	2.30	0.00	27.41
1976	28.27	5.21	0.03	3.77	2.11	0.00	27.63
1977	27.96	5.62	0.06	3.31	2.03	0.00	28.30
1978	28.30	5.59	0.04	3.75	1.99	0.00	28.19
1979	28.46	5.49	0.00	3.96	1.89	0.00	28.10
1980	28.20	5.12	0.00	3.73	1.46	0.00	28.13
1981	27.51	4.42	0.02	3.07	1.26	0.00	27.62
1982	27.46	4.98	0.00	2.82	1.37	0.00	28.25
1983	26.92	5.03	0.02	2.82	1.25	0.00	27.89
1984	26.42	4.57	0.00	2.67	1.31	0.00	27.00
1985	26.23	4.69	0.00	2.68	1.16	0.00	27.09
1986	25.66	4.50	0.00	2.54	1.00	0.00	26.62
1987	25.74	4.50	0.00	2.50	1.00	0.00	26.74
			in P J 2)				
1970	661.1	103.5	0.4	69.6	69.6	0.0	625.7
1971	675.7	125.5	2.1	81.1	65.2	0.0	657.0
1972	654.7	126.5	1.9	77.6	67.3	0.0	638.3
1973	651.3	121.1	0.6	81.6	71.6	0.0	619.8
1974	655.8	118.1	3.4	87.1	70.1	0.0	620.1
1975	659.3	118.6	1.9	86.0	64.0	0.0	629.8
1976	662.7	119.1	0.7	88.4	58.6	0.0	635.5
1977	655.6	128.5	1.5	77.6	56.5	0.0	651.5
1978	663.4	127.8	1.0	87.8	55.4	0.0	649.0
1979	667.3	125.6	0.0	92.8	52.7	0.0	647.4
1980	661.2	117.0	0.0	87.4	40.7	0.0	650.1
1981	645.1	101.1	0.4	72.0	35.2	0.0	639.4
1982	643.9	113.8	0.0	66.2	38.2	0.0	653.4
1983	631.0	114.9	0.4	66.2	34.7	0.0	645.6
1984	619.5	104.4	0.0	62.6	36.5	0.0	624.6
1985	615.1	107.1	0.0	62.7	32.2	0.0	627.2
1986	601.6	102.9	0.0	59.5	27.9	0.0	617.0
1987	603.4	102.9	0.0	58.6	27.8	0.0	619.8

1) Steinkohle, Steinkohlenkoks.
2) Heizwerte in MJ/t: Gewinnung: 23446; Einfuhr
Steinkohle: 22860; Einfuhr Steinkohlenkoks 27842;
Ausfuhr Steinkohle: 23446; Ausfuhr Steinkohlenkoks: 27842.
Quelle: Datenbank RGW-Energie des DIW.

2.4.3.
Aufkommen von Mineralöl und Erdgas in der CSSR
von 1970 bis 1987

Jahr	Mineralöl							Erdgas			
	Gewinn-ung	Einfuhr Erdöl	Erdöl-produkte	Ausfuhr Erdöl	Erdöl-produkte	Bestands-verän-derungen	Inlands-verbrauch	Gewinn-ung	Ein-fuhr	Aus-fuhr	Inlands-verbrauch
	Mill. t							Mrd. m 3			
1970	0.2	9.8	1.1	0.0	0.8	0.0	10.3	1.2	1.4	0.1	2.5
1971	0.2	11.5	1.0	0.1	0.9	0.0	11.8	1.2	1.7	0.1	2.8
1972	0.2	12.6	1.1	0.0	1.0	0.0	12.8	1.2	2.0	0.1	3.0
1973	0.2	14.2	1.3	0.3	0.7	0.0	14.7	1.0	2.4	0.1	3.3
1974	0.1	14.7	1.3	0.0	0.5	0.0	15.7	1.0	3.3	0.0	4.2
1975	0.1	15.8	1.1	0.0	0.7	0.0	16.3	0.9	3.8	0.0	4.8
1976	0.1	17.1	1.1	0.2	0.7	0.0	17.4	1.0	4.6	0.1	5.6
1977	0.1	18.3	1.2	0.8	0.5	0.0	18.4	1.0	5.2	0.1	6.1
1978	0.1	18.6	1.1	0.3	0.5	0.0	18.9	1.1	5.7	0.1	6.8
1979	0.1	18.8	1.0	0.0	0.7	0.0	19.3	0.9	7.3	0.1	8.1
1980	0.1	19.3	0.9	0.3	1.3	0.4	18.9	0.6	8.3	0.0	9.0
1981	0.1	18.5	0.9	0.2	1.0	0.1	18.4	0.7	8.6	0.0	9.2
1982	0.1	17.3	0.8	0.5	0.9	-0.3	16.6	0.7	9.0	0.3	9.4
1983	0.1	17.1	0.8	0.4	1.2	-0.1	16.3	0.6	9.3	0.3	9.6
1984	0.1	17.2	0.8	0.0	1.1	-0.7	16.3	0.8	10.5	0.0	11.3
1985	0.1	16.9	0.8	0.0	1.5	0.0	16.3	0.7	10.8	0.0	11.5
1986	0.1	17.2	0.8	0.0	2.2	0.0	16.0	0.7	11.6	0.3	12.0
1987	0.2	17.5	0.8	0.0	2.5	0.0	16.0	0.7	12.2	0.0	13.0
	in P J										
1970	8.3	410.6	45.6	2.0	31.9	0.0	430.6	40.2	47.3	3.0	84.6
1971	8.0	482.2	41.7	2.6	36.8	0.0	492.4	40.8	57.9	4.3	94.4
1972	7.8	526.9	44.5	0.0	42.7	0.0	536.4	38.9	68.3	4.1	103.0
1973	7.0	594.1	53.0	12.5	27.2	0.0	614.4	34.8	83.2	3.4	114.6
1974	6.1	614.2	56.5	0.0	20.5	0.0	656.3	32.6	113.6	1.3	144.9
1975	5.8	663.8	44.6	0.0	30.9	0.0	683.3	31.0	133.3	1.3	163.0
1976	5.4	715.9	46.7	10.3	27.9	0.0	729.7	32.8	161.4	2.1	192.1
1977	5.0	767.9	51.2	31.5	22.5	0.0	770.1	33.4	180.4	2.0	211.9
1978	4.8	778.6	46.0	13.2	22.2	0.0	794.0	38.2	200.4	3.0	235.7
1979	4.5	789.3	42.9	1.0	29.1	0.0	806.6	28.4	256.2	2.3	282.3
1980	3.8	807.3	36.3	13.7	55.5	14.8	793.0	20.9	254.0	1.4	273.5
1981	3.7	775.3	36.7	8.8	42.7	4.8	769.0	22.1	261.2	1.0	282.3
1982	3.7	725.0	35.1	20.2	37.3	-11.3	695.0	21.9	275.3	8.5	288.7
1983	3.8	716.7	31.5	17.9	48.8	-3.3	682.0	20.5	282.7	8.6	294.6
1984	3.7	720.9	32.7	0.0	46.5	-27.7	683.1	25.3	320.7	0.8	345.3
1985	5.0	708.3	33.5	0.0	62.8	0.0	684.1	24.2	329.7	0.0	353.9
1986	5.8	720.9	33.5	0.0	91.2	0.0	669.0	24.8	353.2	10.6	367.3
1987	6.2	733.4	33.5	0.0	103.2	0.0	669.9	24.8	373.0	0.0	397.8

Quelle: Datenbank RGW-Energie des DIW.

2.4.4.
Aufkommen von Primärenergie in der CSSR
von 1970 bis 1987

Jahr	Förderung	Einfuhr	Ausfuhr	Bestands- verän- derungen 1)	Inlands- ver- brauch
			in P J		
1970	1896	663	200	0	2359
1971	1940	777	214	0	2502
1972	1929	828	221	0	2536
1973	1864	923	226	0	2561
1974	1898	980	209	0	2669
1975	1954	1023	213	0	2765
1976	1946	1105	212	0	2839
1977	2002	1172	222	0	2952
1978	2033	1209	213	0	3029
1979	2046	1298	213	0	3132
1980	2021	1311	248	-6	3078
1981	1949	1278	205	19	3040
1982	1965	1259	219	-15	2991
1983	1996	1265	226	3	3038
1984	2013	1326	202	-33	3105
1985	1995	1402	224	0	3173
1986	1973	1464	250	-9	3178
1987	1985	1544	250	-54	3224
			Anteile in vH		
1970	80.4	28.1	8.5	0.0	100
1971	77.5	31.0	8.6	0.0	100
1972	76.1	32.6	8.7	0.0	100
1973	72.8	36.0	8.8	0.0	100
1974	71.1	36.7	7.8	0.0	100
1975	70.7	37.0	7.7	0.0	100
1976	68.6	38.9	7.5	0.0	100
1977	67.8	39.7	7.5	0.0	100
1978	67.1	39.9	7.0	0.0	100
1979	65.3	41.4	6.8	0.0	100
1980	65.7	42.6	8.1	-0.2	100
1981	64.1	42.0	6.8	0.6	100
1982	65.7	42.1	7.3	-0.5	100
1983	65.7	41.6	7.4	0.1	100
1984	64.8	42.7	6.5	-1.1	100
1985	62.9	44.2	7.0	0.0	100
1986	62.1	46.1	7.9	-0.3	100
1987	61.6	47.9	7.8	-1.7	100

1) Bzw. statistische Differenzen.
Quelle: Datenbank RGW-Energie des DIW.

2.5.1.
Primärenergieverbrauch in der CSSR nach Energieträgern
von 1970 bis 1987

Jahr	Braun- kohlen 1)	Stein- kohlen 2)	Mineral- öle	Erdgas	Strom 3)	Kern- energie	Ins- gesamt
	Mill. t			Mrd. m3	Mrd. KWh		P J
1970	81.9	27.3	10.3	2.5	7.1	0.0	2359.1
1971	83.8	28.6	11.8	2.8	7.2	0.0	2502.2
1972	84.4	27.8	12.8	3.0	6.4	0.0	2536.1
1973	80.6	27.1	14.7	3.3	6.8	0.2	2561.1
1974	81.3	27.0	15.7	4.2	8.6	0.5	2669.3
1975	85.1	27.4	16.3	4.7	7.9	0.2	2765.2
1976	88.3	27.6	17.4	5.6	7.5	0.4	2838.9
1977	91.9	28.3	18.4	6.1	6.8	0.1	2952.1
1978	93.8	28.2	18.9	6.8	7.5	0.0	3029.6
1979	95.0	28.1	19.2	8.1	7.8	2.1	3131.5
1980	91.6	28.1	18.9	8.9	6.4	4.5	3078.1
1981	94.4	27.6	18.4	9.2	6.4	5.1	3040.4
1982	94.7	28.3	16.6	9.4	5.7	5.8	2990.8
1983	98.9	27.9	16.3	9.6	6.1	6.2	3038.2
1984	100.5	27.0	16.3	11.2	6.2	7.2	3104.5
1985	98.7	27.1	16.3	11.5	9.4	10.9	3172.8
1986	97.7	26.6	16.0	12.0	6.3	16.6	3178.3
1987	94.2	26.7	16.0	13.0	7.0	20.6	3223.9
	in P J						
1970	1135.2	625.7	430.7	84.6	83.0	0.0	2359.1
1971	1174.2	657.0	492.4	94.4	84.2	0.0	2502.2
1972	1183.2	638.3	536.4	103.0	75.2	0.0	2536.1
1973	1130.2	619.8	614.4	114.6	79.4	2.7	2561.1
1974	1141.0	620.1	656.3	144.9	101.3	5.7	2669.3
1975	1194.5	629.8	683.3	163.0	92.5	2.2	2765.2
1976	1188.4	635.5	729.7	192.1	87.9	5.2	2838.9
1977	1237.4	651.5	770.1	211.9	79.9	1.3	2952.1
1978	1262.7	649.0	794.0	235.7	89.0	0.2	3029.6
1979	1279.0	647.4	806.5	282.3	91.1	25.2	3131.5
1980	1232.9	650.1	793.0	273.5	75.5	53.0	3078.1
1981	1215.1	639.4	769.0	282.3	74.5	60.2	3040.4
1982	1218.8	653.4	695.0	288.7	66.4	68.5	2990.8
1983	1273.0	645.6	682.0	294.6	71.0	72.1	3038.2
1984	1293.5	624.6	683.1	345.2	73.2	84.9	3104.5
1985	1269.4	627.2	684.1	353.9	110.2	128.0	3172.8
1986	1256.8	617.0	669.0	367.3	73.4	194.7	3178.3
1987	1212.0	619.8	669.9	397.8	82.6	241.8	3223.9

1) Braunkohle, Braunkohlenbriketts.
2) Steinkohle, Steinkohlenkoks.
3) Wasserkraft, Außenhandelssaldo.
Quelle: Datenbank RGW-Energie des DIW.

2.5.2.
Struktur des Primärenergieverbrauchs in der CSSR
nach Energieträgern von 1970 bis 1987

Jahr	Braun-kohlen 1)	Stein-kohlen 2)	Mineral-öle	Erdgas	Strom 3)	Kern-energie	Ins-gesamt
			Anteile in vH				
1970	48.1	26.5	18.3	3.6	3.5	0.0	100
1971	46.9	26.3	19.7	3.8	3.4	0.0	100
1972	46.7	25.2	21.2	4.1	3.0	0.0	100
1973	44.1	24.2	24.0	4.5	3.1	0.1	100
1974	42.7	23.2	24.6	5.4	3.8	0.2	100
1975	43.2	22.8	24.7	5.9	3.3	0.1	100
1976	41.9	22.4	25.7	6.8	3.1	0.2	100
1977	41.9	22.1	26.1	7.2	2.7	0.0	100
1978	41.7	21.4	26.2	7.8	2.9	0.0	100
1979	40.8	20.7	25.8	9.0	2.9	0.8	100
1980	40.1	21.1	25.7	8.9	2.5	1.7	100
1981	40.0	21.0	25.3	9.3	2.4	2.0	100
1982	40.8	21.8	23.2	9.7	2.2	2.3	100
1983	41.9	21.2	22.4	9.7	2.3	2.4	100
1984	41.7	20.1	22.0	11.1	2.4	2.7	100
1985	40.0	19.8	21.6	11.2	3.5	4.0	100
1986	39.5	19.4	21.0	11.6	2.3	6.1	100
1987	37.6	19.2	20.8	12.3	2.6	7.5	100

1) Braunkohle, Braunkohlenbriketts.
2) Steinkohle, Steinkohlenkoks.
3) Wasserkraft, Außenhandelssaldo.
Quelle: Datenbank RGW-Energie des DIW.

2.5.3.
Primärenergieverbrauch in der CSSR und seine Deckung durch
Eigenaufkommen und Importe aus der UdSSR von 1970 bis 1987

Jahr	Braun- kohlen	Stein- kohlen	Mineral- öle	Erdgas	Primär- strom	Ins- gesamt
	Anteil der Gewinnung im Inland in vH					
1970	100.7	105.7	1.9	47.6	51.8	80.4
1971	100.8	102.8	1.6	43.2	37.4	77.5
1972	101.0	102.6	1.5	37.7	43.8	76.1
1973	101.1	105.1	1.1	30.4	34.6	72.8
1974	101.3	105.8	0.9	22.5	44.3	71.1
1975	101.6	104.7	0.9	19.0	47.3	70.7
1976	101.5	104.3	0.7	17.1	42.0	68.6
1977	101.6	100.6	0.7	15.8	63.2	67.8
1978	101.3	102.2	0.6	16.2	54.5	67.1
1979	101.4	103.1	0.6	10.1	42.1	65.3
1980	103.8	101.7	0.5	7.6	43.5	65.7
1981	101.1	100.9	0.5	7.8	37.0	64.1
1982	102.7	98.5	0.5	7.6	32.6	65.7
1983	101.8	97.7	0.6	7.0	31.8	65.7
1984	102.5	99.2	0.5	7.3	24.2	64.8
1985	102.4	98.1	0.7	6.8	21.4	62.9
1986	103.0	97.5	0.9	6.7	17.4	62.1
1987	106.8	97.4	0.9	6.2	17.1	61.6
	Anteil der Importe aus der UdSSR in vH					
1970	0.0	9.9	101.8	55.3	17.5	23.8
1971	0.1	10.5	99.2	60.5	16.6	25.2
1972	0.0	10.6	100.5	65.6	16.9	27.1
1973	0.0	10.0	97.8	71.9	17.4	29.7
1974	0.0	10.5	94.7	77.8	17.3	30.6
1975	0.0	10.5	97.9	79.1	16.2	31.8
1976	0.0	10.5	99.0	77.8	27.7	34.0
1977	0.0	10.1	97.3	85.0	15.9	34.2
1978	0.0	10.1	98.0	84.7	16.7	34.9
1979	0.0	9.9	100.2	90.7	37.8	37.4
1980	0.0	8.2	103.2	92.8	61.3	39.1
1981	0.0	9.4	100.7	92.5	63.9	38.9
1982	0.0	9.7	100.3	95.3	69.9	37.8
1983	0.0	11.7	102.0	96.0	70.0	38.0
1984	0.0	11.4	101.8	92.6	73.8	38.8
1985	0.0	11.8	100.5	93.0	77.7	40.2
1986	0.0	11.4	108.2	84.6	80.9	41.6
1987	0.0	11.3	108.6	81.6	87.9	43.7

Quelle: Datenbank RGW-Energie des DIW.

2.5.4.
Entwicklung von Primärenergieverbrauch und produziertem
Nationaleinkommen in der CSSR von 1970 bis 1987

| Jahr | Veränderung gegenüber dem Vorjahr in vH | | Primär-energie-verbrauch in GJ je Einwohner |
	Primärenergie-verbrauch	National-einkommen 1)	
1970	5.0	6.3	165
1971	6.1	5.0	174
1972	1.4	5.6	175
1973	1.0	4.9	176
1974	4.2	7.5	182
1975	3.6	4.6	187
1976	2.7	2.4	190
1977	4.0	-0.8	196
1978	2.6	5.5	200
1979	3.4	5.2	206
1980	-1.7	5.6	201
1981	-1.2	-2.7	198
1982	-1.6	4.8	195
1983	1.6	2.4	197
1984	2.2	6.5	201
1985	2.2	2.8	205
1986	0.2	2.5	205
1987	1.4	3.0	207

1) Laufende Preise.
Quellen: Datenbank RGW-Energie des DIW;
         Statistisches Jahrbuch der CSSR.

2.6.
Heizwerte der Energieträger und Faktoren für die
Umrechnung von spezifischen Mengeneinheiten in
Wärmeeinheiten zur Energiebilanz der CSSR

Energieträger	Zeitraum	Gewinnung	Import	Export
		kJ/kg		
Braunkohle	1970-1975	14067	8792	14067
	1976-1980	13481	8792	13481
	1981-1987	12895	8792	12895
Steinkohle	1970-1987	23446	22860	23446
Steinkohlenkoks	1970-1987	-	27842	27842
Rohöl	1970-1987	41031	41910	41910
Mineralöl	1970-1987	-	41910	41910
Erdgas	1970-1979	33411	34876	34876
	1980-1987	33411	30500	30500
Primärstrom	1970-1987	11723	11723	11723
		kcal/kg		
Braunkohle	1970-1975	3359	2100	3359
	1976-1980	3219	2100	3219
	1981-1987	3079	2100	3079
Steinkohle	1970-1987	5599	5459	5599
Steinkohlenkoks	1970-1987	-	6649	6649
Rohöl	1970-1987	9798	10008	10008
Mineralöl	1970-1987	-	10008	10008
Erdgas	1970-1979	7979	8328	8328
	1980-1987	7979	7283	7283
Primärstrom	1970-1987	2799	2799	2799
		SKE-Faktor		
Braunkohle	1970-1975	0.48	0.30	0.48
	1976-1980	0.46	0.30	0.46
	1981-1987	0.44	0.30	0.44
Steinkohle	1970-1987	0.80	0.78	0.80
Steinkohlenkoks	1970-1987	-	0.95	0.95
Rohöl	1970-1987	1.40	1.43	1.43
Mineralöl	1970-1987	-	1.43	1.43
Erdgas	1970-1979	1.14	1.19	1.19
	1980-1987	1.14	1.04	1.04
Primärstrom	1970-1987	0.40	0.40	0.40

Quelle: Datenbank RGW-Energie des DIW.

3.1.
Primärenergiegewinnung in der DDR nach Energieträgern
von 1970 bis 1987

Jahr	Braun-kohlen	Stein-kohlen	Erdöl	Erdgas	Wasser-kraft	Ins-gesamt
	Mill. t	Mill. t	Mill. t	Mrd. m3	Mrd. KWh	P J
1970	261.5	1.0	0.2	1.0	0.2	2372
1971	262.8	0.9	0.2	2.8	0.2	2401
1972	248.4	0.8	0.2	5.0	0.2	2299
1973	246.3	0.8	0.2	7.0	0.2	2303
1974	243.5	0.6	0.2	8.0	0.2	2287
1975	246.7	0.5	0.2	7.9	0.2	2313
1976	246.9	0.5	0.2	9.3	0.2	2318
1977	253.7	0.4	0.2	9.2	0.2	2374
1978	253.3	0.1	0.1	9.7	0.2	2367
1979	256.1	0.0	0.1	9.7	0.3	2389
1980	258.1	0.0	0.1	8.7	0.3	2395
1981	266.7	0.0	0.1	9.7	0.3	2483
1982	276.0	0.0	0.1	10.0	0.2	2555
1983	278.0	0.0	0.1	12.0	0.2	2596
1984	296.3	0.0	0.1	12.8	0.3	2768
1985	312.2	0.0	0.1	12.3	0.2	2901
1986	311.3	0.0	0.1	12.3	0.3	2862
1987	309.0	0.0	0.1	12.3	0.2	2841

in P J

Jahr	Braun-kohlen	Stein-kohlen	Erdöl	Erdgas	Wasser-kraft	Ins-gesamt
1970	2327	22	8	12	2	2372
1971	2339	18	8	34	2	2401
1972	2211	17	8	61	2	2299
1973	2192	16	8	85	2	2303
1974	2167	12	8	97	2	2287
1975	2196	11	8	95	2	2313
1976	2185	10	8	113	2	2318
1977	2245	7	8	111	2	2374
1978	2241	2	4	118	2	2367
1979	2266	0	2	118	3	2389
1980	2284	0	2	106	3	2395
1981	2361	0	2	118	3	2483
1982	2429	0	2	121	2	2555
1983	2446	0	2	145	2	2596
1984	2608	0	2	155	3	2768
1985	2747	0	2	149	2	2901
1986	2708	0	2	149	3	2862
1987	2688	0	2	149	2	2841

Quelle: Datenbank RGW-Energie des DIW.

3.2.1.
Einfuhr der DDR von Energieträgern
von 1970 bis 1987

Jahr	Braun- kohlen	Stein- kohlen	davon: Stein- kohle	Stein- kohlen koks	Rohöl/ Mineral- öl	Erdgas	Strom	Kern- energie	Ins- gesamt
	Mill. t	Mill. t	Mill. t	Mill. t	Mill. t	Mrd. m3	Mrd. KWh	Mrd. KWh	P J
1970	3.9	11.3	8.2	3.1	10.4	0.2	0.9	0.5	780
1971	3.6	11.0	8.0	3.1	11.1	0.1	0.8	0.4	793
1972	4.1	10.7	7.6	3.1	15.4	0.0	1.4	0.4	968
1973	5.0	12.7	9.5	3.2	16.1	0.8	1.7	0.4	1088
1974	5.2	10.2	7.2	3.0	16.5	2.8	1.7	2.2	1133
1975	3.4	9.4	6.4	3.0	17.1	3.2	1.4	2.7	1135
1976	3.1	9.0	6.1	2.9	18.2	3.4	1.5	5.3	1194
1977	3.4	9.1	6.1	3.1	19.2	3.6	2.7	5.2	1262
1978	3.3	8.5	5.9	2.6	20.1	3.6	4.0	7.9	1326
1979	3.0	11.6	8.7	3.0	20.8	4.3	4.0	9.8	1475
1980	1.6	10.0	6.8	3.1	22.2	6.4	4.2	11.9	1545
1981	1.2	7.8	5.4	2.4	23.1	6.3	4.2	11.9	1515
1982	0.9	6.8	4.7	2.0	21.9	6.4	4.3	10.8	1429
1983	0.2	6.0	4.2	1.8	22.8	6.4	4.6	12.2	1461
1984	0.0	5.5	3.6	1.8	23.5	6.2	4.2	11.7	1456
1985	0.2	6.8	5.1	1.7	23.0	6.2	3.8	12.7	1478
1986	0.0	8.8	7.0	1.8	22.3	7.0	4.9	10.9	1519
1987	0.0	9.0	7.2	1.8	21.0	7.0	7.5	11.2	1498
			in P J						
1970	35.0	297.2	212.9	84.2	428.3	5.5	9.2	4.8	780
1971	31.7	289.6	207.2	82.4	455.3	3.8	8.2	4.2	793
1972	36.6	280.8	197.6	83.2	631.6	0.2	14.7	4.0	968
1973	44.2	334.2	247.8	86.4	662.0	26.2	17.3	3.7	1088
1974	46.3	269.3	187.2	82.1	678.3	98.0	18.1	22.7	1133
1975	30.5	247.6	167.4	80.2	703.1	111.3	14.4	28.5	1135
1976	27.4	237.7	158.6	79.1	744.6	115.9	14.8	53.8	1194
1977	30.2	240.5	157.6	82.9	788.7	122.5	27.1	53.1	1262
1978	29.6	224.6	154.4	70.2	824.9	124.8	40.9	80.9	1326
1979	26.4	305.1	225.2	79.9	854.3	149.4	40.4	99.7	1475
1980	13.9	262.4	177.6	84.8	911.7	196.1	41.5	118.9	1545
1981	10.2	205.2	139.4	65.9	947.4	191.1	41.6	119.0	1515
1982	8.4	177.8	123.2	54.5	896.1	195.0	42.9	108.5	1429
1983	1.8	158.3	109.2	49.1	936.6	195.7	46.1	122.3	1461
1984	0.0	143.5	94.1	49.4	964.7	188.2	42.1	117.4	1456
1985	1.8	179.3	132.6	46.7	941.8	189.1	38.4	127.4	1478
1986	0.0	231.7	182.3	49.4	914.9	214.5	48.7	109.1	1519
1987	0.0	236.1	186.4	49.7	861.7	213.6	74.5	112.1	1498

Quelle: Datenbank RGW-Energie des DIW.

Einfuhr der DDR von Energieträgern aus der UdSSR
von 1970 bis 1987

Jahr	Stein-kohle	Stein-kohlen-koks	Mineral-öle	dar.: Erdöl 1)	Erdgas	Strom	Kern-energie	Ins gesa
	Mill. t	Mill. t	Mill. t	Mill. t	Mrd. m3	Mrd. KWh	Mrd. KWh	P J
1970	3.3	1.5	9.3	9.2	0.2	0.0	0.5	520.2
1971	3.8	1.3	9.9	9.8	0.0	0.0	0.4	544.2
1972	3.9	1.1	11.7	11.2	0.0	0.0	0.4	616.8
1973	3.7	1.1	13.0	12.9	0.0	0.0	0.4	662.4
1974	4.1	1.0	14.4	14.3	2.8	0.0	2.2	847.2
1975	4.0	1.1	15.0	14.8	3.2	0.0	2.7	885.1
1976	3.0	1.1	16.8	16.6	3.4	0.0	5.3	984.4
1977	3.5	1.1	17.2	17.0	3.6	0.0	5.2	1000.9
1978	3.4	1.0	17.9	17.8	3.6	0.0	7.9	1054.1
1979	3.4	0.9	18.6	18.5	4.3	0.0	9.8	1124.2
1980	3.4	1.2	19.2	19.0	6.4	1.8	11.9	1239.9
1981	2.6	1.3	19.2	19.0	6.3	1.8	11.9	1219.0
1982	2.9	1.1	17.7	17.7	6.4	1.8	10.8	1151.3
1983	3.0	1.0	17.1	17.1	6.4	1.8	12.2	1139.6
1984	2.4	1.2	17.1	17.1	6.2	1.8	11.7	1116.9
1985	3.0	1.1	17.1	17.1	6.2	1.8	12.7	1143.4
1986	4.5	1.0	17.2	17.1	7.0	1.5	10.9	1187.7
1987	3.9	1.0	17.2	17.1	7.0	1.8	11.2	1176.4
			in P J					
1970	85.7	41.0	383.1	378.8	5.5	0.0	4.8	520.2
1971	97.8	34.9	407.2	399.9	0.0	0.0	4.2	544.2
1972	101.9	29.0	481.9	459.7	0.0	0.0	4.0	616.8
1973	97.2	29.1	532.5	528.5	0.0	0.0	3.7	662.4
1974	107.5	27.5	591.5	587.0	98.0	0.0	22.7	847.2
1975	103.1	29.1	613.2	607.0	111.3	0.0	29.5	885.1
1976	97.9	29.3	687.5	682.5	115.9	0.0	53.8	984.4
1977	91.1	29.4	704.9	697.3	122.5	0.0	53.1	1000.9
1978	88.9	25.9	733.6	728.2	124.8	0.0	80.9	1054.1
1979	87.4	24.4	763.4	760.0	149.4	0.0	99.7	1124.2
1980	87.8	31.2	787.8	779.5	196.1	18.0	118.9	1239.9
1981	68.0	34.1	788.9	780.5	191.1	18.0	119.0	1219.0
1982	75.3	28.5	726.1	726.1	195.0	18.0	108.5	1151.3
1983	76.9	27.7	699.1	699.1	195.7	18.0	122.3	1139.6
1984	62.4	31.1	699.8	699.8	188.2	18.0	117.4	1116.9
1985	78.7	30.1	700.1	700.1	189.1	18.0	127.4	1143.4
1986	118.1	26.8	704.2	699.7	214.5	15.0	109.1	1187.7
1987	100.5	25.9	706.4	700.0	213.6	18.0	112.1	1176.4

1) Nur Angaben des DDR-Jahrbuchs.
Quelle: Datenbank RGW-Energie des DIW.

3.3.
Ausfuhr der DDR von Energieträgern
von 1970 bis 1987

Jahr	Braun- kohlen- briketts	Stein- kohle	öl- produkte 1)	davon: lt. St Jb 2)	Strom	Ins- gesamt
	Mill. t	Mill. t	Mill. t	Mill. t	Mrd. KWh	P J
1970	3.8	0.0	1.3	1.3	0.8	136.2
1971	2.8	0.0	1.0	1.0	0.7	102.1
1972	2.5	0.0	2.3	2.3	0.4	150.3
1973	2.3	0.0	2.4	2.4	0.4	147.7
1974	2.6	0.0	2.9	2.9	0.6	177.4
1975	2.3	0.3	2.4	2.8	0.7	158.7
1976	2.3	0.3	2.2	2.4	1.1	154.4
1977	2.2	0.3	2.3	2.2	2.1	169.3
1978	2.2	0.3	2.3	1.9	3.2	180.3
1979	1.8	0.3	3.3	2.2	2.7	205.9
1980	2.2	0.3	6.6	3.0	2.7	351.3
1981	2.8	0.3	8.0	4.1	2.4	416.0
1982	3.0	0.3	8.9	4.3	3.1	466.7
1983	3.3	0.3	11.2	5.8	3.3	568.4
1984	4.0	0.3	13.3	6.6	3.9	673.9
1985	3.3	0.3	12.0	5.9	3.7	605.4
1986	3.5	0.3	10.8	5.6	3.9	561.5
1987	3.1	0.3	8.5	4.7	3.7	455.2
			in P J			
1970	73.1	0.0	55.0	55.0	8.1	136.2
1971	53.3	0.0	41.5	41.5	7.3	102.1
1972	48.1	0.0	97.7	97.6	4.6	150.3
1973	43.6	0.0	99.9	99.9	4.3	147.7
1974	49.2	0.0	121.8	121.9	6.4	177.4
1975	44.2	7.5	99.3	119.1	7.7	158.7
1976	44.2	7.8	90.8	102.2	11.6	154.4
1977	43.2	7.3	96.9	93.2	21.9	169.3
1978	42.7	8.1	97.0	81.5	32.6	180.3
1979	34.9	8.1	135.6	91.5	27.4	205.9
1980	42.7	7.8	274.0	126.4	26.9	351.3
1981	53.8	7.8	329.9	171.2	24.5	416.0
1982	57.9	7.8	369.5	179.3	31.4	466.7
1983	63.5	7.3	465.1	242.5	32.5	568.4
1984	76.6	7.8	550.2	278.0	39.3	673.9
1985	63.9	7.5	497.3	247.3	36.7	605.4
1986	67.4	8.1	447.4	235.8	38.7	561.5
1987	59.6	7.8	351.2	198.8	36.6	455.2

1) Erdöl und Erdölprodukte.
2) Quelle: Statistisches Jahrbuch des RGW.
Quelle: Datenbank RGW-Energie des DIW.

3.4.1.
Aufkommen von Braunkohlen in der DDR
von 1970 bis 1987

Jahr	Förderung	Einfuhr	Ausfuhr Braunkohlenbriketts	Bestandsveränderungen 1)	Inlandsverbrauch 2)
			Mill. t		
1970	261.48	3.93	3.79	1.12	262.74
1971	262.81	3.56	2.76	0.00	263.62
1972	248.42	4.11	2.49	0.00	250.04
1973	246.25	4.97	2.26	0.00	248.96
1974	243.47	5.20	2.55	0.00	246.12
1975	246.71	3.43	2.29	-1.46	246.39
1976	246.90	3.08	2.29	2.49	250.18
1977	253.71	3.39	2.24	1.13	255.98
1978	253.26	3.33	2.21	2.03	256.42
1979	256.06	2.97	1.81	-2.94	254.29
1980	258.10	1.56	2.21	-1.47	255.98
1981	266.73	1.15	2.79	0.11	265.20
1982	276.04	0.94	3.00	0.45	274.42
1983	277.97	0.20	3.29	2.27	277.15
1984	296.34	0.00	3.97	4.89	297.26
1985	312.16	0.20	3.31	-8.64	300.40
1986	311.26	0.00	3.49	-1.38	306.40
1987	308.98	0.00	3.09	7.87	313.76
			in PJ 3)		
1970	2327.2	35.0	73.1	10.0	2299.1
1971	2339.0	31.7	53.3	0.0	2317.5
1972	2210.9	36.5	48.0	0.0	2199.5
1973	2191.6	44.2	43.5	0.0	2192.3
1974	2166.9	46.3	49.2	0.0	2163.9
1975	2195.7	30.6	44.1	-13.0	2169.1
1976	2185.0	27.4	44.1	22.0	2190.3
1977	2245.3	30.1	43.3	10.0	2242.1
1978	2241.4	29.7	42.7	18.0	2246.4
1979	2266.2	26.5	34.9	-26.0	2231.8
1980	2284.2	13.9	42.7	-13.0	2242.4
1981	2360.6	10.2	53.8	1.0	2318.0
1982	2429.1	8.3	58.0	4.0	2383.5
1983	2446.1	1.8	63.4	20.0	2404.5
1984	2607.8	0.0	76.6	43.0	2574.2
1985	2747.0	1.8	63.9	-76.0	2608.8
1986	2708.0	0.0	67.3	-12.0	2628.7
1987	2688.1	0.0	59.6	68.5	2697.0

1) Bzw. statistische Differenzen (Sie ergeben sich
   als Differenz aus dem ausgewiesenen und dem
   errechneten (sichtbaren) Verbrauch an Rohbraunkohle; er ergibt sich aus den Angaben für
   Produktion, Import und Export.
2) Braunkohle, Braunkohlenbriketts.
3) Heizwerte in MJ/t: Produktion 1970 bis 1975:
   8900; 1976 bis 1981: 8850; 1982 bis 1985: 8800;
   1986 bis 1988: 8700; Einfuhr: 8900; Ausfuhr:
   19300.
Quelle: Datenbank RGW-Energie des DIW.

3.4.2.
Aufkommen von Steinkohlen in der DDR
von 1970 bis 1987

Jahr	Gewinn-ung	Einfuhr Stein-kohle/ Anth-razit	Einfuhr Stein-kohlen-koks	Ausfuhr	Be-stands-verände-rung 1)	Inlands-ver-brauch 2)
			Mill. t			
1970	1.05	8.19	3.12	0.00	0.00	12.36
1971	0.86	7.97	3.05	0.00	0.00	11.88
1972	0.82	7.60	3.08	0.00	0.00	11.49
1973	0.75	9.53	3.20	0.00	0.00	13.49
1974	0.59	7.20	3.04	0.00	0.00	10.84
1975	0.54	6.44	2.97	0.29	-0.25	9.41
1976	0.46	6.10	2.93	0.30	0.71	9.89
1977	0.35	6.06	3.07	0.28	-0.13	9.06
1978	0.09	5.94	2.60	0.31	0.96	9.26
1979	0.00	8.66	2.96	0.31	-1.08	10.23
1980	0.00	6.83	3.14	0.30	-0.46	9.21
1981	0.00	5.36	2.44	0.30	-0.38	7.12
1982	0.00	4.74	2.02	0.30	-0.44	6.02
1983	0.00	4.20	1.82	0.28	-0.04	5.70
1984	0.00	3.62	1.83	0.30	0.57	5.72
1985	0.00	5.10	1.73	0.29	0.69	7.23
1986	0.00	7.01	1.83	0.31	-1.51	7.02
1987	0.00	7.17	1.84	0.30	-3.28	5.42
			in P J 3)			
1970	21.8	213.0	84.3	0.0	0.0	319.1
1971	17.8	207.3	82.2	0.0	0.0	307.3
1972	17.0	197.6	83.1	0.0	0.0	297.7
1973	15.7	247.9	86.4	0.0	0.0	349.9
1974	12.4	187.2	82.1	0.0	0.0	281.7
1975	11.2	167.4	80.2	7.6	-6.3	245.0
1976	9.5	158.5	79.0	7.8	17.7	257.0
1977	7.3	157.5	82.8	7.3	-3.2	237.0
1978	1.8	154.3	70.1	8.1	23.9	242.0
1979	0.0	225.1	79.9	8.1	-26.9	270.0
1980	0.0	177.5	84.7	7.8	-11.4	243.0
1981	0.0	139.4	65.8	7.8	-9.4	188.0
1982	0.0	123.2	54.6	7.8	-11.0	159.0
1983	0.0	109.1	49.1	7.4	-0.9	150.0
1984	0.0	94.1	49.4	7.7	14.2	150.0
1985	0.0	132.5	46.7	7.5	17.3	189.0
1986	0.0	182.4	49.5	8.2	-37.7	186.0
1987	0.0	186.3	49.7	7.8	-82.1	146.0

1) oder statistische Differenzen. Errechnet als
   Differenz aus dem ausgewiesenen Verbrauch an festen
   Brennstoffen und dem Verbrauch von Rohbraunkohle
   plus dem errechneten (sichtbaren) Verbrauch an
   Steinkohle; Tonnenmenge errechnet über Heizwert
   25000 MJ/t.
2) Steinkohle, Steinkohlenkoks.
3) Heizwerte in MJ/t: Gewinnung: 20800; Einfuhr
   Steinkohle: 26000; Einfuhr Steinkohlenkoks 27000;
   Ausfuhr 26000.
Quelle: Datenbank RGW-Energie des DIW.

3.4.3.
Aufkommen von Mineralöl und Erdgas in der DDR
von 1970 bis 1987

Jahr	Mineralöl						Erdgas		
	Gewinn-ung	Einfuhr Erdöl	Erdöl-produkte	Ausfuhr Erdöl	Erdöl-produkte	Inlands-verbrauch	Gewinn-ung	Ein-fuhr	Inlands-verbrauch
	Mill. t						Mrd. m 3		
1970	0.2	10.3	0.1	0.0	1.3	9.3	1.0	0.2	1.2
1971	0.2	10.9	0.2	0.0	1.0	10.3	2.8	0.1	2.9
1972	0.2	14.9	0.5	0.0	2.3	13.3	5.0	0.0	5.0
1973	0.2	16.0	0.1	0.0	2.4	14.0	7.0	0.8	7.8
1974	0.2	16.4	0.1	0.0	2.9	13.8	8.0	2.8	10.8
1975	0.2	17.0	0.1	-0.5	2.8	15.0	7.9	3.2	11.1
1976	0.2	18.0	0.1	-0.3	2.4	16.2	9.3	3.4	12.7
1977	0.2	19.0	0.2	0.1	2.2	17.1	9.2	3.6	12.7
1978	0.1	19.9	0.2	0.4	1.9	17.9	9.7	3.6	13.3
1979	0.1	20.7	0.1	1.1	2.2	17.6	9.7	4.3	14.1
1980	0.1	21.9	0.4	3.6	3.0	15.7	8.7	6.4	15.2
1981	0.1	22.7	0.4	3.9	4.1	15.2	9.7	6.3	16.0
1982	0.1	21.7	0.1	4.6	4.3	13.0	10.0	6.4	16.4
1983	0.1	22.6	0.2	5.4	5.8	11.7	12.0	6.4	18.4
1984	0.1	23.2	0.3	6.6	6.6	10.3	12.8	6.2	19.0
1985	0.1	22.8	0.2	6.1	5.9	11.0	12.3	6.2	18.5
1986	0.1	22.3	0.1	5.2	5.6	11.6	12.3	7.0	19.4
1987	0.1	20.9	0.1	3.7	4.7	12.6	12.3	7.0	19.3
	in P J								
1970	8.2	423.7	4.6	0.0	55.0	381.5	12.1	5.5	17.6
1971	8.2	447.7	7.6	0.0	41.5	422.0	33.9	3.8	37.7
1972	8.2	609.2	22.4	0.0	97.6	542.1	60.5	0.0	60.5
1973	8.2	657.8	4.1	0.0	99.9	570.3	84.7	26.2	110.9
1974	8.2	673.8	4.5	0.0	121.8	564.7	96.8	98.0	194.8
1975	8.2	696.9	6.2	-19.8	119.1	612.0	95.1	111.3	206.4
1976	8.2	739.5	5.1	-11.4	102.2	662.0	112.7	115.9	228.6
1977	8.2	780.7	8.0	3.7	93.2	700.0	111.1	122.5	233.6
1978	4.1	816.9	8.0	15.5	81.5	732.0	117.7	124.8	242.5
1979	2.3	848.5	5.9	44.1	91.5	721.0	117.7	149.4	267.1
1980	2.3	896.9	14.8	147.6	126.4	640.0	105.6	196.1	301.8
1981	2.5	932.1	15.3	158.7	171.2	620.0	117.6	191.1	308.6
1982	2.5	891.5	4.5	190.2	179.3	529.0	120.9	195.0	315.9
1983	2.5	928.6	8.0	222.6	242.5	474.0	145.0	195.7	340.7
1984	2.5	952.7	12.1	272.2	278.0	417.0	154.8	188.2	343.0
1985	2.5	934.9	6.9	250.0	247.3	447.0	149.3	189.1	338.5
1986	2.5	912.3	2.7	211.6	235.8	470.0	149.3	214.5	363.9
1987	2.5	858.9	2.8	152.4	198.8	513.0	148.8	213.6	362.4

Quelle: Datenbank RGW-Energie des DIW.

3.4.4.
Aufkommen von Primärenergie in der DDR
von 1970 bis 1987

Jahr	Förderung	Einfuhr	Ausfuhr	Bestands- veränderungen 1)	Inlands- ver- brauch
			in P J		
1970	2372	780	136	10	3025
1971	2401	793	102	0	3092
1972	2299	968	150	0	3116
1973	2303	1088	148	0	3242
1974	2287	1133	177	0	3242
1975	2313	1135	159	-19	3270
1976	2318	1194	154	40	3397
1977	2374	1262	169	7	3474
1978	2367	1326	180	42	3555
1979	2389	1475	206	-53	3605
1980	2395	1545	351	-24	3564
1981	2483	1515	416	-8	3574
1982	2555	1429	467	-7	3510
1983	2596	1461	568	19	3507
1984	2768	1456	674	57	3607
1985	2901	1478	605	-59	3714
1986	2862	1519	562	-50	3770
1987	2841	1498	455	-14	3870
			Anteile in vH		
1970	78.4	25.8	4.5	0.3	100
1971	77.7	25.6	3.3	0.0	100
1972	73.8	31.1	4.8	0.0	100
1973	71.0	33.5	4.6	0.0	100
1974	70.5	34.9	5.5	0.0	100
1975	70.7	34.7	4.9	-0.6	100
1976	68.2	35.2	4.5	1.2	100
1977	68.3	36.3	4.9	0.2	100
1978	66.6	37.3	5.1	1.2	100
1979	66.3	40.9	5.7	-1.5	100
1980	67.2	43.3	9.9	-0.7	100
1981	69.5	42.4	11.6	-0.2	100
1982	72.8	40.7	13.3	-0.2	100
1983	74.0	41.6	16.2	0.5	100
1984	76.7	40.4	18.7	1.6	100
1985	78.1	39.8	16.3	-1.6	100
1986	75.9	40.3	14.9	-1.3	100
1987	73.4	38.7	11.8	-0.4	100

1) Bzw. statistische Differenzen.
Quelle: Datenbank RGW-Energie des DIW.

3.5.1.
Primärenergieverbrauch in der DDR nach Energieträgern
von 1970 bis 1987

Jahr	Braun-kohlen 1)	Stein-kohlen 2)	Mineral-öle	Erdgas	Strom 3)	Kern-energie	Ins-gesamt
	Mill. t			Mrd. m3	Mrd. KWh		P J
1970	262.7	12.4	9.3	1.2	0.3	0.5	3025.3
1971	263.6	11.9	10.3	2.9	0.3	0.4	3091.6
1972	250.0	11.5	13.3	5.0	1.2	0.4	3115.9
1973	249.0	13.5	14.0	7.8	1.5	0.4	3242.1
1974	246.1	10.8	13.8	10.8	1.3	2.2	3241.5
1975	246.4	9.4	15.0	11.1	0.9	2.7	3269.9
1976	250.2	9.9	16.2	12.7	0.5	5.3	3396.8
1977	256.0	9.1	17.1	12.7	0.7	5.2	3473.2
1978	256.4	9.3	17.9	13.3	1.1	7.9	3554.5
1979	254.3	10.2	17.6	14.1	1.5	9.8	3605.3
1980	256.0	9.2	15.7	15.2	1.7	11.9	3563.5
1981	265.2	7.1	15.2	16.0	2.0	11.9	3573.7
1982	274.4	6.0	13.0	16.4	1.4	10.8	3509.4
1983	277.2	5.7	11.7	18.4	1.6	12.2	3507.2
1984	297.3	5.7	10.3	19.0	0.5	11.7	3606.8
1985	300.4	7.2	11.0	18.5	0.3	12.7	3714.1
1986	306.4	7.0	11.6	19.4	1.3	10.9	3770.2
1987	313.8	5.4	12.6	19.3	4.0	11.2	3870.4
	in P J						
1970	2299.1	319.1	381.5	17.6	3.1	4.8	3025.3
1971	2317.5	307.3	422.0	37.7	2.9	4.2	3091.6
1972	2199.5	297.7	542.1	60.5	12.1	4.0	3115.9
1973	2192.3	349.9	570.3	110.9	15.1	3.7	3242.1
1974	2163.9	281.7	564.7	194.8	13.7	22.7	3241.5
1975	2169.1	245.0	612.0	206.4	9.0	28.5	3269.9
1976	2190.3	257.0	662.0	228.6	5.2	53.8	3396.8
1977	2242.1	237.0	700.0	233.6	7.4	53.1	3473.2
1978	2246.4	242.0	732.0	242.5	10.7	80.9	3554.5
1979	2231.8	270.0	721.0	267.1	15.7	99.7	3605.3
1980	2242.4	243.0	640.0	301.8	17.5	118.9	3563.5
1981	2318.0	188.0	620.0	308.6	20.1	119.0	3573.7
1982	2383.5	159.0	529.0	315.9	13.6	108.5	3509.4
1983	2404.5	150.0	474.0	340.7	15.7	122.3	3507.2
1984	2574.2	150.0	417.0	343.0	5.3	117.4	3606.8
1985	2608.8	189.0	447.0	338.5	3.4	127.4	3714.1
1986	2628.7	186.0	470.0	363.9	12.5	109.1	3770.2
1987	2697.0	146.0	513.0	362.4	39.9	112.1	3870.4

1) Braunkohle, Braunkohlenbriketts.
2) Steinkohle, Steinkohlenkoks.
3) Wasserkraft (ohne Pumpspeicher), Außenhandelssaldo.
Quelle: Datenbank RGW-Energie des DIW.

3.5.2.
Struktur des Primärenergieverbrauchs in der DDR
nach Energieträgern von 1970 bis 1987

Jahr	Braun- kohlen 1)	Stein- kohlen 2)	Mineral- öle	Erdgas	Strom 3)	Kern- energie	Ins- gesamt
			Anteile in vH				
1970	76.0	10.5	12.6	0.6	0.1	0.2	100
1971	75.0	9.9	13.7	1.2	0.1	0.1	100
1972	70.6	9.6	17.4	1.9	0.4	0.1	100
1973	67.6	10.8	17.6	3.4	0.5	0.1	100
1974	66.8	8.7	17.4	6.0	0.4	0.7	100
1975	66.3	7.5	18.7	6.3	0.3	0.9	100
1976	64.5	7.6	19.5	6.7	0.2	1.6	100
1977	64.6	6.8	20.2	6.7	0.2	1.5	100
1978	63.2	6.8	20.6	6.8	0.3	2.3	100
1979	61.9	7.5	20.0	7.4	0.4	2.8	100
1980	62.9	6.8	18.0	8.5	0.5	3.3	100
1981	64.9	5.3	17.3	8.6	0.6	3.3	100
1982	67.9	4.5	15.1	9.0	0.4	3.1	100
1983	68.6	4.3	13.5	9.7	0.4	3.5	100
1984	71.4	4.2	11.6	9.5	0.1	3.3	100
1985	70.2	5.1	12.0	9.1	0.1	3.4	100
1986	69.7	4.9	12.5	9.7	0.3	2.9	100
1987	69.7	3.8	13.3	9.4	1.0	2.9	100

1) Braunkohle, Braunkohlenbriketts.
2) Steinkohle, Steinkohlenkoks.
3) Wasserkraft (ohne Pumpspeicher), Außenhandelssaldo.
Quelle: Datenbank RGW-Energie des DIW.

3.5.3.
Primärenergieverbrauch in der DDR und seine Deckung durch
Eigenaufkommen und Importe aus der UdSSR von 1970 bis 1987

Jahr	Braun- kohlen	Stein- kohlen	Mineral- öle	Erdgas	Primär- strom	Ins- gesamt
	Anteil der Gewinnung im Inland in vH					
1970	101.2	6.8	2.1	68.7	29.5	78.4
1971	100.9	5.8	1.9	89.9	32.8	77.7
1972	100.5	5.7	1.5	100.0	14.5	73.8
1973	100.0	4.5	1.4	76.4	12.5	71.0
1974	100.1	4.4	1.5	49.7	6.4	70.5
1975	101.2	4.6	1.3	46.1	6.2	70.7
1976	99.8	3.7	1.2	49.3	3.4	68.2
1977	100.1	3.1	1.2	47.6	3.6	68.4
1978	99.8	0.8	0.6	48.5	2.7	66.6
1979	101.5	0.0	0.3	44.1	2.3	66.3
1980	101.9	0.0	0.4	35.0	2.1	67.2
1981	101.8	0.0	0.4	38.1	2.1	69.5
1982	101.9	0.0	0.5	38.3	1.7	72.8
1983	101.7	0.0	0.5	42.6	1.6	74.0
1984	101.3	0.0	0.6	45.1	2.1	76.7
1985	105.3	0.0	0.6	44.1	1.3	78.1
1986	103.0	0.0	0.5	41.0	2.1	75.9
1987	99.7	0.0	0.5	41.1	1.6	73.4
	Anteil der Importe aus der UdSSR in vH 1)					
1970	0.0	39.7	100.4	31.3	61.1	17.2
1971	0.0	43.2	96.5	0.0	59.2	17.6
1972	0.0	44.0	88.9	0.0	24.9	19.8
1973	0.0	36.1	93.4	0.0	19.5	20.4
1974	0.0	47.9	104.7	50.3	62.4	26.1
1975	0.0	53.9	100.2	53.9	76.2	27.1
1976	0.0	49.5	103.9	50.7	91.1	29.0
1977	0.0	50.8	100.7	52.4	87.8	28.8
1978	0.0	47.4	100.2	51.5	88.3	29.7
1979	0.0	41.4	105.9	55.9	86.4	31.2
1980	0.0	49.0	123.1	65.0	100.4	34.8
1981	0.0	54.3	127.2	61.9	98.6	34.1
1982	0.0	65.3	137.3	61.7	103.6	32.8
1983	0.0	69.7	147.5	57.4	101.6	32.5
1984	0.0	62.4	167.8	54.9	110.4	31.0
1985	0.0	57.5	156.6	55.9	111.1	30.8
1986	0.0	77.9	149.8	59.0	102.0	31.5
1987	0.0	86.6	137.7	58.9	85.6	30.4

1) Erdölimporte gemäß Statistischem Jahrbuch der DDR.
Quelle: Datenbank RGW-Energie des DIW.

3.5.4.
Entwicklung von Primärenergieverbrauch und produziertem
Nationaleinkommen in der DDR von 1970 bis 1987

| Jahr | Veränderung gegenüber dem Vorjahr in vH | | Primär-energie-verbrauch in GJ je Einwohner |
	Primärenergie-verbrauch	Produziertes 1) Nationaleinkommen	
1970	5.0	5.6	177
1971	2.2	4.4	181
1972	0.8	5.7	183
1973	4.1	5.6	191
1974	.0	6.5	192
1975	0.9	4.9	194
1976	3.9	3.5	202
1977	2.2	5.1	207
1978	2.3	3.7	212
1979	1.4	4.0	215
1980	-1.2	4.4	213
1981	0.3	4.8	214
1982	-1.8	2.6	210
1983	-0.1	4.6	210
1984	2.8	5.5	216
1985	3.0	5.2	223
1986	1.5	4.3	227
1987	2.6	3.6	233

1) Vergleichbare Preise, Basis 1985.
Quellen: Datenbank RGW-Energie des DIW;
         Statistisches Jahrbuch der DDR.

3.6.
Heizwerte der Energieträger und Faktoren für die
Umrechnung von spezifischen Mengeneinheiten in
Wärmeeinheiten zur Energiebilanz der DDR

Energieträger	Zeitraum	Gewinnung	Import	Export
		kJ/kg		
Braunkohle	1970-1975	8900	8900	-
	1976-1981	8850	8900	-
	1982-1985	8800	8900	-
	1986-1987	8700	8900	-
Braunkohlenbriketts	1970-1987	-	-	19300
Steinkohle	1970-1987	20800	26000	26000
Steinkohlenkoks	1970-1987	-	27000	-
Rohöl	1970-1987	41000	41000	41000
Mineralöl	1970-1987	-	41900	41900
Erdgas	1970-1979	12100	34500	-
	1980-1987	12100	30500	-
Primärstrom	1970-1975	10400	10400	10400
	1976-1979	10200	10200	10200
	1980-1987	10000	10000	10000
		kcal/kg		
Braunkohle	1970-1975	2125	2125	-
	1976-1981	2113	2125	-
	1982-1985	2101	2125	-
	1986-1987	2078	2125	-
Braunkohlenbriketts	1970-1987	-	-	4609
Steinkohle	1970-1987	4967	6209	6209
Steinkohlenkoks	1970-1987	-	6448	-
Rohöl	1970-1987	9791	9791	9791
Mineralöl	1970-1987	-	10006	10006
Erdgas	1970-1979	2889	8239	-
	1980-1987	2889	7283	-
Primärstrom	1970-1975	2484	2484	2484
	1976-1979	2436	2436	2436
	1980-1987	2388	2388	2388
		SKE-Faktor		
Braunkohle	1970-1975	0.30	0.30	-
	1976-1981	0.30	0.30	-
	1982-1985	0.30	0.30	-
	1986-1987	0.30	0.30	-
Braunkohlenbriketts	1970-1987	-	-	0.66
Steinkohle	1970-1987	0.71	0.89	0.89
Steinkohlenkoks	1970-1987	-	0.92	-
Rohöl	1970-1987	1.40	1.40	1.40
Mineralöl	1970-1987	-	1.43	1.43
Erdgas	1970-1979	0.41	1.18	-
	1980-1987	0.41	1.04	-
Primärstrom	1970-1975	0.35	0.35	0.35
	1976-1979	0.35	0.35	0.35
	1980-1987	0.34	0.34	0.34

Quelle: Datenbank RGW-Energie des DIW.

4.1.
Primärenergiegewinnung Polens nach Energieträgern
von 1970 bis 1987

Jahr	Braun- kohlen	Stein- kohlen	Erdöl	Erdgas	Wasser- kraft	Ins- gesamt
	Mill. t	Mill. t	Mill. t	Mrd. m3	Mrd. KWh	P J
1970	32.8	140.1	0.4	5.0	1.5	4013.4
1971	34.5	145.5	0.4	5.2	1.6	4171.0
1972	38.2	150.7	0.3	5.6	1.5	4345.3
1973	39.2	156.6	0.4	5.8	1.5	4511.8
1974	39.8	162.0	0.6	5.5	2.1	4656.3
1975	39.9	171.6	0.6	5.8	2.0	4777.3
1976	39.3	179.3	0.5	6.5	1.6	4977.4
1977	40.8	186.1	0.4	7.0	2.0	5171.9
1978	41.0	192.6	0.4	7.6	2.0	5356.4
1979	38.1	201.0	0.3	7.0	1.8	5509.5
1980	36.9	193.1	0.3	6.0	2.0	5119.6
1981	35.6	163.0	0.3	5.8	1.9	4391.3
1982	37.6	189.3	0.2	5.2	1.9	5003.1
1983	42.5	191.1	0.2	5.1	1.9	5082.7
1984	50.4	191.6	0.2	5.7	1.9	5181.4
1985	57.7	191.6	0.2	6.0	1.9	5189.3
1986	67.3	192.1	0.2	5.4	1.8	5258.4
1987	73.2	193.0	0.2	5.4	1.8	5328.4
in P J						
1970	278.5	3523.5	17.4	176.4	17.6	4013.4
1971	293.4	3659.1	16.2	183.1	19.2	4171.0
1972	324.8	3790.0	14.2	198.6	17.6	4345.3
1973	333.3	3939.2	16.1	206.1	17.1	4511.8
1974	338.5	4074.4	22.6	196.0	24.9	4656.3
1975	338.8	4187.7	22.7	204.8	23.3	4777.3
1976	334.1	4375.0	18.7	230.4	19.3	4977.4
1977	346.4	4541.1	14.9	246.5	22.9	5171.9
1978	348.5	4700.0	14.9	270.1	22.9	5356.4
1979	323.7	4904.5	13.6	246.6	21.2	5509.5
1980	313.3	4557.7	13.5	211.3	23.8	5119.6
1981	302.7	3847.3	12.9	206.1	22.3	4391.3
1982	320.0	4467.8	9.9	183.1	22.3	5003.1
1983	361.5	4509.8	8.6	180.6	22.3	5082.7
1984	428.2	4521.6	7.8	201.6	22.3	5181.4
1985	490.8	4455.7	8.0	213.1	21.7	5189.3
1986	571.6	4465.9	7.0	192.8	21.1	5258.4
1987	622.1	4487.4	7.8	190.0	21.1	5328.4

Quelle: Datenbank RGW-Energie des DIW.

4.2.1.
Einfuhr Polens von Energieträgern
von 1970 bis 1987

Jahr	Braun- kohlen	Stein- kohlen	davon: Stein- kohle	Stein- kohlen koks	Rohöl/ Mineral- öl	Erdgas	Strom	Kern- energie	Ins- gesamt
	Mill. t	Mill. t	Mill. t	Mill. t	Mill. t	Mrd. m3	Mrd. KWh	Mrd. KWh	P J
1970	0.3	1.1	1.1	0.0	9.4	1.0	1.6	0.0	477
1971	0.0	1.3	1.3	0.0	10.2	1.5	2.2	0.0	534
1972	0.0	1.2	1.2	0.0	12.0	1.5	2.4	0.0	612
1973	0.0	1.2	1.2	0.0	14.2	1.7	2.0	0.0	706
1974	0.0	1.2	1.2	0.0	13.6	2.1	1.7	0.0	692
1975	0.0	1.1	1.1	0.0	16.4	2.5	2.4	0.0	831
1976	0.0	1.1	1.1	0.0	18.3	2.6	2.7	0.0	914
1977	0.0	1.1	1.1	0.0	19.7	2.8	3.1	0.0	985
1978	0.0	1.1	1.1	0.0	20.0	2.8	4.7	0.0	1016
1979	0.0	1.0	1.0	0.0	20.5	4.0	4.6	0.0	1075
1980	0.0	1.0	1.0	0.0	20.7	5.3	4.2	0.0	1126
1981	0.0	1.1	1.1	0.0	17.4	5.3	4.2	0.0	989
1982	0.0	1.0	1.0	0.0	16.4	5.6	4.3	0.0	955
1983	0.0	1.3	1.3	0.0	17.5	6.0	4.1	0.0	1020
1984	0.0	1.1	1.1	0.0	16.9	6.0	4.6	0.0	997
1985	0.0	1.4	1.4	0.0	17.2	5.9	5.5	0.0	1023
1986	0.0	1.5	1.5	0.0	17.8	7.1	7.8	0.0	1120
1987	0.0	1.1	1.1	0.0	17.5	7.5	10.4	0.0	1144
					in P J				
1970	2.7	25.8	25.8	0.0	395.1	35.1	18.3	0.0	477.0
1971	0.1	29.8	29.8	0.0	425.6	52.1	26.1	0.0	533.6
1972	0.0	27.3	27.3	0.0	504.3	52.5	28.3	0.0	612.3
1973	0.0	27.3	27.3	0.0	595.6	59.8	23.6	0.0	706.3
1974	0.0	28.2	28.2	0.0	569.7	74.0	20.3	0.0	692.3
1975	0.0	25.9	25.9	0.0	688.9	87.7	28.3	0.0	830.8
1976	0.0	25.8	25.8	0.0	767.2	89.1	31.7	0.0	913.9
1977	0.0	25.6	25.6	0.0	826.8	96.5	36.5	0.0	985.4
1978	0.0	24.6	24.6	0.0	839.7	96.3	55.3	0.0	1015.8
1979	0.0	22.2	22.2	0.0	859.2	139.3	53.9	0.0	1074.6
1980	0.0	23.8	23.8	0.0	867.9	185.6	48.8	0.0	1126.1
1981	0.0	25.2	25.2	0.0	731.0	183.8	49.0	0.0	989.0
1982	0.0	22.9	22.9	0.0	685.5	196.4	50.0	0.0	954.8
1983	0.0	30.0	30.0	0.0	732.8	209.5	47.8	0.0	1020.1
1984	0.0	24.3	24.3	0.0	708.6	210.2	54.3	0.0	997.4
1985	0.0	32.7	32.7	0.0	720.2	205.7	64.0	0.0	1022.6
1986	0.0	33.9	33.9	0.0	745.2	249.3	91.8	0.0	1120.2
1987	0.0	25.0	25.0	0.0	734.2	262.7	122.2	0.0	1144.0

Quelle: Datenbank RGW-Energie des DIW.

4.2.2.
Einfuhr Polens von Energieträgern aus der UdSSR
von 1970 bis 1987

Jahr	Braun-kohle	Stein-kohle	Stein-kohlen-koks	Mineral-öle	dar.: Erdöl	Erdgas	Strom	Kern-energie	Ins-gesamt
	Mill. t	Mill. t	Mill. t	Mill. t	Mill. t	Mrd. m3	Mrd. KWh	Mrd. KWh	P J
1970	0.0	1.1	0.0	8.6	7.0	1.0	0.3	0.0	426.9
1971	0.0	1.2	0.0	9.2	7.9	1.5	0.3	0.0	468.6
1972	0.0	1.2	0.0	11.0	9.7	1.5	0.3	0.0	543.4
1973	0.0	1.2	0.0	12.3	10.6	1.7	0.3	0.0	606.6
1974	0.0	1.1	0.0	11.9	9.8	2.1	0.3	0.0	600.3
1975	0.0	1.1	0.0	13.3	11.2	2.5	0.4	0.0	674.0
1976	0.0	1.1	0.0	14.1	11.6	2.6	0.3	0.0	708.6
1977	0.0	1.1	0.0	14.7	12.8	2.8	0.4	0.0	743.0
1978	0.0	1.1	0.0	15.5	13.4	2.8	0.3	0.0	772.1
1979	0.0	1.0	0.0	15.5	13.0	4.0	0.4	0.0	816.3
1980	0.0	1.0	0.0	16.1	13.1	5.3	0.3	0.0	887.3
1981	0.0	1.1	0.0	16.0	13.1	5.3	0.3	0.0	883.1
1982	0.0	1.0	0.0	15.1	12.9	5.6	0.3	0.0	854.1
1983	0.0	1.0	0.0	14.9	12.6	6.0	0.3	0.0	859.8
1984	0.0	1.1	0.0	15.1	12.9	6.0	0.3	0.0	872.3
1985	0.0	1.1	0.0	15.1	12.9	5.9	0.9	0.0	875.7
1986	0.0	1.2	0.0	16.0	13.7	7.1	2.5	0.0	973.5
1987	0.0	1.1	0.0	16.1	13.8	7.5	3.8	0.0	1004.5
				in P J					
1970	0.0	25.7	0.0	362.2	293.8	35.1	3.9	0.0	426.9
1971	0.0	27.2	0.0	385.5	330.8	51.9	4.0	0.0	468.6
1972	0.0	27.2	0.0	460.5	406.7	52.3	3.3	0.0	543.4
1973	0.0	26.4	0.0	517.0	443.0	59.6	3.6	0.0	606.6
1974	0.0	25.9	0.0	496.8	408.8	73.8	3.7	0.0	600.3
1975	0.0	25.9	0.0	556.2	470.9	87.7	4.2	0.0	674.0
1976	0.0	25.7	0.0	589.8	488.0	89.1	3.9	0.0	708.6
1977	0.0	24.3	0.0	617.7	535.5	96.5	4.4	0.0	743.0
1978	0.0	24.6	0.0	647.6	560.3	96.3	3.6	0.0	772.1
1979	0.0	22.2	0.0	650.6	542.9	139.3	4.2	0.0	816.3
1980	0.0	23.8	0.0	674.0	549.0	185.6	3.8	0.0	887.3
1981	0.0	25.2	0.0	670.6	549.1	183.8	3.5	0.0	883.1
1982	0.0	22.9	0.0	631.3	542.6	196.4	3.5	0.0	854.1
1983	0.0	23.5	0.0	623.2	526.2	209.5	3.5	0.0	859.8
1984	0.0	24.2	0.0	634.7	542.7	209.8	3.5	0.0	872.3
1985	0.0	26.1	0.0	633.9	539.6	205.7	10.0	0.0	875.7
1986	0.0	26.5	0.0	669.0	575.8	248.8	29.1	0.0	973.5
1987	0.0	25.0	0.0	672.7	576.3	262.6	44.2	0.0	1004.5

Quelle: Datenbank RGW-Energie des DIW.

4.3.
Ausfuhr Polens von Energieträgern
von 1970 bis 1987

Jahr	Braun-kohle	Stein-kohle	Stein-kohlen-koks	Öl-produkte 1)	Erdgas	Strom	Ins-gesamt
	Mill. t	Mill. t	Mill. t	Mill. t	Mrd. m 3	Mrd. KWh	P J
1970	4.0	28.8	2.3	1.3	0.0	1.5	895.1
1971	3.6	30.3	2.4	1.1	0.0	2.3	932.0
1972	4.1	32.7	2.3	1.7	0.0	2.6	1023.2
1973	5.0	35.9	2.8	1.3	0.0	3.8	1122.1
1974	5.2	40.1	3.0	1.2	0.0	4.5	1237.8
1975	3.4	38.5	3.1	1.6	0.0	2.9	1156.4
1976	3.1	38.9	3.1	2.6	0.0	2.8	1207.0
1977	3.4	39.3	2.7	2.1	0.0	3.1	1188.4
1978	3.3	40.1	2.1	1.8	0.0	5.1	1201.1
1979	3.0	41.4	2.1	1.5	0.0	5.1	1214.2
1980	1.6	31.1	1.8	1.6	0.0	4.4	913.4
1981	1.4	15.0	1.4	0.8	0.0	4.2	488.1
1982	0.9	28.3	1.6	0.6	0.0	6.0	816.1
1983	0.2	35.1	1.6	1.4	0.0	7.2	1017.9
1984	0.0	42.9	1.8	0.4	0.0	9.2	1189.6
1985	0.2	36.2	1.6	0.5	0.0	7.6	996.0
1986	0.0	34.4	1.5	0.4	0.0	7.8	951.6
1987	0.0	31.0	2.3	0.5	0.0	8.7	907.3
				in P J			
1970	33.8	724.7	63.6	55.1	0.3	17.6	895.1
1971	30.3	762.4	66.8	44.8	0.3	27.4	932.0
1972	34.9	822.1	63.2	72.2	0.1	30.7	1023.2
1973	42.2	902.4	77.4	55.9	0.0	44.1	1122.1
1974	44.2	1008.3	83.3	49.4	0.0	52.6	1237.8
1975	29.3	938.9	87.3	66.7	0.0	34.3	1156.4
1976	26.2	950.2	86.6	110.9	0.0	33.0	1207.0
1977	28.8	959.3	75.7	88.5	0.0	36.1	1188.4
1978	28.3	978.6	58.1	76.2	0.0	59.9	1201.1
1979	25.3	1011.1	57.8	60.9	0.0	59.2	1214.2
1980	13.3	734.0	49.3	65.3	0.0	51.5	913.4
1981	11.8	354.0	38.8	33.9	0.0	49.6	488.1
1982	8.0	667.9	44.6	25.9	0.0	69.8	816.1
1983	1.7	829.5	45.4	57.1	0.0	84.2	1017.9
1984	0.0	1012.9	49.9	18.6	0.0	108.2	1189.6
1985	1.7	840.6	45.6	19.3	0.0	88.7	996.0
1986	0.0	798.7	43.0	18.5	0.0	91.4	951.6
1987	0.0	719.8	63.3	22.1	0.0	102.0	907.3

1) Erdöl und Erdölprodukte.
Quelle: Datenbank RGW-Energie des DIW.

4.4.1.
Aufkommen von Braunkohlen in Polen
von 1970 bis 1987

Jahr	Förderung	Einfuhr	Ausfuhr	Bestands- verän- derungen	Inlands- ver- brauch
	Mill. t				
1970	32.77	0.31	3.97	0.00	29.10
1971	34.52	0.01	3.56	0.00	30.96
1972	38.22	0.00	4.11	0.00	34.11
1973	39.22	0.00	4.97	0.00	34.25
1974	39.83	0.00	5.20	0.00	34.63
1975	39.87	0.00	3.44	0.00	36.42
1976	39.31	0.00	3.08	0.00	36.22
1977	40.76	0.00	3.39	0.00	37.37
1978	41.01	0.00	3.33	0.00	37.67
1979	38.08	0.00	2.97	0.00	35.11
1980	36.87	0.00	1.57	0.00	35.30
1981	35.62	0.00	1.38	0.00	34.23
1982	37.65	0.00	0.94	0.00	36.71
1983	42.53	0.00	0.20	0.00	42.33
1984	50.38	0.00	0.00	0.00	50.38
1985	57.75	0.00	0.20	0.00	57.55
1986	67.26	0.00	0.00	0.00	67.26
1987	73.19	0.00	0.00	0.00	73.19
	in P J 1)				
1970	278.5	2.7	33.8	0.0	247.4
1971	293.4	0.1	30.3	0.0	263.1
1972	324.8	0.0	34.9	0.0	289.9
1973	333.3	0.0	42.2	0.0	291.1
1974	338.5	0.0	44.2	0.0	294.3
1975	338.8	0.0	29.3	0.0	309.6
1976	334.1	0.0	26.2	0.0	307.8
1977	346.4	0.0	28.8	0.0	317.6
1978	348.5	0.0	28.3	0.0	320.2
1979	323.7	0.0	25.3	0.0	298.4
1980	313.3	0.0	13.3	0.0	300.0
1981	302.7	0.0	11.8	0.0	290.9
1982	320.0	0.0	8.0	0.0	312.0
1983	361.5	0.0	1.7	0.0	359.8
1984	428.2	0.0	0.0	0.0	428.2
1985	490.8	0.0	1.7	0.0	489.1
1986	571.6	0.0	0.0	0.0	571.6
1987	622.1	0.0	0.0	0.0	622.1

1) Heizwerte in MJ/t: Gewinnung: 8499; Einfuhr:
   8792; Ausfuhr: 8499.
Quelle: Datenbank RGW-Energie des DIW.

4.4.2.
Aufkommen von Steinkohlen in Polen
von 1970 bis 1987

Jahr	Gewinnung	Einfuhr Steinkohle	Einfuhr Steinkohlenkoks	Ausfuhr Steinkohle	Ausfuhr Steinkohlenkoks	Bestandsveränderung	Inlandsverbrauch 1)
				Mill. t			
1970	140.10	1.13	0.00	28.82	2.28	-0.77	109.37
1971	145.49	1.30	0.00	30.32	2.40	0.00	114.08
1972	150.70	1.19	0.00	32.69	2.27	0.00	116.94
1973	156.63	1.20	0.00	35.88	2.78	0.00	119.16
1974	162.00	1.23	0.00	40.09	2.99	0.00	120.15
1975	171.63	1.13	0.00	38.48	3.14	0.07	131.21
1976	179.30	1.13	0.00	38.94	3.11	0.13	138.51
1977	186.11	1.12	0.00	39.32	2.72	0.48	145.68
1978	192.62	1.07	0.00	40.11	2.09	0.25	151.76
1979	201.00	0.97	0.00	41.44	2.08	1.53	159.99
1980	193.12	1.04	0.00	31.10	1.77	-4.51	156.79
1981	163.02	1.10	0.00	15.00	1.39	-0.47	147.26
1982	189.31	1.00	0.00	28.30	1.60	2.96	163.37
1983	191.09	1.31	0.00	35.15	1.63	2.63	158.26
1984	191.59	1.06	0.00	42.92	1.79	-1.54	146.40
1985	191.64	1.43	0.00	36.16	1.64	-2.30	152.97
1986	192.08	1.48	0.00	34.40	1.55	-1.24	156.38
1987	193.01	1.09	0.00	30.96	2.27	-0.55	160.32
				in P J 2)			
1970	3523.5	25.8	0.0	724.7	63.6	-17.9	2743.1
1971	3659.1	29.8	0.0	762.4	66.8	0.0	2859.7
1972	3790.0	27.3	0.0	822.1	63.2	0.0	2932.1
1973	3939.2	27.3	0.0	902.4	77.4	0.0	2986.7
1974	4074.4	28.2	0.0	1008.3	83.3	0.0	3010.9
1975	4187.7	25.9	0.0	938.9	87.3	1.5	3188.8
1976	4375.0	25.8	0.0	950.2	86.6	3.0	3367.0
1977	4541.1	25.6	0.0	959.3	75.7	11.2	3542.9
1978	4700.0	24.6	0.0	978.6	58.1	5.9	3693.8
1979	4904.5	22.2	0.0	1011.1	57.8	35.8	3893.7
1980	4557.7	23.8	0.0	734.0	49.3	-105.7	3692.6
1981	3847.3	25.2	0.0	354.0	38.8	-11.1	3468.6
1982	4467.8	22.9	0.0	667.9	44.6	69.3	3847.5
1983	4509.8	30.0	0.0	829.5	45.4	61.6	3726.6
1984	4521.6	24.3	0.0	1012.9	49.9	-36.1	3446.9
1985	4455.7	32.7	0.0	840.6	45.6	-54.0	3548.1
1986	4465.9	33.9	0.0	799.8	43.0	-29.1	3627.8
1987	4487.5	24.9	0.0	719.8	63.3	-12.8	3716.4

1) Steinkohle, Steinkohlenkoks.
2) Heizwerte in MJ/t: Gewinnung: 23446; Einfuhr
Steinkohle: 22860; Einfuhr Steinkohlenkoks 27842;
Ausfuhr Steinkohle: 23446; Ausfuhr Steinkohlenkoks: 27842.
Quelle: Datenbank RGW-Energie des DIW.

4.4.3.
Aufkommen von Mineralöl und Erdgas in Polen
von 1970 bis 1987

Jahr	Mineralöl						Erdgas			
	Gewinn-ung	Einfuhr Erdöl	Erdöl-produkte	Ausfuhr Erdöl	Erdöl-produkte	Inlands-verbrauch	Gewinn-ung	Ein-fuhr	Aus-fuhr	Inlands-verbrauch
	Mill. t						Mrd. m 3			
1970	0.4	7.0	2.4	0.0	1.3	8.5	5.0	1.0	0.0	6.0
1971	0.4	7.9	2.3	0.0	1.1	9.5	5.2	1.5	0.0	6.7
1972	0.3	9.7	2.3	0.0	1.7	10.7	5.6	1.5	0.0	7.1
1973	0.4	11.1	3.1	0.0	1.3	13.3	5.8	1.7	0.0	7.5
1974	0.6	10.6	3.0	0.0	1.2	13.0	5.5	2.1	0.0	7.7
1975	0.6	13.3	3.1	0.0	1.6	15.4	5.8	2.5	0.0	8.3
1976	0.5	15.1	3.2	0.0	2.6	16.1	6.5	2.6	0.0	9.1
1977	0.4	16.4	3.3	0.0	2.1	18.0	7.0	2.8	0.0	9.7
1978	0.4	16.6	3.4	0.0	1.8	18.6	7.6	2.8	0.0	10.4
1979	0.3	16.6	3.9	0.0	1.5	19.4	7.0	4.0	0.0	10.9
1980	0.3	16.3	4.4	0.0	1.6	19.5	6.0	5.3	0.0	11.3
1981	0.3	13.5	3.9	0.0	0.8	16.9	5.8	5.3	0.0	11.1
1982	0.2	13.2	3.1	0.0	0.6	16.0	5.2	5.6	0.0	10.8
1983	0.2	14.1	3.4	0.0	1.4	16.3	5.1	6.0	0.0	11.1
1984	0.2	13.6	3.3	0.0	0.4	16.7	5.7	6.0	0.0	11.7
1985	0.2	13.7	3.5	0.0	0.5	16.9	6.0	5.9	0.0	11.9
1986	0.2	14.1	3.6	0.0	0.4	17.5	5.4	7.1	0.0	12.6
1987	0.2	14.2	3.3	0.0	0.5	17.2	5.4	7.5	0.0	12.9
	in P J									
1970	17.4	293.8	101.3	0.0	55.1	357.5	176.4	35.1	0.3	211.2
1971	16.2	330.8	94.8	0.0	44.8	397.0	183.1	52.1	0.3	234.9
1972	14.2	406.7	97.6	0.0	72.2	446.3	198.6	52.5	0.1	251.0
1973	16.1	466.9	128.7	0.0	55.9	555.8	206.1	59.8	0.0	265.9
1974	22.6	443.5	126.2	0.0	49.4	542.9	196.0	74.0	0.0	270.1
1975	22.7	557.7	131.3	0.0	66.7	644.9	204.8	87.7	0.0	292.6
1976	18.7	632.6	134.6	0.0	110.9	674.9	230.4	89.1	0.0	319.6
1977	14.9	687.5	139.3	0.0	88.5	753.2	246.5	96.5	0.0	343.0
1978	14.9	696.3	143.3	0.0	76.2	778.4	270.1	96.3	0.0	366.4
1979	13.6	696.0	163.2	0.0	60.9	811.9	246.6	139.3	0.0	385.8
1980	13.5	683.1	184.8	0.0	65.3	816.2	211.3	185.6	0.0	396.9
1981	12.9	566.2	164.7	0.0	33.9	709.9	206.1	183.8	0.0	389.9
1982	9.9	554.2	131.3	0.0	25.9	669.5	183.1	196.4	0.0	379.5
1983	8.6	589.8	143.0	0.0	57.1	684.3	180.6	209.5	0.0	390.1
1984	7.8	570.5	138.1	0.0	17.3	699.1	201.6	210.2	0.0	411.8
1985	8.0	574.7	145.6	0.0	19.3	708.9	213.1	205.7	0.0	418.8
1986	7.0	592.6	152.6	0.0	18.1	734.0	192.8	249.3	0.0	442.0
1987	7.8	593.8	140.4	0.0	22.0	719.9	190.0	262.7	0.0	452.6

Quelle: Datenbank RGW-Energie des DIW.

4.4.4.
Aufkommen von Primärenergie in Polen
von 1970 bis 1987

Jahr	Förderung	Einfuhr	Ausfuhr	Bestands- verän- derungen 1)	Inlands- ver- brauch
			in P J		
1970	4013	477	895	-18	3577
1971	4171	534	932	0	3773
1972	4345	612	1023	0	3934
1973	4512	706	1122	0	4096
1974	4656	692	1238	0	4111
1975	4777	831	1156	2	4453
1976	4977	914	1207	3	4687
1977	5172	985	1188	11	4980
1978	5356	1016	1201	6	5177
1979	5509	1075	1214	36	5406
1980	5120	1126	913	-106	5227
1981	4391	989	488	-11	4881
1982	5003	955	816	69	5211
1983	5083	1020	1018	62	5147
1984	5181	997	1190	-36	4953
1985	5189	1023	996	-54	5162
1986	5258	1120	952	-29	5398
1987	5328	1144	907	-13	5552
			Anteile in vH		
1970	112.2	13.3	25.0	-0.5	100
1971	110.6	14.1	24.7	0.0	100
1972	110.4	15.6	26.0	0.0	100
1973	110.2	17.2	27.4	0.0	100
1974	113.3	16.8	30.1	0.0	100
1975	107.3	18.7	26.0	.0	100
1976	106.2	19.5	25.7	0.1	100
1977	103.9	19.8	23.9	0.2	100
1978	103.5	19.6	23.2	0.1	100
1979	101.9	19.9	22.5	0.7	100
1980	98.0	21.5	17.5	-2.0	100
1981	90.0	20.3	10.0	-0.2	100
1982	96.0	18.3	15.7	1.3	100
1983	98.8	19.8	19.8	1.2	100
1984	104.6	20.1	24.0	-0.7	100
1985	100.5	19.8	19.3	-1.0	100
1986	97.4	20.8	17.6	-0.5	100
1987	96.0	20.6	16.3	-0.2	100

1) Bzw. statistische Differenzen.
Quelle: Datenbank RGW-Energie des DIW.

Primärenergieverbrauch in Polen nach Energieträgern
von 1970 bis 1987

Jahr	Braun- kohlen 1)	Stein- kohlen 2)	Mineral- öle	Erdgas	Strom 3)	Kern- energie	Ins- gesamt
	Mill. t			Mrd. m3	Mrd. KWh		P J
1970	29.1	109.4	8.5	6.0	1.6	0.0	3577.5
1971	31.0	114.1	9.5	6.6	1.5	0.0	3772.6
1972	34.1	116.9	10.7	7.1	1.3	0.0	3934.5
1973	34.2	119.2	13.3	7.5	-0.3	0.0	4096.0
1974	34.6	120.2	13.0	7.7	-0.6	0.0	4110.8
1975	36.4	131.2	15.4	8.3	1.5	0.0	4453.2
1976	36.2	138.5	16.1	9.1	1.5	0.0	4687.3
1977	37.4	145.7	18.0	9.7	2.0	0.0	4980.0
1978	37.7	151.8	18.6	10.4	1.6	0.0	5177.0
1979	35.1	160.0	19.4	10.9	1.4	0.0	5405.7
1980	35.3	156.8	19.5	11.3	1.8	0.0	5226.7
1981	34.2	147.3	16.9	11.1	1.9	0.0	4881.2
1982	36.7	163.4	16.0	10.8	0.2	0.0	5211.0
1983	42.3	158.3	16.3	11.1	-1.2	0.0	5146.6
1984	50.4	146.4	16.7	11.7	2.7	0.0	4954.3
1985	57.5	153.0	16.9	11.9	-0.3	0.0	5161.8
1986	67.3	156.4	17.5	12.6	1.8	0.0	5397.0
1987	73.2	160.3	17.2	12.9	3.5	0.0	5552.3
	in P J						
1970	247.4	2743.1	357.5	211.2	18.2	0.0	3577.5
1971	263.1	2859.7	397.0	234.9	17.9	0.0	3772.6
1972	290.0	2932.1	446.3	251.0	15.2	0.0	3934.5
1973	291.1	2986.7	555.8	265.9	-3.5	0.0	4096.0
1974	294.3	3010.9	542.9	270.1	-7.4	0.0	4110.8
1975	309.6	3188.8	644.9	292.6	17.3	0.0	4453.2
1976	307.8	3367.0	674.9	319.6	18.0	0.0	4687.3
1977	317.6	3542.9	753.2	343.0	23.3	0.0	4980.0
1978	320.2	3693.8	778.4	366.4	18.3	0.0	5177.0
1979	298.4	3893.7	811.9	385.8	15.9	0.0	5405.7
1980	300.0	3692.6	816.2	396.9	21.1	0.0	5226.7
1981	290.9	3468.6	709.9	389.9	21.8	0.0	4881.2
1982	312.0	3847.5	669.5	379.5	2.5	0.0	5211.0
1983	359.8	3726.6	684.3	390.1	-14.1	0.0	5146.6
1984	428.2	3446.9	699.1	411.8	-31.6	0.0	4954.3
1985	489.1	3548.1	708.9	418.8	-3.0	0.0	5161.8
1986	571.6	3627.8	734.0	442.0	21.5	0.0	5397.0
1987	622.1	3716.4	719.9	452.6	41.3	0.0	5552.3

1) Braunkohle, Braunkohlenbriketts.
2) Steinkohle, Steinkohlenkoks.
3) Wasserkraft, Außenhandelssaldo.
Quelle: Datenbank RGW-Energie des DIW.

4.5.2.
Struktur des Primärenergieverbrauchs in Polen
nach Energieträgern von 1970 bis 1987

Jahr	Braun- kohlen 1)	Stein- kohlen 2)	Mineral- öle	Erdgas	Strom 3)	Kern- energie	Ins- gesamt
			Anteile in vH				
1970	6.9	76.7	10.0	5.9	0.5	0.0	100
1971	7.0	75.8	10.5	6.2	0.5	0.0	100
1972	7.4	74.5	11.3	6.4	0.4	0.0	100
1973	7.1	72.9	13.6	6.5	-0.1	0.0	100
1974	7.2	73.2	13.2	6.6	-0.2	0.0	100
1975	7.0	71.6	14.5	6.6	0.4	0.0	100
1976	6.6	71.8	14.4	6.8	0.4	0.0	100
1977	6.4	71.1	15.1	6.9	0.5	0.0	100
1978	6.2	71.3	15.0	7.1	0.4	0.0	100
1979	5.5	72.0	15.0	7.1	0.3	0.0	100
1980	5.7	70.6	15.6	7.6	0.4	0.0	100
1981	6.0	71.1	14.5	8.0	0.4	0.0	100
1982	6.0	73.8	12.8	7.3	0.0	0.0	100
1983	7.0	72.4	13.3	7.6	-0.3	0.0	100
1984	8.6	69.6	14.1	8.3	-0.6	0.0	100
1985	9.5	68.7	13.7	8.1	-0.1	0.0	100
1986	10.6	67.2	13.6	8.2	0.4	0.0	100
1987	11.2	66.9	13.0	8.2	0.7	0.0	100

1) Braunkohle, Braunkohlenbriketts.
2) Steinkohle, Steinkohlenkoks.
3) Wasserkraft, Außenhandelssaldo.
Quelle: Datenbank RGW-Energie des DIW.

4.5.3.
Primärenergieverbrauch in Polen und seine Deckung durch
Eigenaufkommen und Importe aus der UdSSR von 1970 bis 1987

Jahr	Braun- kohlen	Stein- kohlen	Mineral- öle	Erdgas	Primär- strom	Ins- gesamt
		Anteil der Gewinnung im Inland in vH				
1970	112.5	128.4	4.9	83.5	96.5	112.2
1971	111.5	128.0	4.1	78.0	107.3	110.6
1972	112.0	129.3	3.2	79.1	116.2	110.4
1973	114.5	131.9	2.9	77.5	-488.7	110.1
1974	115.0	135.3	4.2	72.6	-334.2	113.3
1975	109.5	131.3	3.5	70.0	134.7	107.3
1976	108.5	129.9	2.8	72.1	107.0	106.2
1977	109.1	128.2	2.0	71.9	98.5	103.9
1978	108.8	127.2	1.9	73.7	125.3	103.5
1979	108.5	126.0	1.7	63.9	133.1	101.9
1980	104.4	123.4	1.7	53.2	113.1	98.0
1981	104.0	110.9	1.8	52.9	102.3	90.0
1982	102.6	116.1	1.5	48.2	883.9	96.0
1983	100.5	121.0	1.3	46.3	-157.8	98.8
1984	100.0	131.2	1.1	49.0	-70.4	104.6
1985	100.3	125.6	1.1	50.9	-712.3	100.5
1986	100.0	123.1	1.0	43.6	98.0	97.4
1987	100.0	120.7	1.1	42.0	51.2	96.0
		Anteil der Importe aus der UdSSR in vH				
1970	0.0	0.9	101.3	16.6	21.4	11.9
1971	0.0	1.0	97.1	22.1	22.1	12.4
1972	0.0	0.9	103.2	20.8	21.6	13.8
1973	0.0	0.9	93.0	22.4	-101.7	14.8
1974	0.0	0.9	91.5	27.3	-49.4	14.6
1975	0.0	0.8	86.2	30.0	24.0	15.1
1976	0.0	0.8	87.4	27.9	21.8	15.1
1977	0.0	0.7	82.0	28.1	19.0	14.9
1978	0.0	0.7	83.2	26.3	19.8	14.9
1979	0.0	0.6	80.1	36.1	26.4	15.1
1980	0.0	0.6	82.6	46.8	18.2	17.0
1981	0.0	0.7	94.5	47.1	16.2	18.1
1982	0.0	0.6	94.3	51.8	139.6	16.4
1983	0.0	0.6	91.1	53.7	-24.9	16.7
1984	0.0	0.7	90.8	50.9	-11.1	17.6
1985	0.0	0.7	89.4	49.1	-328.8	17.0
1986	0.0	0.7	91.1	56.3	135.3	18.0
1987	0.0	0.7	93.4	58.0	107.2	18.1

Quelle: Datenbank RGW-Energie des DIW.

4.5.4.
Entwicklung von Primärenergieverbrauch und produziertem
Nationaleinkommen in Polen von 1970 bis 1987

| Jahr | Veränderung gegenüber dem Vorjahr in vH | | Primär-energie-verbrauch in GJ je Einwohner |
	Primärenergie-verbrauch	National-einkommen 1)	
1970	10.6	5.2	110
1971	5.5	8.1	115
1972	4.3	10.6	119
1973	4.1	10.8	123
1974	0.4	10.4	122
1975	8.3	9.0	131
1976	5.3	6.8	136
1977	6.2	5.0	144
1978	4.0	3.0	148
1979	4.4	-2.3	153
1980	-3.3	-6.0	147
1981	-6.6	-12.0	136
1982	6.8	-5.5	144
1983	-1.2	6.0	141
1984	-3.7	5.6	134
1985	4.2	3.4	139
1986	4.6	4.9	144
1987	2.9	2.0	147

1) Feste Preise.
Quellen: Datenbank RGW-Energie des DIW;
         Statistisches Jahrbuch Polens.

4.6.
Heizwerte der Energieträger und Faktoren für die
Umrechnung von spezifischen Mengeneinheiten in
Wärmeeinheiten zur Energiebilanz Polens

Energieträger	Zeitraum	Gewinnung	Import	Export
		kJ/kg		
Braunkohle	1970-1987	8499	8792	8499
Steinkohle	1970-1974	25150	22860	25150
	1975-1979	24400	22860	24400
	1980-1984	23600	22860	23600
	1985-1987	23250	22860	23250
Steinkohlenkoks	1970-1987	–	27842	27842
Rohöl	1970-1987	41031	41910	41910
Mineralöl	1970-1987	–	41910	41910
Erdgas	1970-1987	35462	34876	34876
Primärstrom	1970-1987	11723	11723	11723
		kcal/kg		
Braunkohle	1970-1987	2030	2100	2030
Steinkohle	1970-1974	6006	5459	6006
	1975-1979	5827	5459	5827
	1980-1984	5636	5459	5636
	1985-1987	5552	5459	5552
Steinkohlenkoks	1970-1987	–	6649	6649
Rohöl	1970-1987	9798	10008	10008
Mineralöl	1970-1987	–	10008	10008
Erdgas	1970-1987	8468	8328	8328
Primärstrom	1970-1987	2799	2799	2799
		SKE-Faktor		
Braunkohle	1970-1987	0.29	0.30	0.29
Steinkohle	1970-1974	0.86	0.78	0.86
	1975-1979	0.83	0.78	0.83
	1980-1984	0.81	0.78	0.81
	1985-1987	0.79	0.78	0.79
Steinkohlenkoks	1970-1987	–	0.95	0.95
Rohöl	1970-1987	1.40	1.43	1.43
Mineralöl	1970-1987	–	1.43	1.43
Erdgas	1970-1987	1.21	1.19	1.19
Primärstrom	1970-1987	0.40	0.40	0.40

Quelle: Datenbank RGW-Energie des DIW.

5.1.
Primärenergiegewinnung Rumäniens nach Energieträgern
von 1970 bis 1987

Jahr	Braun- kohlen	Stein- kohlen	Erdöl	Erdgas	Wasser- kraft	Ins- gesamt
	Mill. t	Mill. t	Mill. t	Mrd. m3	Mrd. KWh	P J
1970	14.1	6.4	13.4	25.3	2.8	1683.8
1971	13.8	6.8	13.8	26.7	4.5	1771.5
1972	16.5	6.6	14.1	27.7	7.3	1869.0
1973	17.7	7.2	14.3	29.2	7.5	1948.7
1974	19.8	7.1	14.5	30.1	8.5	2014.2
1975	19.8	7.3	14.6	33.3	8.7	2130.7
1976	18.7	7.1	14.7	36.3	8.1	2213.3
1977	19.6	7.1	14.7	38.3	9.3	2200.7
1978	21.8	7.4	13.7	35.5	10.6	2209.7
1979	24.7	8.1	12.3	34.1	11.3	2153.5
1980	27.1	8.1	11.5	35.2	12.6	2171.8
1981	28.6	8.3	11.6	37.0	12.7	2260.5
1982	30.7	7.2	11.7	37.4	11.9	2269.2
1983	36.7	7.8	11.6	38.1	10.0	2336.5
1984	35.8	8.5	11.5	39.1	11.3	2389.0
1985	37.9	8.7	10.7	38.9	11.9	2387.7
1986	38.8	8.7	10.1	39.4	10.8	2381.9
1987	42.4	9.1	9.5	37.4	11.2	2328.9
			in P J			
1970	113.0	133.2	548.9	856.2	32.5	1683.8
1971	110.5	141.3	565.9	901.1	52.7	1771.5
1972	132.4	137.6	579.7	933.3	86.1	1869.0
1973	141.4	149.2	586.2	983.4	88.5	1948.7
1974	158.3	147.9	594.4	1014.2	99.4	2014.2
1975	158.2	152.3	598.6	1119.5	102.1	2130.7
1976	149.8	148.0	603.2	1217.3	95.0	2213.3
1977	157.0	148.7	601.1	1184.3	109.5	2200.7
1978	174.8	154.4	563.1	1193.1	124.4	2209.7
1979	197.2	168.7	505.6	1149.0	132.9	2153.5
1980	197.9	167.7	472.3	1185.8	148.1	2171.8
1981	209.1	172.4	477.8	1252.0	149.3	2260.5
1982	223.9	149.6	481.8	1275.0	139.0	2269.2
1983	268.1	162.2	475.7	1312.9	117.7	2336.5
1984	261.5	176.0	469.9	1348.8	132.8	2389.0
1985	276.8	180.1	439.8	1351.5	139.5	2387.7
1986	283.4	180.9	415.4	1375.4	126.7	2381.9
1987	309.7	189.3	390.0	1308.5	131.4	2328.9

Quelle: Datenbank RGW-Energie des DIW.

5.2.1.
Einfuhr Rumäniens von Energieträgern
von 1970 bis 1987

Jahr	Braun-kohlen	Stein-kohlen	davon: Stein-kohle	Stein-kohlen koks	Rohöl/ Mineral-öl	Erdgas	Strom	Kern-energie	Ins-gesamt
	Mill. t	Mill. t	Mill. t	Mill. t	Mill. t	Mrd. m3	Mrd. KWh	Mrd. KWh	P J
1970	0.0	3.3	0.7	2.6	2.3	0.0	0.0	0.0	186
1971	0.0	3.3	0.7	2.5	2.9	0.0	0.1	0.0	210
1972	0.0	3.4	0.8	2.6	2.9	0.0	0.4	0.0	219
1973	0.0	4.6	1.4	3.2	4.2	0.0	0.3	0.0	301
1974	0.0	4.5	1.9	2.6	4.5	0.0	0.8	0.0	317
1975	0.0	5.0	2.4	2.5	5.1	0.0	0.5	0.0	347
1976	0.0	5.4	2.6	2.8	8.5	0.0	0.7	0.0	503
1977	0.0	5.1	3.4	1.7	8.8	0.0	1.6	0.0	516
1978	0.0	6.0	4.7	1.4	12.9	0.0	0.3	0.0	694
1979	0.0	5.0	3.8	1.2	14.3	0.7	1.2	0.0	762
1980	0.0	6.7	3.9	2.8	16.0	1.6	0.5	0.0	901
1981	0.0	8.3	4.9	3.4	12.9	1.5	0.6	0.0	811
1982	0.0	6.9	4.2	2.7	10.9	1.5	0.6	0.0	688
1983	0.0	7.0	5.3	1.7	12.4	1.7	2.1	0.0	776
1984	0.0	8.8	7.0	1.8	13.5	1.8	3.1	0.0	879
1985	0.0	7.9	6.0	1.9	14.6	1.8	3.3	0.0	908
1986	0.0	8.8	7.0	1.8	13.5	2.5	3.0	0.0	903
1987	0.0	8.8	7.0	1.8	14.0	3.3	3.0	0.0	950
in P J									
1970	0.0	88.3	17.1	71.2	97.4	0.0	0.3	0.0	186.0
1971	0.0	88.2	17.4	70.7	121.2	0.0	0.8	0.0	210.1
1972	0.0	90.6	17.7	72.9	123.4	0.0	4.8	0.0	218.8
1973	0.0	121.9	31.8	90.1	175.9	0.0	2.9	0.0	300.7
1974	0.0	117.1	43.9	73.3	190.2	0.0	9.2	0.0	316.5
1975	0.0	127.6	56.7	70.9	213.1	0.0	5.9	0.0	346.6
1976	0.0	140.2	61.5	78.7	355.2	0.0	8.0	0.0	503.3
1977	0.0	126.8	80.7	46.1	370.7	0.0	18.4	0.0	515.8
1978	0.0	147.4	109.5	37.9	542.2	0.0	4.0	0.0	693.6
1979	0.0	123.6	90.1	33.4	599.2	24.4	14.5	0.0	761.8
1980	0.0	170.5	92.6	78.0	668.9	55.8	5.5	0.0	900.8
1981	0.0	210.6	114.6	96.0	541.3	52.3	6.5	0.0	810.6
1982	0.0	172.8	98.5	74.4	456.8	52.3	6.4	0.0	688.4
1983	0.0	172.3	124.6	47.7	519.5	59.3	25.1	0.0	776.1
1984	0.0	214.8	165.1	49.7	565.8	62.8	36.0	0.0	879.4
1985	0.0	194.7	141.8	52.8	611.9	62.8	38.2	0.0	907.5
1986	0.0	214.2	164.1	50.1	565.8	87.5	35.2	0.0	902.7
1987	0.0	214.2	164.1	50.1	586.7	113.8	35.2	0.0	950.0

Quelle: Datenbank RGW-Energie des DIW.

5.2.2.
Einfuhr Rumäniens von Energieträgern aus der UdSSR von 1970 bis 1987

Jahr	Braun-kohle	Stein-kohle	Stein-kohlen-koks	Mineral-öle	dar.: Erdöl	Erdgas	Strom	Kern-energie	Ins-gesamt
	Mill. t	Mill. t	Mill. t	Mill. t	Mill. t	Mrd. m3	Mrd. KWh	Mrd. KWh	P J
1970	0.0	0.4	0.8	0.0	0.0	0.0	0.0	0.0	32.6
1971	0.0	0.4	1.1	0.0	0.0	0.0	0.0	0.0	39.4
1972	0.0	0.4	1.2	0.0	0.0	0.0	0.0	0.0	43.3
1973	0.0	0.7	1.3	0.0	0.0	0.0	0.0	0.0	52.1
1974	0.0	0.5	1.2	0.0	0.0	0.0	0.0	0.0	44.9
1975	0.0	0.6	1.0	0.0	0.0	0.0	0.0	0.0	42.7
1976	0.0	0.5	1.0	0.0	0.0	0.0	0.1	0.0	42.0
1977	0.0	0.9	1.0	0.0	0.0	0.0	0.1	0.0	48.0
1978	0.0	0.8	0.4	0.0	0.0	0.0	0.0	0.0	30.4
1979	0.0	0.8	0.4	0.3	0.3	0.7	0.0	0.0	67.3
1980	0.0	0.9	0.9	1.4	1.4	1.6	0.1	0.0	159.2
1981	0.0	0.8	0.7	3.0	3.0	1.5	0.3	0.0	216.6
1982	0.0	0.7	0.5	0.3	0.3	1.5	0.4	0.0	98.9
1983	0.0	1.0	0.5	1.0	1.0	1.7	0.4	0.0	142.1
1984	0.0	1.4	0.7	1.6	1.6	1.8	0.7	0.0	186.9
1985	0.0	1.0	0.5	2.0	2.0	1.8	2.0	0.0	205.7
1986	0.0	1.5	1.0	5.6	5.6	2.5	2.8	0.0	415.8
1987	0.0	1.4	1.0	5.6	5.6	3.3	4.3	0.0	461.3
				in P J					
1970	0.0	9.4	23.2	0.0	0.0	0.0	0.0	0.0	32.6
1971	0.0	9.0	30.1	0.2	0.0	0.0	0.1	0.0	39.4
1972	0.0	9.5	33.5	0.1	0.0	0.0	0.1	0.0	43.3
1973	0.0	14.9	37.1	0.0	0.0	0.0	0.2	0.0	52.1
1974	0.0	11.8	32.7	0.0	0.0	0.0	0.4	0.0	44.9
1975	0.0	14.5	27.8	0.0	0.0	0.0	0.4	0.0	42.7
1976	0.0	12.1	28.4	0.0	0.0	0.0	1.5	0.0	42.0
1977	0.0	20.7	26.4	0.0	0.0	0.0	0.9	0.0	48.0
1978	0.0	19.2	11.1	0.0	0.0	0.0	0.1	0.0	30.4
1979	0.0	19.3	10.4	12.6	12.6	24.4	0.6	0.0	67.3
1980	0.0	19.4	23.7	58.7	58.7	55.8	1.6	0.0	159.2
1981	0.0	17.1	18.1	125.7	125.7	52.3	3.3	0.0	216.6
1982	0.0	16.0	13.9	12.6	12.6	52.3	4.1	0.0	98.9
1983	0.0	22.9	13.9	41.9	41.9	59.3	4.1	0.0	142.1
1984	0.0	30.9	18.1	67.1	67.1	62.8	8.1	0.0	186.9
1985	0.0	21.7	13.9	83.8	83.8	62.8	23.4	0.0	205.7
1986	0.0	34.3	28.6	233.1	232.9	87.5	32.2	0.0	415.8
1987	0.0	32.0	29.2	235.9	235.7	113.8	50.3	0.0	461.3

Quelle: Datenbank RGW-Energie des DIW.

5.3.
Ausfuhr Rumäniens von Energieträgern
von 1970 bis 1987

Jahr	Braun-kohle	Stein-kohle	Stein-kohlen-koks	Öl-produkte 1)	Erdgas	Strom	Ins-gesamt
	Mill. t	Mill. t	Mill. t	Mill. t	Mrd. m 3	Mrd. KWh	P J
1970	0.0	0.0	0.0	5.4	0.2	2.4	261.3
1971	0.0	0.0	0.0	5.4	0.2	3.2	270.7
1972	0.0	0.0	0.0	5.1	0.2	3.7	265.3
1973	0.0	0.0	0.0	4.9	0.2	3.8	259.3
1974	0.0	0.0	0.0	6.6	0.2	3.1	320.0
1975	0.0	0.0	0.0	6.2	0.2	3.0	301.8
1976	0.0	0.0	0.0	7.8	0.2	2.1	361.7
1977	0.0	0.0	0.0	6.7	0.2	1.7	310.5
1978	0.0	0.0	0.0	7.6	0.2	1.8	345.6
1979	0.0	0.0	0.0	7.4	0.2	2.0	340.9
1980	0.0	0.0	0.0	8.8	0.2	0.0	375.5
1981	0.0	0.0	0.0	8.1	0.2	0.7	356.7
1982	0.0	0.0	0.0	6.4	0.2	0.9	286.2
1983	0.0	0.0	0.0	9.1	0.2	0.0	390.0
1984	0.0	0.0	0.0	10.4	0.0	0.0	438.1
1985	0.0	0.0	0.0	9.7	0.0	0.0	406.1
1986	0.0	0.0	0.0	10.0	0.0	0.0	419.1
1987	0.0	0.0	0.0	10.0	0.0	0.0	419.1
				in P J			
1970	0.0	0.0	0.0	225.1	8.0	28.3	261.3
1971	0.0	0.0	0.0	225.0	8.0	37.7	270.7
1972	0.0	0.0	0.0	213.6	8.0	43.8	265.3
1973	0.0	0.0	0.0	207.0	7.8	44.5	259.3
1974	0.0	0.0	0.0	275.1	8.2	36.8	320.0
1975	0.0	0.0	0.0	258.8	7.7	35.3	301.8
1976	0.0	0.0	0.0	328.7	8.0	25.1	361.7
1977	0.0	0.0	0.0	282.6	8.1	19.8	310.5
1978	0.0	0.0	0.0	316.8	8.0	20.8	345.6
1979	0.0	0.0	0.0	310.0	8.0	23.0	340.9
1980	0.0	0.0	0.0	366.9	8.0	0.6	375.5
1981	0.0	0.0	0.0	340.5	8.0	8.2	356.7
1982	0.0	0.0	0.0	267.6	8.0	10.6	286.2
1983	0.0	0.0	0.0	382.1	8.0	0.0	390.0
1984	0.0	0.0	0.0	437.3	0.8	0.0	438.1
1985	0.0	0.0	0.0	406.1	0.0	0.0	406.1
1986	0.0	0.0	0.0	419.1	0.0	0.0	419.1
1987	0.0	0.0	0.0	419.1	0.0	0.0	419.1

1) Erdöl und Erdölprodukte.
Quelle: Datenbank RGW-Energie des DIW.

5.4.1.
Aufkommen von Braunkohlen in Rumänien
von 1970 bis 1987

Jahr	Förderung	Einfuhr	Ausfuhr	Bestands- veränderungen	Inlands- verbrauch
			Mill. t		
1970	14.13	0.00	0.00	0.00	14.13
1971	13.81	0.00	0.00	0.00	13.81
1972	16.55	0.00	0.00	0.00	16.55
1973	17.68	0.00	0.00	0.00	17.68
1974	19.79	0.00	0.00	0.00	19.79
1975	19.77	0.00	0.00	0.00	19.77
1976	18.73	0.00	0.00	0.00	18.73
1977	19.63	0.00	0.00	0.00	19.63
1978	21.85	0.00	0.00	0.00	21.85
1979	24.66	0.00	0.00	0.00	24.66
1980	27.10	0.00	0.00	0.00	27.10
1981	28.64	0.00	0.00	0.00	28.64
1982	30.67	0.00	0.00	0.00	30.67
1983	36.73	0.00	0.00	0.00	36.73
1984	35.82	0.00	0.00	0.00	35.82
1985	37.92	0.00	0.00	0.00	37.92
1986	38.82	0.00	0.00	0.00	38.82
1987	42.43	0.00	0.00	0.00	42.43
			in PJ 1)		
1970	113.0	0.0	0.0	0.0	113.0
1971	110.5	0.0	0.0	0.0	110.5
1972	132.4	0.0	0.0	0.0	132.4
1973	141.4	0.0	0.0	0.0	141.4
1974	158.3	0.0	0.0	0.0	158.3
1975	158.2	0.0	0.0	0.0	158.2
1976	149.8	0.0	0.0	0.0	149.8
1977	157.0	0.0	0.0	0.0	157.0
1978	174.8	0.0	0.0	0.0	174.8
1979	197.2	0.0	0.0	0.0	197.2
1980	197.9	0.0	0.0	0.0	197.9
1981	209.1	0.0	0.0	0.0	209.1
1982	223.9	0.0	0.0	0.0	223.9
1983	268.1	0.0	0.0	0.0	268.1
1984	261.5	0.0	0.0	0.0	261.5
1985	276.8	0.0	0.0	0.0	276.8
1986	283.4	0.0	0.0	0.0	283.4
1987	309.7	0.0	0.0	0.0	309.7

1) Heizwerte in MJ/t: Gewinnung: 1970-1979: 8000,
   1980-1988: 7300.
Quelle: Datenbank RGW-Energie des DIW.

5.4.2.
Aufkommen von Steinkohlen in Rumänien
von 1970 bis 1987

Jahr	Gewinn- ung	Einfuhr Stein- kohle	Einfuhr Stein- kohlen- koks	Ausfuhr Stein- kohle	Ausfuhr Stein- kohlen- koks	Be- stands- verände- rung	Inlands- ver- brauch 1)
			Mill. t				
1970	6.40	0.73	2.56	0.00	0.00	0.00	9.69
1971	6.79	0.74	2.54	0.00	0.00	0.00	10.08
1972	6.61	0.75	2.62	0.00	0.00	0.00	9.99
1973	7.17	1.36	3.24	0.00	0.00	0.00	11.76
1974	7.11	1.87	2.63	0.00	0.00	0.00	11.61
1975	7.32	2.42	2.55	0.00	0.00	0.00	12.29
1976	7.11	2.62	2.83	0.00	0.00	0.00	12.56
1977	7.15	3.44	1.66	0.00	0.00	0.00	12.24
1978	7.42	4.67	1.36	0.00	0.00	0.00	13.45
1979	8.11	3.85	1.20	0.00	0.00	0.00	13.15
1980	8.06	3.95	2.80	0.00	0.00	0.00	14.81
1981	8.29	4.89	3.45	0.00	0.00	0.00	16.62
1982	7.19	4.20	2.67	0.00	0.00	0.00	14.06
1983	7.79	5.31	1.72	0.00	0.00	0.00	14.82
1984	8.46	7.04	1.78	0.00	0.00	0.00	17.29
1985	8.66	6.05	1.90	0.00	0.00	0.00	16.60
1986	8.70	7.00	1.80	0.00	0.00	0.00	17.50
1987	9.10	7.00	1.80	0.00	0.00	0.00	17.90
			in P J 2)				
1970	133.2	17.1	71.2	0.0	0.0	0.0	221.5
1971	141.3	17.4	70.7	0.0	0.0	0.0	229.5
1972	137.6	17.7	72.9	0.0	0.0	0.0	228.2
1973	149.2	31.8	90.1	0.0	0.0	0.0	271.1
1974	147.9	43.9	73.3	0.0	0.0	0.0	265.1
1975	152.3	56.7	70.9	0.0	0.0	0.0	279.9
1976	148.0	61.5	78.7	0.0	0.0	0.0	288.1
1977	148.7	80.7	46.1	0.0	0.0	0.0	275.5
1978	154.4	109.5	37.9	0.0	0.0	0.0	301.7
1979	168.7	90.1	33.4	0.0	0.0	0.0	292.3
1980	167.7	92.6	78.0	0.0	0.0	0.0	338.3
1981	172.4	114.6	96.0	0.0	0.0	0.0	383.0
1982	149.6	98.5	74.4	0.0	0.0	0.0	322.4
1983	162.2	124.6	47.7	0.0	0.0	0.0	334.5
1984	176.0	165.1	49.7	0.0	0.0	0.0	390.8
1985	180.1	141.8	52.8	0.0	0.0	0.0	374.8
1986	180.9	164.1	50.1	0.0	0.0	0.0	395.2
1987	189.3	164.1	50.1	0.0	0.0	0.0	403.6

1) Steinkohle, Steinkohlenkoks.
2) Heizwerte in MJ/t: Gewinnung: 20808; Einfuhr
   Steinkohle: 23446; Einfuhr Steinkohlenkoks 27842.
Quelle: Datenbank RGW-Energie des DIW.

5.4.3.
Aufkommen von Mineralöl und Erdgas in Rumänien
von 1970 bis 1987

Jahr	Mineralöl						Erdgas 1)			
	Gewinn- ung	Einfuhr Erdöl	Erdöl- produkte	Ausfuhr Erdöl	Erdöl- produkte	Inlands- verbrauch	Gewinn- ung	Ein- fuhr	Aus- fuhr	Inlands- verbrauch
	Mill. t						Mrd. m 3			
1970	13.4	2.3	0.0	0.0	5.4	10.3	25.3	0.0	0.2	25.1
1971	13.8	2.9	0.0	0.0	5.4	11.3	26.7	0.0	0.2	26.5
1972	14.1	2.9	0.1	0.0	5.1	12.0	27.7	0.0	0.2	27.5
1973	14.3	4.1	0.1	0.0	4.9	13.5	29.2	0.0	0.2	29.0
1974	14.5	4.5	0.0	0.1	6.5	12.5	30.1	0.0	0.2	29.9
1975	14.6	5.1	0.0	0.0	6.2	13.5	33.3	0.0	0.2	33.1
1976	14.7	8.5	0.0	0.0	7.8	15.3	36.3	0.0	0.2	36.1
1977	14.7	8.8	0.0	0.0	6.7	16.8	35.3	0.0	0.2	35.1
1978	13.7	12.9	0.0	0.0	7.6	19.1	35.5	0.0	0.2	35.3
1979	12.3	14.3	0.0	0.0	7.4	19.2	34.1	0.7	0.2	34.6
1980	11.5	16.0	0.0	0.0	8.8	18.7	35.2	1.6	0.2	36.6
1981	11.6	12.9	0.0	0.0	8.1	16.4	37.0	1.5	0.2	38.3
1982	11.7	10.9	0.0	0.0	6.4	16.3	37.4	1.5	0.2	38.7
1983	11.6	12.4	0.0	0.0	9.1	14.9	38.1	1.7	0.2	39.6
1984	11.5	13.5	0.0	0.0	10.4	14.5	39.1	1.8	0.0	40.9
1985	10.7	14.6	0.0	0.0	9.7	15.6	38.9	1.8	0.0	40.7
1986	10.1	13.5	0.0	0.0	10.0	13.6	39.4	2.5	0.0	41.9
1987	9.5	14.0	0.0	0.0	10.0	13.5	37.4	3.3	0.0	40.7
	in P J									
1970	548.9	96.0	1.4	0.0	225.1	421.2	856.2	0.0	8.0	848.2
1971	565.9	119.8	1.4	0.0	225.0	462.1	901.1	0.0	8.0	893.1
1972	579.7	120.4	3.0	0.0	213.6	489.5	933.3	0.0	8.0	925.3
1973	586.2	173.6	2.2	0.0	207.0	555.1	983.4	0.0	7.8	975.6
1974	594.4	190.2	0.0	2.7	272.3	509.5	1014.2	0.0	8.2	1006.0
1975	598.6	213.1	0.0	0.0	258.8	552.9	1119.5	0.0	7.7	1111.7
1976	603.2	355.2	0.0	0.0	328.7	629.7	1217.3	0.0	8.0	1209.3
1977	601.1	370.7	0.0	0.0	282.6	689.2	1184.3	0.0	8.1	1176.2
1978	563.1	542.2	0.0	0.0	316.8	788.5	1193.1	0.0	8.0	1185.1
1979	505.6	599.2	0.0	0.0	310.0	794.9	1149.0	24.4	8.0	1165.4
1980	472.3	668.9	0.0	0.0	366.9	774.4	1185.8	55.8	8.0	1233.6
1981	477.8	541.3	0.0	0.0	340.5	678.6	1252.0	52.3	8.0	1296.3
1982	481.8	456.8	0.0	0.0	267.6	671.0	1275.0	52.3	8.0	1319.3
1983	475.7	519.5	0.0	0.0	382.1	613.1	1312.9	59.3	8.0	1364.2
1984	469.9	565.8	0.0	0.0	437.3	598.4	1348.8	62.8	0.8	1410.8
1985	439.8	611.9	0.0	0.0	406.1	645.5	1351.5	62.8	0.0	1414.3
1986	415.4	565.8	0.2	0.0	419.1	562.3	1375.4	87.5	0.0	1462.9
1987	390.0	586.7	0.2	0.0	419.1	557.8	1308.5	113.8	0.0	1422.4

1) Erdgas und Erdölgas.
Quelle: Datenbank RGW-Energie des DIW.

5.5.1.
Primärenergieverbrauch in Rumänien nach Energieträgern
von 1970 bis 1987

Jahr	Braun-kohlen 1)	Stein-kohlen 2)	Mineral-öle	Erdgas	Strom 3)	Kern-energie	Ins-gesamt
	Mill. t			Mrd. m3	Mrd. KWh		P J
1970	14.1	9.7	10.3	25.1	0.4	0.0	1608.6
1971	13.8	10.1	11.3	26.5	1.3	0.0	1711.0
1972	16.5	10.0	12.0	27.5	4.0	0.0	1822.5
1973	17.7	11.8	13.5	29.0	4.0	0.0	1990.2
1974	19.8	11.6	12.5	29.9	6.1	0.0	2010.7
1975	19.8	12.3	13.5	33.1	6.2	0.0	2175.5
1976	18.7	12.6	15.3	36.1	6.7	0.0	2354.9
1977	19.6	12.2	16.8	35.1	9.2	0.0	2406.0
1978	21.8	13.4	19.1	35.3	9.2	0.0	2557.7
1979	24.7	13.2	19.2	34.6	10.6	0.0	2574.3
1980	27.1	14.8	18.7	36.6	13.1	0.0	2697.1
1981	28.6	16.6	16.4	38.3	12.6	0.0	2714.5
1982	30.7	14.1	16.3	38.7	11.5	0.0	2671.4
1983	36.7	14.8	14.9	39.6	12.2	0.0	2722.6
1984	35.8	17.3	14.5	40.8	14.4	0.0	2830.3
1985	37.9	16.6	15.6	40.7	15.2	0.0	2889.1
1986	38.8	17.5	13.6	41.9	13.8	0.0	2865.8
1987	42.4	17.9	13.5	40.7	14.2	0.0	2860.0
	in P J						
1970	113.0	221.5	421.2	848.2	4.5	0.0	1608.6
1971	110.5	229.5	462.2	893.1	15.7	0.0	1711.0
1972	132.4	228.2	489.5	925.3	47.1	0.0	1822.5
1973	141.4	271.1	555.1	975.6	46.9	0.0	1990.2
1974	158.3	265.1	509.5	1006.0	71.8	0.0	2010.7
1975	158.2	279.9	552.9	1111.7	72.8	0.0	2175.5
1976	149.8	288.1	629.7	1209.3	78.0	0.0	2354.9
1977	157.0	275.5	689.2	1176.2	108.1	0.0	2406.0
1978	174.8	301.7	788.5	1185.1	107.6	0.0	2557.7
1979	197.2	292.3	794.9	1165.4	124.5	0.0	2574.3
1980	197.9	338.3	774.4	1233.6	153.1	0.0	2697.1
1981	209.1	383.0	678.6	1296.3	147.6	0.0	2714.5
1982	223.9	322.4	671.0	1319.3	134.9	0.0	2671.4
1983	268.1	334.5	613.1	1364.2	142.7	0.0	2722.6
1984	261.5	390.8	598.4	1410.8	168.8	0.0	2830.3
1985	276.8	374.8	645.5	1414.3	177.7	0.0	2889.1
1986	283.4	395.2	562.3	1462.9	161.9	0.0	2865.8
1987	309.7	403.6	557.8	1422.4	166.6	0.0	2860.0

1) Braunkohle, Braunkohlenbriketts.
2) Steinkohle, Steinkohlenkoks.
3) Wasserkraft, Außenhandelssaldo.
Quelle: Datenbank RGW-Energie des DIW.

5.4.4.
Aufkommen von Primärenergie in Rumänien
von 1970 bis 1987

Jahr	Förderung	Einfuhr	Ausfuhr	Bestands- verän- derungen 1)	Inlands- ver- brauch
			in P J		
1970	1684	186	261	0	1609
1971	1772	210	271	0	1711
1972	1869	219	265	0	1823
1973	1949	301	259	0	1990
1974	2014	317	320	0	2011
1975	2131	347	302	0	2176
1976	2213	503	362	0	2355
1977	2201	516	310	0	2406
1978	2210	694	346	0	2558
1979	2153	762	341	0	2574
1980	2172	901	375	0	2697
1981	2261	811	357	0	2715
1982	2269	688	286	0	2671
1983	2336	776	390	0	2723
1984	2389	879	438	0	2830
1985	2388	908	406	0	2889
1986	2382	903	419	0	2866
1987	2329	950	419	0	2860
			Anteile in vH		
1970	104.7	11.6	16.2	0.0	100
1971	103.5	12.3	15.8	0.0	100
1972	102.6	12.0	14.6	0.0	100
1973	97.9	15.1	13.0	0.0	100
1974	100.2	15.7	15.9	0.0	100
1975	97.9	15.9	13.9	0.0	100
1976	94.0	21.4	15.4	0.0	100
1977	91.5	21.4	12.9	0.0	100
1978	86.4	27.1	13.5	0.0	100
1979	83.7	29.6	13.2	0.0	100
1980	80.5	33.4	13.9	0.0	100
1981	83.3	29.9	13.1	0.0	100
1982	84.9	25.8	10.7	0.0	100
1983	85.8	28.5	14.3	0.0	100
1984	84.4	31.1	15.5	0.0	100
1985	82.6	31.4	14.1	0.0	100
1986	83.1	31.5	14.6	0.0	100
1987	81.4	33.2	14.7	0.0	100

1) Bzw. statistische Differenzen.
Quelle: Datenbank RGW-Energie des DIW.

5.5.2.
Struktur des Primärenergieverbrauchs in Rumänien
nach Energieträgern von 1970 bis 1987

Jahr	Braun- kohlen 1)	Stein- kohlen 2)	Mineral- öle	Erdgas	Strom 3)	Kern- energie	Ins- gesamt
			Anteile in vH				
1970	7.0	13.8	26.2	52.7	0.3	0.0	100
1971	6.5	13.4	27.0	52.2	0.9	0.0	100
1972	7.3	12.5	26.9	50.8	2.6	0.0	100
1973	7.1	13.6	27.9	49.0	2.4	0.0	100
1974	7.9	13.2	25.3	50.0	3.6	0.0	100
1975	7.3	12.9	25.4	51.1	3.3	0.0	100
1976	6.4	12.2	26.7	51.4	3.3	0.0	100
1977	6.5	11.4	28.6	48.9	4.5	0.0	100
1978	6.8	11.8	30.8	46.3	4.2	0.0	100
1979	7.7	11.4	30.9	45.3	4.8	0.0	100
1980	7.3	12.5	28.7	45.7	5.7	0.0	100
1981	7.7	14.1	25.0	47.8	5.4	0.0	100
1982	8.4	12.1	25.1	49.4	5.0	0.0	100
1983	9.8	12.3	22.5	50.1	5.2	0.0	100
1984	9.2	13.8	21.1	49.8	6.0	0.0	100
1985	9.6	13.0	22.3	49.0	6.1	0.0	100
1986	9.9	13.8	19.6	51.0	5.6	0.0	100
1987	10.8	14.1	19.5	49.7	5.8	0.0	100

1) Braunkohle, Braunkohlenbriketts.
2) Steinkohle, Steinkohlenkoks.
3) Wasserkraft, Außenhandelssaldo.
Quelle: Datenbank RGW-Energie des DIW.

5.5.3.
Primärenergieverbrauch in Rumänien und seine Deckung durch
Eigenaufkommen und Importe aus der UdSSR von 1970 bis 1987

Jahr	Braun- kohlen	Stein- kohlen	Mineral- öle	Erdgas	Primär- strom	Ins- gesamt
	Anteil der Gewinnung im Inland in vH					
1970	100.0	60.1	130.3	100.9	714.6	104.7
1971	100.0	61.6	122.5	100.9	335.4	103.5
1972	100.0	60.3	118.4	100.9	182.8	102.6
1973	100.0	55.0	105.6	100.8	188.7	97.9
1974	100.0	55.8	116.7	100.8	138.5	100.2
1975	100.0	54.4	108.3	100.7	140.4	97.9
1976	100.0	51.4	95.8	100.7	121.9	94.0
1977	100.0	54.0	87.2	100.7	101.4	91.5
1978	100.0	51.2	71.4	100.7	115.6	86.4
1979	100.0	57.7	63.6	98.6	106.8	83.7
1980	100.0	49.6	61.0	96.1	96.8	80.5
1981	100.0	45.0	70.4	96.6	101.2	83.3
1982	100.0	46.4	71.8	89.1	103.0	81.2
1983	100.0	48.5	77.6	96.2	82.4	85.8
1984	100.0	45.0	78.5	95.6	78.7	84.4
1985	100.0	48.1	68.1	95.6	78.5	82.6
1986	100.0	45.8	73.9	94.0	78.3	83.1
1987	100.0	46.9	69.9	92.0	78.9	81.4
	Anteil der Importe aus der UdSSR in vH					
1970	0.0	14.7	0.0	0.0	0.0	2.0
1971	0.0	17.0	0.0	0.0	0.6	2.3
1972	0.0	18.9	0.0	0.0	0.2	2.4
1973	0.0	19.1	0.0	0.0	0.4	2.6
1974	0.0	16.8	0.0	0.0	0.6	2.2
1975	0.0	15.1	0.0	0.0	0.5	2.0
1976	0.0	14.1	0.0	0.0	1.9	1.8
1977	0.0	17.1	0.0	0.0	0.8	2.0
1978	0.0	10.0	0.0	0.0	0.1	1.2
1979	0.0	10.2	1.6	2.1	0.5	2.6
1980	0.0	12.7	7.6	4.5	1.0	5.9
1981	0.0	9.2	18.5	4.0	2.2	8.0
1982	0.0	9.3	1.9	4.0	3.0	3.7
1983	0.0	11.0	6.8	4.3	2.9	5.2
1984	0.0	12.5	11.2	4.5	4.8	6.6
1985	0.0	9.5	13.0	4.4	13.2	7.1
1986	0.0	15.9	41.5	6.0	19.9	14.5
1987	0.0	15.2	42.3	8.0	30.2	16.1

Quelle: Datenbank RGW-Energie des DIW.

5.5.4.
Entwicklung von Primärenergieverbrauch und produziertem Nationaleinkommen in Rumänien von 1970 bis 1987

Jahr	Veränderung gegenüber dem Vorjahr in vH		Primär-energie-verbrauch in GJ je Einwohner
	Primärenergie-verbrauch	National-einkommen	
1970	0.1	6.6	79
1971	6.4	13.1	84
1972	6.5	10.4	88
1973	9.2	10.5	96
1974	1.0	12.5	96
1975	8.2	9.8	102
1976	8.2	11.3	110
1977	2.2	8.7	111
1978	6.3	7.4	117
1979	0.6	6.2	117
1980	4.8	2.9	121
1981	0.6	2.0	121
1982	-1.6	2.8	119
1983	1.9	3.8	121
1984	4.0	7.6	125
1985	2.1	5.8	127
1986	-0.8	7.4	126
1987	-0.2	4.7	125

Quellen: Datenbank RGW-Energie des DIW
         Statistisches Jahrbuch Rumäniens.

5.6.
Heizwerte der Energieträger und Faktoren für die
Umrechnung von spezifischen Mengeneinheiten in
Wärmeeinheiten zur Energiebilanz Rumäniens

Energieträger	Zeitraum	Gewinnung	Import	Export
		kJ/kg		
Braunkohle	1970-1979	8000	–	–
	1980-1987	7300	–	–
Steinkohle	1970-1987	20808	23446	–
Steinkohlenkoks	1970-1987	–	27842	–
Rohöl	1970-1987	41031	41910	41910
Mineralöl	1970-1987	–	41910	41910
Erdgas	1970-1987	31700	34876	39858
Erdölgas	1970-1987	41800	–	–
Primärstrom	1970-1987	11723	11723	11723
		kcal/kg		
Braunkohle	1970-1979	1910	–	–
	1980-1987	1743	–	–
Steinkohle	1970-1987	4969	5599	–
Steinkohlenkoks	1970-1987	–	6649	–
Rohöl	1970-1987	9798	10008	10008
Mineralöl	1970-1987	–	10008	10008
Erdgas	1970-1987	7570	8328	9518
Erdölgas	1970-1987	9982	–	–
Primärstrom	1970-1987	2799	2799	2799
		SKE-Faktor		
Braunkohle	1970-1979	0.27	–	–
	1980-1987	0.25	–	–
Steinkohle	1970-1987	0.71	0.80	–
Steinkohlenkoks	1970-1987	–	0.95	–
Rohöl	1970-1987	1.40	1.43	1.43
Mineralöl	1970-1987	–	1.43	1.43
Erdgas	1970-1987	1.08	1.19	1.36
Erdölgas	1970-1987	1.43	–	–
Primärstrom	1970-1987	0.40	0.40	0.40

Quelle: Datenbank RGW-Energie des DIW.

6.1.
Primärenergiegewinnung im RGW (6) nach Energieträgern
von 1970 bis 1987

Jahr	Braun-kohlen	Stein-kohlen	Erdöl	Erdgas	Wasser-kraft	Ins-gesamt
	Mill. t	Mill. t	Mill. t	Mrd. m3	Mrd. KWh	P J
1970	442	180	16	36	10	10841
1971	445	186	17	40	11	11138
1972	437	190	17	44	14	11285
1973	434	196	17	48	14	11503
1974	432	201	18	50	17	11697
1975	442	211	18	53	17	12010
1976	442	218	18	59	16	12313
1977	455	225	18	62	20	12635
1978	459	232	17	61	20	12878
1979	466	241	15	58	21	13008
1980	470	233	14	57	24	12583
1981	478	202	14	59	23	11934
1982	496	227	14	60	21	12676
1983	512	229	14	62	20	12884
1984	540	229	14	65	20	13230
1985	561	229	13	65	21	13335
1986	574	229	13	65	19	13347
1987	582	230	12	63	21	13364
			in P J			
1970	4382	4438	676	1224	121	10841
1971	4427	4588	691	1301	132	11138
1972	4349	4687	701	1384	165	11285
1973	4306	4836	707	1487	167	11503
1974	4287	4966	719	1525	199	11697
1975	4368	5080	723	1637	203	12010
1976	4323	5262	728	1808	192	12313
1977	4454	5419	724	1808	229	12635
1978	4499	5587	681	1878	233	12878
1979	4558	5809	620	1776	246	13008
1980	4522	5453	586	1747	276	12583
1981	4544	4730	592	1798	268	11934
1982	4692	5326	593	1820	245	12676
1983	4833	5364	585	1872	230	12884
1984	5086	5372	577	1957	236	13230
1985	5255	5308	549	1982	242	13335
1986	5325	5299	524	1974	226	13347
1987	5389	5330	496	1906	243	13364

Quelle: Datenbank RGW-Energie des DIW.

6.2.1.
Einfuhr des RGW (6) von Energieträgern
von 1970 bis 1987

Jahr	Braun-kohlen	Stein-kohlen	davon: Stein-kohle	Stein-kohlen koks	Rohöl/ Mineral-öl	Erdgas	Strom	Kern-energie	Ins-gesamt
	Mill. t	Mill. t	Mill. t	Mill. t	Mill. t	Mrd. m3	Mrd. KWh	Mrd. KWh	P J
1970	5.7	29.2	21.8	7.4	47.0	2.7	10.1	0.5	2956
1971	5.0	31.0	23.6	7.3	52.4	3.5	12.9	0.4	3277
1972	5.2	30.1	22.7	7.4	61.4	3.7	14.7	0.4	3656
1973	6.0	33.0	25.0	8.0	69.6	5.1	17.4	0.6	4160
1974	6.3	30.7	23.3	7.4	71.3	8.7	17.9	3.6	4338
1975	4.5	30.6	23.3	7.3	77.3	11.6	17.4	5.5	4680
1976	4.0	30.3	22.8	7.6	85.7	14.0	17.8	10.7	5167
1977	4.3	30.8	24.3	6.5	91.0	15.5	19.3	11.2	5472
1978	4.3	30.6	25.1	5.5	99.2	16.3	22.7	13.9	5898
1979	3.9	32.9	27.1	5.8	102.0	22.1	25.2	18.1	6351
1980	2.5	33.3	25.4	7.9	104.2	29.7	25.5	22.6	6679
1981	2.2	32.2	24.7	7.5	96.2	30.1	25.3	26.2	6363
1982	2.1	30.2	24.3	5.9	90.2	31.3	26.3	27.7	6126
1983	1.4	29.9	25.0	4.9	93.6	32.4	29.2	30.4	6347
1984	1.3	30.4	25.3	5.1	94.9	33.9	32.8	36.0	6574
1985	1.5	33.6	28.1	5.5	94.4	34.2	39.0	43.3	6798
1986	1.3	35.3	29.9	5.5	93.7	38.8	36.4	47.0	6980
1987	1.3	34.8	29.6	5.1	93.1	41.0	41.2	55.3	7163
in P J									
1970	55	729	525	204	1955	95	117	5	2956
1971	49	768	567	202	2184	121	151	4	3277
1972	50	748	545	203	2555	128	170	4	3656
1973	57	824	602	221	2896	176	201	6	4160
1974	60	760	558	202	2968	303	208	39	4338
1975	45	756	555	201	3214	401	202	61	4680
1976	40	750	542	208	3566	486	206	117	5167
1977	43	757	578	179	3788	539	222	123	5472
1978	43	747	595	152	4132	565	260	150	5898
1979	39	809	650	158	4249	768	289	197	6351
1980	27	823	606	217	4340	954	291	244	6679
1981	24	792	586	206	4003	967	289	286	6363
1982	23	737	575	162	3753	1007	300	306	6126
1983	17	725	589	136	3893	1043	334	335	6347
1984	17	736	596	141	3950	1091	377	402	6574
1985	19	814	663	151	3929	1100	451	485	6798
1986	17	861	710	150	3901	1251	419	532	6980
1987	17	846	705	142	3877	1324	470	628	7163

Quelle: Datenbank RGW-Energie des DIW.

235

6.2.2.
Einfuhr des RGW (6) von Energieträgern aus der UdSSR
von 1970 bis 1987

Jahr	Braun- kohle	Stein- kohle	Stein- kohlen- koks	Mineral- öle	dar.: Erdöl 1)	Erdgas	Strom	Kern- energie	Ins- gesamt
	Mill. t	Mill. t	Mill. t	Mill. t	Mill. t	Mrd. m3	Mrd. KWh	Mrd. KWh	P J
1970	0.0	12.9	3.1	40.3	34.4	2.5	4.7	0.5	2214
1971	0.1	14.6	3.3	43.8	38.5	3.1	5.9	0.4	2444
1972	0.0	14.5	3.3	49.3	44.4	3.4	6.4	0.4	2685
1973	0.0	14.3	3.4	55.3	49.7	4.1	8.4	0.6	2978
1974	0.0	14.6	3.2	58.7	53.4	8.5	9.0	3.6	3318
1975	0.0	14.8	3.2	63.3	58.3	11.2	9.8	5.5	3636
1976	0.0	14.7	3.2	68.4	62.3	13.4	10.5	10.7	3988
1977	0.0	14.4	3.1	71.5	65.3	15.3	10.0	11.2	4170
1978	0.0	13.5	2.3	75.2	68.6	16.0	10.5	13.9	4341
1979	0.0	14.1	2.1	77.8	70.8	21.9	12.5	18.1	4728
1980	0.0	13.7	3.0	79.4	72.0	29.5	16.5	22.6	5090
1981	0.0	13.5	2.9	79.5	72.5	29.9	17.1	26.2	5148
1982	0.0	14.3	2.1	70.4	65.6	31.1	17.2	27.7	4827
1983	0.0	15.4	2.1	69.2	64.4	32.2	17.6	30.4	4873
1984	0.0	15.0	2.4	71.0	66.1	33.8	14.4	36.0	5028
1985	0.0	15.7	2.2	71.4	66.1	34.2	24.5	43.3	5268
1986	0.0	18.5	2.5	77.9	72.4	37.3	23.6	47.0	5762
1987	0.0	17.2	2.5	78.1	72.5	39.3	28.6	55.3	5959
					in P J				
1970	0	306	85	1675	1430	87	55	5	2214
1971	1	345	91	1824	1601	109	69	4	2444
1972	0	343	91	2051	1845	120	76	4	2685
1973	0	338	93	2300	2065	142	99	6	2978
1974	0	348	89	2442	2221	295	106	39	3318
1975	0	352	87	2632	2422	390	114	61	3636
1976	0	349	88	2843	2589	467	123	117	3988
1977	0	341	85	2972	2715	531	117	123	4170
1978	0	318	63	3129	2853	557	123	150	4341
1979	0	332	57	3234	2943	761	147	197	4728
1980	0	323	83	3302	2994	948	190	244	5090
1981	0	318	79	3307	3014	961	197	286	5148
1982	0	335	59	2927	2725	1001	199	306	4827
1983	0	361	58	2878	2677	1037	203	335	4873
1984	0	351	66	2953	2748	1089	166	402	5028
1985	0	368	60	2971	2751	1099	284	485	5268
1986	0	438	68	3244	3010	1205	274	532	5762
1987	0	406	69	3251	3015	1272	332	628	5959

1) Vgl. Tabelle 3.2.2.
Quelle: Datenbank RGW-Energie des DIW.

6.3.
Ausfuhr des RGW (6) von Energieträgern
von 1970 bis 1987

Jahr	Braun-kohle	Stein-kohle	Stein-kohlen-koks	öl-produkte 1)	Erdgas	Strom	Ins-gesamt
	Mill. t	Mill. t	Mill. t	Mill. t	Mrd. m 3	Mrd. KWh	P J
1970	9.0	31.8	4.8	9.0	0.3	5.7	1560
1971	7.6	33.9	4.7	8.1	0.3	7.2	1557
1972	7.9	36.0	4.8	9.3	0.3	8.3	1728
1973	8.5	39.5	5.5	8.4	0.3	9.2	1812
1974	9.1	43.9	5.6	8.9	0.2	9.4	1979
1975	7.4	42.4	5.4	9.4	0.2	7.9	1894
1976	7.0	43.0	5.2	12.7	0.3	7.3	2014
1977	7.3	42.9	4.8	11.9	0.3	8.7	1973
1978	7.1	44.3	4.1	12.5	0.3	12.1	2038
1979	6.4	45.8	4.0	12.3	0.3	12.1	2059
1980	5.9	35.6	3.2	17.3	0.3	10.1	1986
1981	6.7	18.6	2.7	15.5	0.2	10.4	1553
1982	6.7	32.3	3.0	15.5	0.5	14.2	1946
1983	6.2	39.0	2.9	19.7	0.5	15.0	2349
1984	6.6	46.7	3.1	20.9	0.1	18.6	2659
1985	6.3	40.1	2.8	19.7	0.0	17.1	2373
1986	6.2	38.1	2.5	19.0	0.4	15.7	2273
1987	5.8	34.3	3.3	18.2	0.0	15.7	2119

in P J

Jahr	Braun-kohle	Stein-kohle	Stein-kohlen-koks	öl-produkte	Erdgas	Strom	Ins-gesamt
1970	124	794	133	431	11	66	1560
1971	101	846	132	382	13	83	1557
1972	101	900	133	486	12	97	1728
1973	104	988	152	449	12	108	1812
1974	113	1098	155	496	10	109	1979
1975	97	1033	152	512	9	91	1894
1976	92	1047	146	634	10	84	2014
1977	94	1044	133	592	10	99	1973
1978	91	1079	114	606	12	136	2038
1979	82	1113	110	605	11	138	2059
1980	85	840	90	847	10	114	1986
1981	98	438	74	816	9	118	1553
1982	101	760	83	825	17	161	1946
1983	100	920	80	1063	17	170	2349
1984	111	1101	86	1147	2	211	2659
1985	102	933	78	1066	1	194	2373
1986	102	885	71	1026	11	178	2273
1987	94	797	91	958	0	178	2119

1) Erdöl und Erdölprodukte.
Quelle: Datenbank RGW-Energie des DIW.

6.4.1.
Aufkommen von Braunkohlen im RGW (6)
von 1970 bis 1987

Jahr	Förderung	Einfuhr	Ausfuhr	Bestands- verän- derungen	Inlands- ver- brauch
	Mill. t				
1970	442.2	5.7	9.0	1.1	440.0
1971	445.4	5.0	7.6	0.0	442.8
1972	437.2	5.2	7.8	0.0	434.6
1973	434.2	6.0	8.5	0.0	431.7
1974	431.8	6.3	9.1	0.0	428.9
1975	442.0	4.5	7.4	-1.5	437.6
1976	441.9	4.0	7.0	2.5	441.5
1977	454.7	4.3	7.3	1.1	452.9
1978	459.2	4.3	7.1	2.0	458.5
1979	465.6	3.9	6.4	-2.9	460.2
1980	469.5	2.5	5.9	-3.0	463.1
1981	478.1	2.2	6.7	1.2	474.9
1982	496.5	2.1	6.7	0.1	492.0
1983	512.2	1.4	6.2	2.7	510.2
1984	540.0	1.3	6.6	4.5	539.2
1985	560.7	1.5	6.3	-8.6	547.2
1986	573.5	1.3	6.2	-2.1	566.6
1987	582.1	1.3	5.8	3.7	581.3
	i n P J 1)				
1970	4382	55	124	10	4322
1971	4426	49	101	0	4374
1972	4348	50	101	0	4298
1973	4306	57	104	0	4259
1974	4287	60	113	0	4234
1975	4368	45	97	-13	4303
1976	4323	40	92	22	4294
1977	4454	43	94	10	4412
1978	4499	43	91	18	4468
1979	4558	39	82	-26	4488
1980	4523	27	85	-34	4430
1981	4545	24	98	15	4486
1982	4692	23	101	0	4614
1983	4833	17	100	26	4776
1984	5086	17	111	38	5030
1985	5255	19	102	-76	5095
1986	5324	17	102	-21	5218
1987	5389	17	94	15	5326

1) Heizwerte vgl. Ländertabellen.
Quelle: Datenbank RGW-Energie des DIW.

6.4.2.
Aufkommen von Steinkohlen im RGW (6)
von 1970 bis 1987

Jahr	Gewinn- ung	Einfuhr Stein- kohle	Einfuhr Stein- kohlen- koks	Ausfuhr Stein- kohle	Ausfuhr Stein- kohlen- koks	Be- stands- verände- rung	Inlands- ver- brauch 1)
			Mill. t				
1970	180.3	21.8	7.4	31.8	4.8	-0.8	172.2
1971	186.3	23.6	7.3	33.9	4.7	0.0	178.6
1972	190.1	22.7	7.4	36.0	4.8	0.0	179.4
1973	196.1	25.0	8.0	39.5	5.5	0.0	184.1
1974	201.2	23.3	7.4	43.9	5.6	0.0	182.4
1975	211.0	23.3	7.3	42.4	5.4	-0.2	193.5
1976	218.4	22.8	7.6	43.0	5.2	0.8	201.3
1977	224.8	24.3	6.5	42.9	4.8	0.3	208.3
1978	231.6	25.1	5.5	44.3	4.1	1.2	215.0
1979	240.9	27.1	5.8	45.8	4.0	0.5	224.5
1980	232.7	25.4	7.9	35.6	3.2	-5.0	222.2
1981	202.1	24.7	7.5	18.6	2.7	-0.9	212.3
1982	227.2	24.3	5.9	32.3	3.0	2.5	224.8
1983	228.9	25.0	4.9	39.0	2.9	2.6	219.5
1984	229.3	25.3	5.1	46.7	3.1	-1.0	208.9
1985	229.4	28.1	5.5	40.1	2.8	-1.6	218.4
1986	229.0	29.9	5.5	38.1	2.5	-2.8	220.9
1987	230.4	29.6	5.1	34.3	3.3	-3.8	223.8
			in P J 2)				
1970	4438	525	204	794	133	-18	4221
1971	4587	567	201	846	132	0	4378
1972	4687	545	203	900	133	0	4402
1973	4837	603	221	988	152	0	4521
1974	4966	558	202	1098	155	0	4474
1975	5080	555	201	1033	152	-5	4646
1976	5262	542	208	1047	146	21	4840
1977	5419	578	178	1044	133	8	5007
1978	5586	595	152	1079	114	30	5170
1979	5808	650	158	1113	110	9	5402
1980	5453	606	217	840	90	-117	5228
1981	4730	586	206	438	74	-21	4990
1982	5326	575	162	760	83	58	5279
1983	5364	589	136	920	80	61	5150
1984	5372	596	141	1101	86	-22	4899
1985	5308	663	151	933	78	-37	5074
1986	5298	710	150	886	71	-67	5135
1987	5331	705	142	797	91	-95	5194

1) Steinkohle, Steinkohlenkoks.
2) Heizwerte vgl. Ländertabellen.
Quelle: Datenbank RGW-Energie des DIW.

6.4.3.
Aufkommen von Mineralöl und Erdgas im RGW (6)
von 1970 bis 1987

Jahr	Mineralöl							Erdgas			
	Gewinn-ung	Einfuhr Erdöl	Erdöl-produkte	Ausfuhr Erdöl	Erdöl-produkte	Bestands-verän-derungen	Inlands-verbrauch	Gewinn-ung	Ein-fuhr	Aus-fuhr	Inlands-verbrauch
		Mill. t							Mrd. m 3		
1970	16.5	39.5	7.5	0.4	9.8	0.0	53.2	36.4	2.7	0.3	38.9
1971	16.8	45.6	6.8	0.3	8.9	0.0	60.2	39.9	3.5	0.3	43.1
1972	17.1	54.3	7.1	0.7	10.9	0.0	66.9	43.8	3.7	0.3	47.1
1973	17.2	61.7	7.9	0.8	9.9	0.0	76.1	48.1	5.1	0.3	52.9
1974	17.5	63.7	7.7	0.3	11.6	0.0	77.0	49.9	8.7	0.2	58.4
1975	17.6	70.1	7.1	0.3	11.9	0.0	82.6	53.2	11.6	0.2	64.5
1976	17.7	78.3	7.4	1.0	14.2	0.0	88.3	59.2	14.0	0.3	73.0
1977	17.7	82.9	8.1	1.7	12.5	0.0	94.5	59.0	15.5	0.3	74.3
1978	16.6	90.7	8.6	2.2	12.3	0.0	101.3	61.4	16.3	0.3	77.4
1979	15.1	93.1	9.0	2.2	12.3	0.0	102.7	58.2	22.1	0.3	80.1
1980	14.3	94.9	9.3	4.8	15.5	0.4	98.5	56.8	29.7	0.3	86.3
1981	14.4	87.7	8.5	4.6	15.0	0.1	91.2	59.4	30.1	0.2	89.2
1982	14.5	83.1	7.1	6.9	12.9	-0.3	84.6	60.0	31.3	0.5	90.8
1983	14.3	86.3	7.3	7.2	18.4	-0.1	82.3	62.4	32.4	0.5	94.2
1984	14.1	87.6	7.4	8.0	19.5	-0.7	80.8	65.2	33.9	0.1	99.1
1985	13.4	86.6	7.8	6.8	18.8	0.0	82.2	65.5	34.2	0.0	99.6
1986	12.8	86.0	7.8	5.5	19.1	0.0	81.9	65.0	38.8	0.4	103.5
1987	12.1	86.0	7.2	4.2	18.7	0.0	82.3	62.9	41.0	0.0	103.9
		in P J									
1970	676	1641	314	18	412	0	2201	1224	95	11	1307
1971	691	1897	286	10	372	0	2492	1301	121	13	1409
1972	701	2259	297	29	457	0	2771	1384	128	12	1499
1973	707	2566	330	33	417	0	3154	1486	176	12	1651
1974	719	2647	321	11	484	0	3192	1525	303	10	1819
1975	723	2916	299	14	498	0	3425	1637	401	9	2029
1976	728	3258	309	39	595	0	3660	1808	486	10	2284
1977	724	3450	338	69	523	0	3920	1808	539	10	2336
1978	681	3772	360	89	517	0	4207	1879	565	12	2432
1979	620	3873	376	88	516	0	4264	1776	768	11	2533
1980	586	3951	389	198	649	15	4094	1746	954	10	2691
1981	592	3648	355	189	627	5	3784	1798	967	9	2756
1982	593	3457	296	284	541	-11	3509	1820	1007	17	2811
1983	585	3587	306	294	769	-3	3412	1872	1043	17	2899
1984	578	3641	309	327	819	-28	3354	1957	1091	2	3047
1985	549	3601	328	280	786	0	3412	1981	1100	1	3081
1986	524	3575	326	224	802	0	3400	1974	1251	11	3214
1987	496	3578	300	173	785	0	3416	1904	1324	0	3228

Quelle: Datenbank RGW-Energie des DIW.

240

6.4.4.
Aufkommen von Primärenergie im RGW (6)
von 1970 bis 1987

Jahr	Förderung	Einfuhr	Ausfuhr	Bestands-veränderungen 1)	Inlands-verbrauch
			in P J		
1970	10841	2956	1560	-8	12229
1971	11138	3277	1557	0	12857
1972	11285	3656	1728	0	13213
1973	11503	4160	1812	0	13852
1974	11697	4338	1979	0	14056
1975	12010	4680	1894	-18	14778
1976	12313	5167	2014	43	15509
1977	12635	5472	1973	18	16151
1978	12878	5898	2038	48	16786
1979	13008	6351	2059	-17	17283
1980	12583	6679	1986	-136	17140
1981	11934	6363	1553	-1	16742
1982	12676	6126	1946	47	16903
1983	12884	6347	2349	83	16966
1984	13230	6574	2659	-12	17132
1985	13335	6798	2373	-113	17647
1986	13347	6980	2273	-88	17967
1987	13362	7163	2119	-80	18326
			Anteile in vH		
1970	88.7	24.2	12.8	-0.1	100
1971	86.6	25.5	12.1	0.0	100
1972	85.4	27.7	13.1	0.0	100
1973	83.0	30.0	13.1	0.0	100
1974	83.2	30.9	14.1	0.0	100
1975	81.3	31.7	12.8	-0.1	100
1976	79.4	33.3	13.0	0.3	100
1977	78.2	33.9	12.2	0.1	100
1978	76.7	35.1	12.1	0.3	100
1979	75.3	36.7	11.9	-0.1	100
1980	73.4	39.0	11.6	-0.8	100
1981	71.3	38.0	9.3	0.0	100
1982	75.0	36.2	11.5	0.3	100
1983	75.9	37.4	13.8	0.5	100
1984	77.2	38.4	15.5	-0.1	100
1985	75.6	38.5	13.4	-0.6	100
1986	74.3	38.9	12.6	-0.5	100
1987	72.9	39.1	11.6	-0.4	100

1) Bzw. statistische Differenzen.
Quelle: Datenbank RGW-Energie des DIW.

6.5.1.
Primärenergieverbrauch im RGW (6) nach Energieträgern
von 1970 bis 1987

Jahr	Braun-kohlen 1)	Stein-kohlen 2)	Mineral-öle	Erdgas	Strom 3)	Kern-energie	Ins-gesamt
	Mill. t			Mrd. m3	Mrd. KWh		P J
1970	440.8	172.2	53.2	38.9	14.8	0.5	12229
1971	442.8	178.6	60.2	43.1	17.1	0.4	12857
1972	434.6	179.4	66.9	47.1	20.4	0.4	13212
1973	431.7	184.1	76.1	52.9	22.4	0.6	13851
1974	428.9	182.4	77.0	58.4	25.5	3.6	14055
1975	437.6	193.5	82.6	64.5	26.9	5.5	14778
1976	441.5	201.3	88.3	73.0	26.9	10.7	15509
1977	452.9	208.3	94.5	74.3	30.1	11.2	16151
1978	458.5	215.0	101.3	77.4	30.6	13.9	16785
1979	460.2	224.5	102.7	80.1	34.1	18.1	17283
1980	463.1	222.2	98.5	86.3	38.9	22.6	17139
1981	474.9	212.3	91.2	89.2	37.9	26.2	16743
1982	492.0	224.8	84.6	90.8	33.0	27.7	16903
1983	510.2	219.5	82.3	94.2	33.8	30.4	16966
1984	539.2	208.9	80.8	99.1	39.7	36.0	17133
1985	547.2	218.4	82.2	99.6	42.6	43.3	17647
1986	566.6	220.9	81.9	103.5	40.1	47.0	17967
1987	581.3	223.8	82.3	104.0	46.1	55.3	18326
	in P J						
1970	4322	4221	2201	1307	173	5	12229
1971	4374	4378	2492	1409	200	4	12857
1972	4298	4402	2771	1499	238	4	13212
1973	4259	4520	3154	1651	261	6	13851
1974	4234	4474	3192	1819	298	39	14055
1975	4303	4646	3425	2029	314	61	14778
1976	4294	4840	3660	2284	314	117	15509
1977	4412	5007	3920	2336	352	123	16151
1978	4468	5170	4207	2432	357	150	16785
1979	4488	5402	4264	2533	397	197	17283
1980	4430	5228	4094	2691	453	244	17139
1981	4486	4990	3784	2756	441	286	16743
1982	4614	5279	3509	2811	384	306	16903
1983	4776	5150	3412	2899	394	335	16966
1984	5030	4899	3354	3047	402	402	17133
1985	5095	5074	3412	3081	499	485	17647
1986	5218	5135	3400	3214	467	532	17967
1987	5326	5194	3416	3228	533	628	18326

1) Braunkohle, Braunkohlenbriketts.
2) Steinkohle, Steinkohlenkoks.
3) Wasserkraft, Außenhandelssaldo.
Quelle: Datenbank RGW-Energie des DIW.

6.5.2.
Struktur des Primärenergieverbrauchs im RGW (6)
nach Energieträgern von 1970 bis 1987

Jahr	Braun- kohlen 1)	Stein- kohlen 2)	Mineral- öle	Erdgas	Strom 3)	Kern- energie	Ins- gesamt
			Anteile in vH				
1970	35.3	34.5	18.0	10.7	1.4	0.0	100
1971	34.0	34.0	19.4	11.0	1.6	0.0	100
1972	32.5	33.3	21.0	11.3	1.8	0.0	100
1973	30.7	32.6	22.8	11.9	1.9	0.0	100
1974	30.1	31.8	22.7	12.9	2.1	0.3	100
1975	29.1	31.4	23.2	13.7	2.1	0.4	100
1976	27.7	31.2	23.6	14.7	2.0	0.8	100
1977	27.3	31.0	24.3	14.5	2.2	0.8	100
1978	26.6	30.8	25.1	14.5	2.1	0.9	100
1979	26.0	31.3	24.7	14.7	2.3	1.1	100
1980	25.8	30.5	23.9	15.7	2.6	1.4	100
1981	26.8	29.8	22.6	16.5	2.6	1.7	100
1982	27.3	31.2	20.8	16.6	2.3	1.8	100
1983	28.2	30.4	20.1	17.1	2.3	2.0	100
1984	29.4	28.6	19.6	17.8	2.3	2.3	100
1985	28.9	28.8	19.3	17.5	2.8	2.8	100
1986	29.0	28.6	18.9	17.9	2.6	3.0	100
1987	29.1	28.3	18.6	17.6	2.9	3.4	100

1) Braunkohle, Braunkohlenbriketts.
2) Steinkohle, Steinkohlenkoks.
3) Wasserkraft, Außenhandelssaldo.
Quelle: Datenbank RGW-Energie des DIW.

6.5.3.
Primärenergieverbrauch im RGW (6) und seine Deckung durch
Eigenaufkommen und Importe aus der UdSSR von 1970 bis 1987

Jahr	Braun- kohlen	Stein- kohlen	Mineral- öle	Erdgas	Primär- strom	Ins- gesamt
	Anteil der Gewinnung im Inland in vH					
1970	101.4	105.1	30.7	93.6	68.0	88.6
1971	101.2	104.8	27.7	92.3	64.7	86.6
1972	101.2	106.5	25.3	92.3	68.2	85.4
1973	101.1	107.0	22.4	90.1	62.5	83.0
1974	101.3	111.0	22.5	83.8	59.1	83.2
1975	101.5	109.3	21.1	80.7	54.1	81.3
1976	100.7	108.7	19.9	79.2	44.5	79.4
1977	101.0	108.2	18.5	77.4	48.2	78.2
1978	100.7	108.1	16.2	77.2	46.0	76.7
1979	101.6	107.5	14.5	70.1	41.4	75.3
1980	102.1	104.3	14.3	64.9	39.6	73.4
1981	101.3	94.8	15.6	65.2	36.9	71.3
1982	101.7	100.9	16.9	64.7	35.5	75.0
1983	101.2	104.2	17.1	64.6	31.6	75.9
1984	101.1	109.7	17.2	64.2	29.4	77.2
1985	103.1	104.6	16.1	64.3	24.6	75.6
1986	102.1	103.2	15.4	61.4	22.6	74.3
1987	101.2	102.6	14.5	59.0	20.9	72.9
	Anteil der Importe aus der UdSSR in vH					
1970	0.0	9.3	76.1	6.7	33.7	18.1
1971	0.0	10.0	73.2	7.7	35.8	19.0
1972	0.0	9.9	74.0	8.0	33.1	20.3
1973	0.0	9.5	72.9	8.6	39.3	21.5
1974	0.0	9.8	76.5	16.2	43.0	23.6
1975	0.0	9.4	76.8	19.2	46.7	24.6
1976	0.0	9.0	77.7	20.4	55.7	25.7
1977	0.0	8.5	75.8	22.7	50.5	25.8
1978	0.0	7.4	74.4	22.9	53.8	25.9
1979	0.0	7.2	75.8	30.0	57.9	27.4
1980	0.0	7.8	80.7	35.2	62.3	29.7
1981	0.0	8.0	87.4	34.9	66.4	30.7
1982	0.0	7.5	83.4	35.6	73.2	28.6
1983	0.0	8.1	84.3	35.8	73.8	28.7
1984	0.0	8.5	88.0	35.7	70.6	29.3
1985	0.0	8.4	87.1	35.7	78.2	29.9
1986	0.0	9.9	95.4	37.5	80.7	32.1
1987	0.0	9.1	95.2	39.4	82.7	32.5

Quelle: Datenbank RGW-Energie des DIW.

7.1.
Primärenergiegewinnung Ungarns nach Energieträgern
von 1970 bis 1987

Jahr	Braun-kohlen	Stein-kohlen	Erdöl	Erdgas	Wasser-kraft	Ins-gesamt
	Mill. t	Mill. t	Mill. t	Mrd. m3	Mrd. KWh	P J
1970	23.7	4.2	1.9	3.5	0.1	585.0
1971	23.5	3.9	2.0	3.7	0.1	587.1
1972	22.2	3.7	2.0	4.1	0.1	580.3
1973	23.4	3.4	2.0	4.8	0.1	614.7
1974	22.6	3.2	2.0	5.1	0.1	610.2
1975	21.9	3.0	2.0	5.2	0.2	573.6
1976	22.3	2.9	2.1	6.1	0.2	614.2
1977	22.5	2.9	2.2	6.6	0.1	636.7
1978	22.7	3.0	2.2	7.3	0.1	665.4
1979	22.7	3.0	2.0	6.5	0.1	629.9
1980	22.6	3.1	2.0	6.1	0.1	590.5
1981	22.9	3.1	2.0	6.0	0.2	572.9
1982	23.0	3.0	2.0	6.6	0.2	594.5
1983	22.4	2.8	2.0	6.5	0.2	578.0
1984	22.5	2.6	2.0	6.9	0.2	587.7
1985	21.4	2.6	2.0	7.5	0.2	595.8
1986	20.8	2.3	2.0	7.1	0.2	571.5
1987	20.5	2.4	1.9	7.1	0.2	565.9
			in P J			
1970	291.3	91.3	79.4	122.0	1.0	585.0
1971	288.8	86.7	80.2	130.3	1.1	587.1
1972	272.7	80.8	81.1	144.5	1.3	580.3
1973	287.5	75.0	81.5	169.6	1.2	614.7
1974	277.4	70.6	81.9	179.4	0.9	610.2
1975	243.8	63.4	82.2	182.3	1.9	573.6
1976	248.9	61.6	87.8	213.9	1.9	614.2
1977	251.2	61.4	89.8	232.5	1.7	636.7
1978	253.3	62.0	90.1	258.4	1.6	665.4
1979	252.6	63.1	83.1	229.3	1.7	629.9
1980	228.6	61.3	83.3	216.0	1.3	590.5
1981	231.0	61.3	83.0	195.5	2.0	572.9
1982	232.7	60.8	83.1	216.0	1.9	594.5
1983	226.1	56.5	82.2	211.4	1.8	578.0
1984	227.0	51.5	82.3	224.8	2.1	587.7
1985	216.2	52.8	82.5	242.5	1.8	595.8
1986	210.1	46.5	82.2	230.9	1.8	571.5
1987	206.9	47.2	78.5	231.4	2.0	565.9

Quelle: Datenbank RGW-Energie des DIW.

7.2.1.
Einfuhr Ungarns von Energieträgern
von 1970 bis 1987

Jahr	Braun-kohlen	Stein-kohlen	davon: Stein-kohle	Stein-kohlen koks	Rohöl/ Mineral-öl	Erdgas	Strom	Kern-energie	Ins-gesamt
	Mill. t	Mill. t	Mill. t	Mill. t	Mill. t	Mrd. m3	Mrd. KWh	Mrd. KWh	P J
1970	0.4	3.5	2.2	1.3	5.3	0.2	3.4	0.0	360
1971	0.5	3.4	2.1	1.3	5.7	0.2	4.4	0.0	388
1972	0.4	3.1	1.9	1.2	6.8	0.2	4.8	0.0	427
1973	0.4	2.9	1.7	1.2	7.6	0.2	4.8	0.0	454
1974	0.5	2.8	1.6	1.2	7.9	0.2	4.7	0.0	466
1975	0.6	3.1	1.7	1.4	9.4	0.8	4.4	0.0	552
1976	0.5	3.0	1.5	1.5	9.8	1.2	4.5	0.0	580
1977	0.6	3.2	1.8	1.4	10.1	1.2	4.6	0.0	601
1978	0.5	2.8	1.6	1.2	11.9	1.2	4.7	0.0	669
1979	0.5	3.1	1.8	1.3	11.7	2.7	6.1	0.0	730
1980	0.5	3.3	1.8	1.5	10.3	4.0	8.4	0.0	737
1981	0.5	3.1	1.9	1.2	9.3	4.0	8.4	0.0	692
1982	0.5	2.9	2.2	0.7	10.4	3.9	8.6	0.0	727
1983	0.5	2.9	2.1	0.9	10.4	4.1	9.6	0.0	747
1984	0.6	2.8	1.9	0.9	10.4	3.8	10.2	3.8	789
1985	0.6	4.0	2.8	1.2	9.1	4.0	11.4	6.5	818
1986	0.6	3.9	2.6	1.3	9.3	4.8	10.8	7.4	850
1987	0.6	3.3	2.0	1.3	9.2	4.9	10.6	11.0	874
				in P J					
1970	7.8	86.7	51.7	34.9	219.1	6.9	40.0	0.0	360.5
1971	9.4	85.8	49.4	36.4	234.5	7.2	51.4	0.0	388.3
1972	7.8	78.1	43.9	34.2	278.6	6.9	55.9	0.0	427.2
1973	7.3	72.3	38.7	33.6	310.6	6.9	56.7	0.0	453.8
1974	9.1	71.9	38.4	33.5	323.5	6.9	54.6	0.0	466.1
1975	9.7	78.2	40.1	38.1	385.0	27.8	51.6	0.0	552.4
1976	9.1	76.1	35.5	40.6	400.9	41.7	52.5	0.0	580.2
1977	10.1	81.2	43.1	38.1	414.3	41.5	54.1	0.0	601.2
1978	8.8	71.6	37.4	34.2	491.0	42.6	54.9	0.0	668.8
1979	8.1	77.2	41.8	35.4	479.7	93.9	71.1	0.0	730.0
1980	8.9	83.2	41.7	41.5	423.3	123.4	98.7	0.0	737.4
1981	9.2	76.9	44.7	32.2	384.7	122.1	99.0	0.0	691.9
1982	8.6	71.3	51.4	20.0	425.9	120.0	101.2	0.0	727.0
1983	9.1	72.8	48.2	24.6	428.0	124.2	112.5	0.0	746.6
1984	10.4	69.8	43.5	26.3	428.9	116.5	119.7	44.1	789.4
1985	10.6	97.8	64.8	33.0	376.8	122.3	134.2	76.0	817.5
1986	10.6	96.8	60.1	36.7	384.1	145.1	126.7	87.0	850.3
1987	10.6	82.0	45.8	36.2	378.6	149.5	124.3	128.8	873.6

Quelle: Datenbank RGW-Energie des DIW.

Einfuhr Ungarns von Energieträgern aus der UdSSR
von 1970 bis 1987

Jahr	Braun-kohle	Stein-kohle	Stein-kohlen-koks	Mineral-öle	dar.: Erdöl	Erdgas	Strom	Kern-energie	Ins-gesamt
	Mill. t	Mill. t	Mill. t	Mill. t	Mill. t	Mrd. m3	Mrd. KWh	Mrd. KWh	P J
1970	0.0	0.4	0.5	4.8	4.0	0.0	2.9	0.0	254.3
1971	0.0	0.3	0.6	5.1	4.4	0.0	4.0	0.0	281.3
1972	0.0	0.3	0.6	5.8	5.2	0.0	4.1	0.0	309.8
1973	0.0	0.4	0.6	6.3	5.6	0.0	4.2	0.0	333.5
1974	0.0	0.3	0.7	6.7	6.1	0.0	4.2	0.0	351.9
1975	0.0	0.4	0.7	7.5	6.9	0.6	4.2	0.0	409.4
1976	0.0	0.4	0.8	8.4	7.7	1.0	4.4	0.0	462.7
1977	0.0	0.6	0.7	9.1	7.7	1.0	4.5	0.0	493.8
1978	0.0	0.3	0.7	10.2	8.5	1.0	4.4	0.0	533.8
1979	0.0	0.5	0.5	10.2	8.5	2.5	6.0	0.0	602.5
1980	0.0	0.6	0.7	9.2	7.5	3.8	7.5	0.0	619.3
1981	0.0	0.7	0.6	8.8	7.3	3.8	8.0	0.0	603.1
1982	0.0	0.7	0.3	8.1	7.0	3.7	8.1	0.0	566.6
1983	0.0	0.8	0.4	7.1	6.2	3.9	8.2	0.0	534.0
1984	0.0	0.8	0.4	8.0	6.9	3.8	4.4	3.8	569.3
1985	0.0	0.9	0.4	8.0	6.7	4.0	10.5	6.5	682.0
1986	0.0	1.3	0.3	8.9	7.4	4.8	10.0	7.4	749.8
1987	0.0	1.0	0.3	8.9	7.5	4.8	10.5	11.0	795.7

in P J

1970	0.0	9.1	15.0	195.9	162.0	0.0	34.3	0.0	254.3
1971	0.0	7.9	17.5	208.8	180.5	0.0	47.1	0.0	281.3
1972	0.0	7.7	17.5	236.3	212.7	0.0	48.2	0.0	309.8
1973	0.0	8.2	17.7	258.7	230.2	0.0	49.0	0.0	333.5
1974	0.0	7.4	18.2	276.5	248.2	0.0	49.8	0.0	351.9
1975	0.0	8.7	20.6	309.5	281.3	20.7	49.8	0.0	409.4
1976	0.0	8.7	21.6	346.5	314.6	34.5	51.4	0.0	462.7
1977	0.0	12.7	19.4	374.7	316.4	34.5	52.5	0.0	493.8
1978	0.0	7.6	18.1	421.0	348.4	35.3	51.7	0.0	533.8
1979	0.0	11.3	15.0	418.9	347.5	87.0	70.3	0.0	602.5
1980	0.0	14.6	18.8	380.7	307.5	117.3	87.9	0.0	619.3
1981	0.0	15.1	17.8	360.5	298.5	116.0	93.8	0.0	603.1
1982	0.0	16.0	9.5	332.4	286.2	113.9	94.8	0.0	566.6
1983	0.0	18.7	10.6	290.5	253.4	118.1	96.1	0.0	534.0
1984	0.0	18.6	10.8	328.0	282.1	115.8	52.0	44.1	569.3
1985	0.0	21.4	10.1	329.2	274.5	122.3	123.1	76.0	682.0
1986	0.0	28.8	7.2	364.4	304.6	145.1	117.2	87.0	749.8
1987	0.0	23.4	8.4	366.2	306.3	145.5	123.4	128.8	795.7

Quelle: Datenbank RGW-Energie des DIW.

7.3.
Ausfuhr Ungarns von Energieträgern
von 1970 bis 1987

Jahr	Braun-kohle	Stein-kohle	Stein-kohlen-koks	öl-produkte 1)	Erdgas	Strom	Ins-gesamt
	Mill. t	Mill. t	Mill. t	Mill. t	Mrd. m 3	Mrd. KWh	P J
1970	0.0	0.0	0.0	1.2	0.0	0.1	52.1
1971	0.0	0.1	0.0	0.7	0.0	0.2	33.3
1972	0.0	0.0	0.1	1.4	0.0	0.4	64.4
1973	0.0	0.0	0.1	1.1	0.0	0.2	53.3
1974	0.0	0.0	0.0	0.7	0.0	0.3	33.7
1975	0.0	0.0	0.0	1.4	0.0	0.3	59.8
1976	0.0	0.0	0.0	1.6	0.0	0.4	72.4
1977	0.0	0.0	0.0	1.7	0.0	0.3	74.8
1978	0.0	0.0	0.0	1.9	0.0	0.3	85.6
1979	0.0	0.0	0.0	1.6	0.0	0.5	74.6
1980	0.0	0.3	0.0	1.7	0.0	0.3	81.1
1981	0.0	0.2	0.0	1.4	0.0	0.6	72.0
1982	0.0	0.6	0.0	2.5	0.0	0.3	121.2
1983	0.0	0.5	0.0	2.2	0.0	0.5	108.3
1984	0.0	0.6	0.0	2.3	0.0	0.3	110.2
1985	0.0	0.5	0.0	1.8	0.0	0.4	91.0
1986	0.0	0.6	0.0	1.2	0.0	0.4	66.0
1987	0.0	0.5	0.0	1.5	0.0	0.4	77.5
			in P J				
1970	0.0	0.0	0.0	50.6	0.1	1.4	52.1
1971	0.0	2.3	0.2	28.7	0.1	1.9	33.3
1972	0.0	0.0	2.5	57.2	0.2	4.5	64.4
1973	0.0	0.3	2.9	47.0	0.5	2.6	53.3
1974	0.0	0.6	1.2	28.8	0.2	2.9	33.7
1975	0.0	0.2	0.3	56.2	0.1	3.0	59.8
1976	0.0	0.3	0.8	65.9	0.3	5.2	72.4
1977	0.0	0.1	0.6	70.0	0.3	3.8	74.8
1978	0.0	0.0	0.8	80.2	0.7	3.9	85.6
1979	0.0	0.9	0.0	67.9	0.3	5.5	74.6
1980	0.0	5.6	0.0	71.2	0.3	4.0	81.1
1981	0.0	3.9	0.0	60.1	0.4	7.5	72.0
1982	0.0	12.6	0.0	104.4	0.3	3.9	121.2
1983	0.0	11.5	0.0	91.0	0.3	5.5	108.3
1984	0.0	11.6	0.0	94.4	0.3	3.9	110.2
1985	0.0	10.1	0.0	76.2	0.6	4.1	91.0
1986	0.0	11.6	0.0	50.0	0.3	4.1	66.0
1987	0.0	10.5	0.0	62.4	0.5	4.1	77.5

1) Erdöl und Erdölprodukte.
Quelle: Datenbank RGW-Energie des DIW.

7.4.1.
Aufkommen von Braunkohlen in Ungarn
von 1970 bis 1987

Jahr	Förderung	Einfuhr	Ausfuhr	Bestands-veränderungen	Inlands-verbrauch
			Mill. t		
1970	23.68	0.45	0.00	0.00	24.13
1971	23.48	0.53	0.00	0.00	24.02
1972	22.17	0.44	0.00	0.00	22.61
1973	23.37	0.42	0.00	0.00	23.79
1974	22.55	0.52	0.00	0.00	23.07
1975	21.87	0.55	0.00	0.00	22.42
1976	22.32	0.52	0.00	0.00	22.84
1977	22.53	0.57	0.00	0.00	23.10
1978	22.72	0.50	0.00	0.00	23.22
1979	22.66	0.46	0.00	0.00	23.12
1980	22.64	0.50	0.00	0.00	23.14
1981	22.88	0.52	0.00	0.00	23.40
1982	23.04	0.49	0.00	0.00	23.53
1983	22.39	0.52	0.00	0.00	22.90
1984	22.47	0.59	0.00	0.00	23.06
1985	21.40	0.60	0.00	0.00	22.00
1986	20.80	0.60	0.00	0.00	21.40
1987	20.48	0.60	0.00	0.00	21.08
			in PJ 1)		
1970	291.3	7.8	0.0	0.0	299.1
1971	288.8	9.4	0.0	0.0	298.2
1972	272.7	7.8	0.0	0.0	280.5
1973	297.5	7.3	0.0	0.0	294.8
1974	277.4	9.1	0.0	0.0	286.5
1975	243.8	9.7	0.0	0.0	253.6
1976	248.9	9.1	0.0	0.0	258.0
1977	251.2	10.1	0.0	0.0	261.3
1978	253.3	8.8	0.0	0.0	262.1
1979	252.6	8.1	0.0	0.0	260.7
1980	228.6	8.9	0.0	0.0	237.5
1981	231.0	9.2	0.0	0.0	240.3
1982	232.7	8.6	0.0	0.0	241.3
1983	226.1	9.1	0.0	0.0	235.2
1984	227.0	10.4	0.0	0.0	237.3
1985	216.2	10.6	0.0	0.0	226.7
1986	210.1	10.6	0.0	0.0	220.7
1987	206.9	10.6	0.0	0.0	217.4

1) Heizwerte in MJ/t: Gewinnung: 1970-1974: 12300;
   1974-1979: 11150; 1980-1988: 10100; Einfuhr:
   17584.
Quelle: Datenbank RGW-Energie des DIW.

7.4.2.
Aufkommen von Steinkohlen in Ungarn
von 1970 bis 1987

Jahr	Gewinn-ung	Einfuhr Stein-kohle	Einfuhr Stein-kohlen-koks	Ausfuhr Stein-kohle	Ausfuhr Stein-kohlen-koks	Be-stands-verände-rung	Inlands-ver-brauch 1)
			Mill. t				
1970	4.15	2.21	1.25	0.00	0.00	0.00	7.61
1971	3.94	2.11	1.31	0.11	0.01	0.00	7.24
1972	3.67	1.87	1.23	0.00	0.09	0.00	6.68
1973	3.41	1.65	1.21	0.01	0.10	0.00	6.15
1974	3.21	1.64	1.20	0.03	0.04	0.00	5.98
1975	3.02	1.71	1.37	0.01	0.01	0.00	6.08
1976	2.93	1.51	1.46	0.02	0.03	0.00	5.86
1977	2.93	1.84	1.37	0.01	0.02	0.00	6.10
1978	2.95	1.60	1.23	0.00	0.03	0.00	5.75
1979	3.00	1.78	1.27	0.04	0.00	0.00	6.01
1980	3.07	1.78	1.49	0.27	0.00	0.00	6.07
1981	3.07	1.91	1.16	0.19	0.00	0.00	5.94
1982	3.04	2.19	0.72	0.60	0.00	0.00	5.35
1983	2.83	2.06	0.88	0.55	0.00	0.00	5.22
1984	2.57	1.85	0.95	0.55	0.00	0.00	4.82
1985	2.64	2.76	1.19	0.48	0.00	0.00	6.11
1986	2.32	2.56	1.32	0.55	0.00	0.00	5.66
1987	2.36	1.96	1.30	0.50	0.00	0.00	5.12
			in P J 2)				
1970	91.3	51.7	34.9	0.0	0.0	0.0	178.0
1971	86.7	49.4	36.4	2.3	0.2	0.0	170.0
1972	80.8	43.9	34.2	0.0	2.5	0.0	156.3
1973	75.0	38.7	33.6	0.3	2.9	0.0	144.2
1974	70.6	38.4	33.5	0.6	1.2	0.0	140.7
1975	63.4	40.1	38.1	0.2	0.3	0.0	141.3
1976	61.6	35.5	40.6	0.3	0.8	0.0	136.6
1977	61.4	43.1	38.1	0.1	0.6	0.0	141.9
1978	62.0	37.4	34.2	0.0	0.8	0.0	132.8
1979	63.1	41.8	35.4	0.9	0.0	0.0	139.3
1980	61.3	41.7	41.5	5.6	0.0	0.0	138.9
1981	61.3	44.7	32.2	3.9	0.0	0.0	134.3
1982	60.8	51.4	20.0	12.6	0.0	0.0	119.6
1983	56.5	48.2	24.6	11.5	0.0	0.0	117.9
1984	51.5	43.5	26.3	11.6	0.0	0.0	109.7
1985	52.8	64.8	33.0	10.1	0.0	0.0	140.5
1986	46.5	60.1	36.7	11.6	0.0	0.0	131.8
1987	47.2	45.8	36.2	10.5	0.0	0.0	118.7

1) Steinkohle, Steinkohlenkoks.
2) Heizwerte in MJ/t: Gewinnung: 1970-1974: 22000; 1975-1979:
   21000; 1980-1988: 20000; Einfuhr Steinkohle: 23446; Einfuhr
   Steinkohlenkoks 27842; Ausfuhr Steinkohle 21000; Ausfuhr
   Steinkohlenkoks: 27842.
Quelle: Datenbank RGW-Energie des DIW.

7.4.3.
Aufkommen von Mineralöl und Erdgas in Ungarn
von 1970 bis 1987

Jahr	Mineralöl						Erdgas			
	Gewinn-ung	Einfuhr Erdöl	Einfuhr Erdöl-produkte	Ausfuhr Erdöl	Ausfuhr Erdöl-produkte	Inlands-verbrauch	Gewinn-ung	Ein-fuhr	Aus-fuhr	Inlands-verbrauch
	Mill. t						Mrd. m 3			
1970	1.9	4.3	1.0	0.3	0.9	6.0	3.5	0.2	0.0	3.7
1971	2.0	4.9	0.8	0.2	0.5	7.0	3.7	0.2	0.0	3.9
1972	2.0	6.1	0.7	0.7	0.7	7.4	4.1	0.2	0.0	4.3
1973	2.0	6.6	1.0	0.5	0.6	8.4	4.8	0.2	0.0	5.0
1974	2.0	6.8	1.1	0.2	0.5	9.2	5.1	0.2	0.0	5.3
1975	2.0	8.4	0.9	0.8	0.5	10.0	5.2	0.8	0.0	6.0
1976	2.1	8.8	1.0	1.0	0.6	10.3	6.1	1.2	0.0	7.3
1977	2.2	8.5	1.5	0.8	0.9	10.6	6.6	1.2	0.0	7.8
1978	2.2	10.0	2.0	1.5	0.5	12.2	7.3	1.2	0.0	8.6
1979	2.0	9.6	2.0	1.1	0.6	12.0	6.5	2.7	0.0	9.2
1980	2.0	8.3	1.9	0.9	0.8	10.6	6.1	4.0	0.0	10.2
1981	2.0	7.8	1.6	0.5	0.9	9.9	6.0	4.0	0.0	10.0
1982	2.0	8.8	1.6	1.8	0.7	9.9	6.6	3.9	0.0	10.6
1983	2.0	8.9	1.5	1.3	0.9	10.2	6.5	4.1	0.0	10.6
1984	2.0	8.8	1.6	1.3	1.0	10.2	6.9	3.8	0.0	10.7
1985	2.0	7.3	1.9	0.7	1.1	9.3	7.5	4.0	0.0	11.5
1986	2.0	7.6	1.8	0.3	0.9	10.1	7.1	4.8	0.0	11.9
1987	1.9	7.7	1.5	0.5	1.0	9.6	7.1	4.9	0.0	12.0
	in P J									
1970	79.4	178.3	40.8	12.0	38.6	248.0	122.0	6.9	0.1	128.8
1971	80.2	200.6	33.9	7.7	21.0	285.9	130.3	7.2	0.1	137.4
1972	81.1	248.7	30.0	28.9	28.2	302.5	144.5	6.9	0.2	151.2
1973	81.5	268.8	41.8	20.1	26.8	345.2	169.6	6.9	0.5	176.0
1974	81.9	279.5	44.0	8.4	20.4	376.6	179.4	6.9	0.2	186.1
1975	82.2	345.7	39.3	34.2	22.0	411.1	182.3	27.8	0.1	210.0
1976	87.8	360.2	40.7	40.4	25.4	422.9	213.9	41.7	0.3	255.3
1977	89.8	350.1	64.2	33.7	36.2	434.1	232.5	41.5	0.3	273.7
1978	90.1	408.4	82.6	60.0	20.2	500.9	258.4	42.6	0.7	300.3
1979	83.1	395.2	84.6	43.2	24.8	494.9	229.3	93.9	0.3	323.0
1980	83.3	341.8	81.5	36.3	34.9	435.4	216.0	123.4	0.3	339.1
1981	83.0	317.9	66.8	21.9	38.2	407.6	195.5	122.1	0.4	317.2
1982	83.1	359.8	66.1	73.6	30.7	404.7	216.0	120.0	0.3	335.7
1983	82.2	363.4	64.6	53.3	37.7	419.2	211.4	124.2	0.3	335.2
1984	82.3	361.5	67.5	54.6	39.8	416.8	224.8	116.5	0.3	341.0
1985	82.5	297.4	79.4	30.1	46.1	383.0	242.5	122.3	0.6	364.2
1986	82.2	310.0	74.1	12.3	37.7	416.3	230.9	145.1	0.3	375.7
1987	78.5	315.7	62.9	20.5	41.9	394.6	231.4	149.5	0.5	380.3

Quelle: Datenbank RGW-Energie des DIW.

7.4.4.
Aufkommen von Primärenergie in Ungarn
von 1970 bis 1987

Jahr	Förderung	Einfuhr	Ausfuhr	Bestands-veränderungen 1)	Inlands-verbrauch
	in P J				
1970	585	360	52	0	893
1971	587	388	33	0	942
1972	580	427	64	0	943
1973	615	454	53	0	1015
1974	610	466	34	0	1043
1975	574	552	60	0	1066
1976	614	580	72	0	1122
1977	637	601	75	0	1163
1978	665	669	86	0	1249
1979	630	730	75	0	1285
1980	591	737	81	0	1247
1981	573	692	72	0	1193
1982	594	727	121	0	1200
1983	578	747	108	0	1216
1984	588	789	110	0	1267
1985	596	818	91	0	1322
1986	572	850	66	0	1356
1987	566	874	77	0	1362
	Anteile in vH				
1970	65.5	40.4	5.8	0.0	100
1971	62.3	41.2	3.5	0.0	100
1972	61.5	45.3	6.8	0.0	100
1973	60.6	44.7	5.3	0.0	100
1974	58.5	44.7	3.2	0.0	100
1975	53.8	51.8	5.6	0.0	100
1976	54.7	51.7	6.5	0.0	100
1977	54.7	51.7	6.4	0.0	100
1978	53.3	53.6	6.9	0.0	100
1979	49.0	56.8	5.8	0.0	100
1980	47.4	59.1	6.5	0.0	100
1981	48.0	58.0	6.0	0.0	100
1982	49.5	60.6	10.1	0.0	100
1983	47.5	61.4	8.9	0.0	100
1984	46.4	62.3	8.7	0.0	100
1985	45.1	61.8	6.9	0.0	100
1986	42.2	62.7	4.9	0.0	100
1987	41.5	64.1	5.7	0.0	100

1) Bzw. statistische Differenzen.
Quelle: Datenbank RGW-Energie des DIW.

7.5.1.
Primärenergieverbrauch in Ungarn nach Energieträgern
von 1970 bis 1987

Jahr	Braun- kohlen 1)	Stein- kohlen 2)	Mineral- öle	Erdgas	Strom 3)	Kern- energie	Ins- gesamt
	Mill. t			Mrd. m3	Mrd. KWh		P J
1970	24.1	7.6	6.0	3.7	3.4	0.0	893.4
1971	24.0	7.2	7.0	3.9	4.3	0.0	942.2
1972	22.6	6.7	7.4	4.3	4.5	0.0	943.2
1973	23.8	6.2	8.4	5.0	4.7	0.0	1015.3
1974	23.1	6.0	9.2	5.3	4.5	0.0	1042.6
1975	22.4	6.1	10.0	6.0	4.3	0.0	1066.3
1976	22.8	5.9	10.3	7.3	4.2	0.0	1121.9
1977	23.1	6.1	10.6	7.8	4.4	0.0	1163.1
1978	23.2	5.7	12.2	8.6	4.5	0.0	1248.7
1979	23.1	6.0	12.0	9.2	5.7	0.0	1285.3
1980	23.1	6.1	10.6	10.2	8.2	0.0	1246.9
1981	23.4	5.9	9.9	10.0	8.0	0.0	1192.8
1982	23.5	5.3	9.9	10.6	8.5	0.0	1200.4
1983	22.9	5.2	10.2	10.6	9.3	0.0	1216.2
1984	23.1	4.8	10.2	10.7	10.1	3.8	1266.9
1985	22.0	6.1	9.3	11.4	11.3	6.5	1322.3
1986	21.4	5.7	10.1	11.8	10.6	7.4	1355.8
1987	21.1	5.1	9.6	12.0	10.4	11.0	1362.1
	in P J						
1970	299.1	177.9	248.0	128.8	39.6	0.0	893.4
1971	298.2	170.0	285.9	137.4	50.6	0.0	942.2
1972	280.5	156.3	302.5	151.3	52.6	0.0	943.2
1973	294.8	144.2	345.2	175.9	55.2	0.0	1015.3
1974	286.5	140.7	376.6	186.1	52.6	0.0	1042.6
1975	253.6	141.3	411.1	209.9	50.5	0.0	1066.3
1976	258.0	136.6	422.9	255.3	49.2	0.0	1121.9
1977	261.3	141.9	434.1	273.7	52.1	0.0	1163.1
1978	262.1	132.8	500.9	300.3	52.6	0.0	1248.7
1979	260.7	139.3	494.9	323.0	67.3	0.0	1285.3
1980	237.5	138.9	435.4	339.1	96.0	0.0	1246.9
1981	240.3	134.3	407.6	317.2	93.4	0.0	1192.8
1982	241.3	119.6	404.7	335.7	99.1	0.0	1200.4
1983	235.2	117.9	419.2	335.2	108.8	0.0	1216.2
1984	237.3	109.7	416.8	341.0	118.0	44.1	1266.9
1985	226.7	140.5	383.0	364.2	131.8	76.0	1322.3
1986	220.7	131.8	416.3	375.7	124.4	87.0	1355.8
1987	217.4	118.7	394.6	380.3	122.1	128.8	1362.1

1) Braunkohle, Braunkohlenbriketts.
2) Steinkohle, Steinkohlenkoks.
3) Wasserkraft, Außenhandelssaldo.
Quelle: Datenbank RGW-Energie des DIW.

7.5.2.
Struktur des Primärenergieverbrauchs in Ungarn
nach Energieträgern von 1970 bis 1987

Jahr	Braun- kohlen 1)	Stein- kohlen 2)	Mineral- öle	Erdgas	Strom 3)	Kern- energie	Ins- gesamt
			Anteile in vH				
1970	33.5	19.9	27.8	14.4	4.4	0.0	100
1971	31.7	18.0	30.3	14.6	5.4	0.0	100
1972	29.7	16.6	32.1	16.0	5.6	0.0	100
1973	29.0	14.2	34.0	17.3	5.4	0.0	100
1974	27.5	13.5	36.1	17.8	5.0	0.0	100
1975	23.8	13.2	38.6	19.7	4.7	0.0	100
1976	23.0	12.2	37.7	22.8	4.4	0.0	100
1977	22.5	12.2	37.3	23.5	4.5	0.0	100
1978	21.0	10.6	40.1	24.1	4.2	0.0	100
1979	20.3	10.8	38.5	25.1	5.2	0.0	100
1980	19.0	11.1	34.9	27.2	7.7	0.0	100
1981	20.1	11.3	34.2	26.6	7.8	0.0	100
1982	20.1	10.0	33.7	28.0	8.3	0.0	100
1983	19.3	9.7	34.5	27.6	8.9	0.0	100
1984	18.7	8.7	32.9	26.9	9.3	3.5	100
1985	17.1	10.6	29.0	27.5	10.0	5.7	100
1986	16.3	9.7	30.7	27.7	9.2	6.4	100
1987	16.0	8.7	29.0	27.9	9.0	9.5	100

1) Braunkohle, Braunkohlenbriketts.
2) Steinkohle, Steinkohlenkoks.
3) Wasserkraft, Außenhandelssaldo.
Quelle: Datenbank RGW-Energie des DIW.

7.5.3.
Primärenergieverbrauch in Ungarn und seine Deckung durch
Eigenaufkommen und Importe aus der UdSSR von 1970 bis 1987

Jahr	Braun-kohlen	Stein-kohlen	Mineral-öle	Erdgas	Primär-strom	Ins-gesamt
	Anteil der Gewinnung im Inland in vH					
1970	97.4	51.3	32.0	94.7	2.6	65.5
1971	96.9	51.0	28.0	94.9	2.2	62.3
1972	97.2	51.7	26.8	95.6	2.4	61.5
1973	97.5	52.0	23.6	96.4	2.1	60.6
1974	96.8	50.2	21.7	96.4	1.8	58.5
1975	96.2	44.9	20.0	86.8	3.7	53.8
1976	96.5	45.1	20.8	83.8	3.9	54.7
1977	96.1	43.3	20.7	85.0	3.3	54.7
1978	96.6	46.7	18.0	86.0	3.0	53.3
1979	96.9	45.3	16.8	71.0	2.5	49.0
1980	96.3	44.1	19.1	63.7	1.4	47.4
1981	96.2	45.7	20.4	61.6	2.1	48.0
1982	96.4	50.8	20.5	64.4	1.9	49.5
1983	96.1	48.0	19.6	63.1	1.7	47.5
1984	95.6	46.9	19.7	65.9	1.3	46.4
1985	95.3	37.6	21.5	66.6	0.9	45.1
1986	95.2	35.3	19.7	61.5	0.9	42.2
1987	95.1	39.8	19.9	60.8	0.8	41.5
	Anteil der Importe aus der UdSSR in vH					
1970	0.0	13.6	79.0	0.0	86.6	28.5
1971	0.0	14.9	73.0	0.0	93.1	29.9
1972	0.0	16.1	78.1	0.0	91.7	32.8
1973	0.0	17.9	74.9	0.0	88.7	32.8
1974	0.0	18.2	73.4	0.0	94.5	33.8
1975	0.0	20.8	75.3	9.9	98.5	38.4
1976	0.0	22.2	81.9	13.5	104.4	41.2
1977	0.0	22.6	86.3	12.6	100.9	42.5
1978	0.0	19.4	84.1	11.8	98.2	42.8
1979	0.0	18.8	84.6	26.9	104.6	46.9
1980	0.0	24.0	87.4	34.6	91.6	49.7
1981	0.0	24.5	88.4	36.6	100.4	50.6
1982	0.0	21.3	82.1	33.9	95.7	47.2
1983	0.0	24.9	69.3	35.2	88.3	43.9
1984	0.0	26.8	78.7	34.0	59.3	44.9
1985	0.0	22.4	85.9	33.6	95.8	51.6
1986	0.0	27.4	87.5	38.6	96.6	55.3
1987	0.0	26.7	92.8	38.3	100.5	58.4

Quelle: Datenbank RGW-Energie des DIW.

7.5.4.
Entwicklung von Primärenergieverbrauch und produziertem
Nationaleinkommen in Ungarn von 1970 bis 1987

| Jahr | Veränderung gegenüber dem Vorjahr in vH | | Primär-energie-verbrauch in GJ je Einwohner |
	Primärenergie-verbrauch	National-einkommen 1)	
1970	6.0	4.9	86
1971	5.5	5.9	91
1972	0.1	6.1	91
1973	7.6	7.0	97
1974	2.7	6.0	100
1975	2.3	6.1	101
1976	5.2	3.0	106
1977	3.7	7.1	109
1978	7.4	4.0	117
1979	2.9	1.2	120
1980	-3.0	-0.9	116
1981	-4.3	2.5	111
1982	0.6	2.6	112
1983	1.3	0.3	114
1984	4.2	2.5	119
1985	4.4	-1.4	124
1986	2.5	0.9	128
1987	0.5	4.1	129

1) Feste Preise.
Quellen: Datenbank RGW-Energie des DIW;
Statistisches Jahrbuch Ungarns.

7.6.
Heizwerte der Energieträger und Faktoren für die
Umrechnung von spezifischen Mengeneinheiten in
Wärmeeinheiten zur Energiebilanz Ungarns

Energieträger	Zeitraum	Gewinnung	Import	Export
		kJ/kg		
Braunkohle	1970-1974	12300	17584	-
	1975-1979	11150	17584	-
	1980-1987	10100	17584	-
Steinkohle	1970-1974	22000	23446	21000
	1975-1979	21000	23446	21000
	1980-1987	20000	23446	21000
Steinkohlenkoks	1970-1987	-	27842	27842
Rohöl	1970-1987	41000	41000	41000
Mineralöl	1970-1987	-	41910	41910
Erdgas	1970-1979	35170	34500	34500
	1980	35170	30500	30500
	1981-1987	32530	30500	30500
Primärstrom	1970-1987	11723	11723	11723
		kcal/kg		
Braunkohle	1970-1974	2937	4199	-
	1975-1979	2663	4199	-
	1980-1987	2412	4199	-
Steinkohle	1970-1974	5254	5599	5015
	1975-1979	5015	5599	5015
	1980-1987	4776	5599	5015
Steinkohlenkoks	1970-1987	-	6649	6649
Rohöl	1970-1987	9791	9791	9791
Mineralöl	1970-1987	-	10008	10008
Erdgas	1970-1979	8399	8239	8239
	1980	8399	7283	7283
	1981-1987	7768	7283	7283
Primärstrom	1970-1987	2799	2799	2799
		SKE-Faktor		
Braunkohle	1970-1974	0.42	0.60	-
	1975-1979	0.38	0.60	-
	1980-1987	0.34	0.60	-
Steinkohle	1970-1974	0.75	0.80	0.72
	1975-1979	0.72	0.80	0.72
	1980-1987	0.68	0.80	0.72
Steinkohlenkoks	1970-1987	-	0.95	0.95
Rohöl	1970-1987	1.40	1.40	1.40
Mineralöl	1970-1987	-	1.43	1.43
Erdgas	1970-1979	1.20	1.18	1.18
	1980	1.20	1.04	1.04
	1981-1987	1.11	1.04	1.04
Primärstrom	1970-1987	0.40	0.40	0.40

Quelle: Datenbank RGW-Energie des DIW.